MODERN FINANCE SERIES

现代金融译丛

亚洲金融的未来

拉特纳·萨海(Ratna Sahay)　杰拉尔德·希夫(Jerald Schiff)
林成勋(Cheng Hoon Lim)　迟久舒米(Chikahisa Sumi)
詹姆士·P.沃尔什(James P.Walsh)　著
崔梦婷　纪晓晴　王雪珂　译

THE FUTURE OF
ASIAN FINANCE

中国金融出版社

责任编辑：张智慧
责任校对：潘　洁
责任印制：陈晓川

图书在版编目（CIP）数据

亚洲金融的未来（Yazhou Jinrong de Weilai）／（美）拉特纳·萨海等著；崔梦婷等译. —北京：中国金融出版社，2018.1
　ISBN 978 - 7 - 5049 - 9197 - 3

　Ⅰ.①亚…　Ⅱ.①拉…②崔…　Ⅲ.①金融体系—研究—亚洲
Ⅳ.①F833.01

中国版本图书馆 CIP 数据核字（2017）第 226827 号

出版
发行　中国金融出版社

社址　北京市丰台区益泽路 2 号
市场开发部　（010）63266347，63805472，63439533（传真）
网 上 书 店　http：//www. chinafph. com
　　　　　　　（010）63286832，63365686（传真）
读者服务部　（010）66070833，62568380
邮编　100071
经销　新华书店
印刷　保利达印务有限公司
尺寸　169 毫米×239 毫米
印张　19.75
字数　260 千
版次　2018 年 1 月第 1 版
印次　2018 年 1 月第 1 次印刷
定价　69.00 元
ISBN 978 - 7 - 5049 - 9197 - 3
如出现印装错误本社负责调换　联系电话（010）63263947

贡 献 者

编 者

林成勋（Cheng Hoon Lim）在 IMF 货币与资本市场部门担任部长助理，主要负责引导和执行部门在宏观金融监管方面的战略重点，以及评价发达经济体和新兴市场经济体。近些年来，她带领 IMF 团队成员评估了金融体系的稳定性，并且在 20 世纪 90 年代末和 21 世纪初的亚洲危机中开展了大量的项目。林女士极大地推动了宏观审慎政策工具在降低系统性风险的有效性方面的研究工作。她在其他领域也发表过文章，包括通胀目标制度、主权债务危机与重构、银行业与企业之间的或有债务分析以及亚洲金融的未来。除 IMF 外，林女士还曾于英国金融服务管理局和世界银行就职。林女士于剑桥大学获得博士学位。

拉特纳·萨海（Ratna Sahay）在 IMF 货币与资本市场部门担任副部长，主要负责为该部门设定战略重点、带领策略方向的重要项目以及协调部门工作和资源配置。她之前曾在 IMF 的研究、金融、亚洲、欧洲、中东、西半球部门工作，带领团队进行分析性和策略性重要项目，并几次被派遣到新兴市场国家。她还在中东和西半球部门主导了区域监管项目以及派遣工作。她曾担任美联储副主席斯坦利·费希尔以及 IMF 经济顾问迈克尔·穆萨和肯尼斯·罗格夫的顾问。她有大量文章在权威期刊发表，涉及金融市场外溢以及金融危机、通货膨胀、经济增长、财政政策和债务可持续性、转轨经济。她曾在德里大学、哥伦比亚大学和纽约大学学习，并在纽约大学获得经济学博士学位。

杰拉尔德·希夫（Jerald Schiff）在亚太部门（APD）担任副部长

以及 IMF 日本事务主管，他之前曾于常务董事办公室担任高级顾问、于 APD 担任部长助理、于欧洲部门担任处长。希夫先生于康奈尔大学获得学士和硕士学位，于威斯康星大学获得博士学位。他还曾在杜兰大学和美利坚大学国际服务学院学习，曾于美国财政部工作。

迟久舒米（Chikahisa Sumi）在 IMF 亚太部门担任部长助理，他主导了该部门关于"亚洲金融未来"的项目，他还是菲律宾和新西兰事务主管。舒米先生还曾在日本政府担任重要职位，包括财政部副总理、金融服务厅副厅长以及日本债务管理办公室主任。舒米先生出生于日本大阪，于东京大学获得法学士学位（1982），于哈佛大学获得工商管理学硕士学位（1986）。

作 者

格特·奥麦科德斯（Geert Almekinders）在 IMF 担任亚太部门的副处长。

里纳·巴塔查里亚（Rina Bhattacharya）在 IMF 货币和资本市场部门担任高级经济学家。

丁丁（Ding Ding）在 IMF 亚太部门担任高级经济学家。

谢尔盖·道兹（Sergei Dodzin）在 IMF 亚太部门担任高级经济学家。

麦加尔·戈斯亚米（Mangal Goswami）在 IMF 新加坡区域训练机构担任部门助理。

韩非（Fei Han）在 IMF 货币与资本市场部门担任经济学家。

法卡瓦·珍塞克（Phakawa Jeasakul）在 IMF 货币与资本市场部门担任经济学家。

安德鲁·约布斯特（Andreas Jobst）在 IMF 欧洲部门担任高级经济学家。

希顿·康（Heedon Kang）在 IMF 货币与资本市场部门担任金融方面的专家。

明萨克·金姆（Minsuk Kim）在 IMF 战略、政策和检视部门担任经济学家。

叶塔·凯文·吉姆（Yitae Kevin Kim）在 IMF 货币与资本市场部门担任高级金融专家。

拉斐尔·W. 拉姆（Raphael W. Lam）在 IMF 担任中国的副驻地代表。

瓦内萨·莱·赖思丽（Vanessa Le Lesle）在 JP 摩根香港担任全球监管战略与政策部门亚太地区副主任，2013 年前担任 IMF 高级金融专家。

廖伟（Wei Liao）在 IMF 亚太部门担任经济学家。

费边·理宾斯凯（Fabian Lipinsky）在 IMF 西半球部门担任经济学家。

埃里克·兰德拜克（Erik Lundback）在 IMF 货币与资本市场部门担任高级经济学家。

沃依切赫·S. 麦莉斯凯（Wojciech S. Maliszewski）在 IMF 亚太部门担任中国和香港方面的高级经济学家。

亚力克斯·穆姆偌斯（Alex Mourmouras）在 IMF 亚太部门担任处长。

阿迪蒂亚·纳拉因（Aditya Narain）在 IMF 货币与资本市场部门担任副部长。

弗兰奇斯卡·奥恩佐格（Franziska Ohnsorge）在国际复兴和开发银行的研究局预测部担任首席经济学家，2014 年前于 IMF 担任高级经济学家。

翁利连（Li Lian Ong）在新加坡政府投资公司担任高级副总裁，2014 年前担任 IMF 货币与资本市场部门副处长。

沙娜卡·珍亚奈思·佩里斯（Shanaka Jayanath Peiris）在 IMF 担任菲律宾的驻地代表。

斯里坎特·瑟哈德里（Srikant Seshadri）在 IMF 担任土耳其的高级驻地代表。

杜拉尼·塞尼维特纳（Dulani Seneviratne）在 IMF 亚太部门担任区域研究组的研究员。

琼森·申（Jongsoon Shin）在 IMF 亚太部门担任经济学家。

杰德·维希亚诺德（Jade Vichyanond）在 IMF 亚太部门担任宏观研究组的经济学家。

詹姆士·P. 沃尔什（James P. Walsh）在 IMF 货币与资本市场部门

担任副处长。

　　周建平（Jianping Zhou）在 IMF 货币与资本市场部门担任高级经济学家。

　　永·萨拉·周（Yong Sarah Zhou）在 IMF 亚太部门担任高级经济学家。

　　埃达·佐利（Edda Zoli）在 IMF 亚太部门担任高级经济学家。

前　言

2013 年初，IMF 在意识到金融将对亚洲产生越来越重要的影响之后，开始致力于"亚洲金融的未来"的研究。我们致力于探究亚洲金融体系，并探寻该金融体系如何应对庞大的人口所带来的持续增加的经济期望，以及如何为以消费为基础的增长模型提供资金。

IMF 始终积极帮助其亚洲成员国实现内生增长和经济稳定的双重目标，为实现这些目标，还需要考虑 2008 年全球金融危机后全球金融体系发生的重大变化、人口结构的变化、快速的城镇化、大规模基础设施需求以及亚洲自身的经济发展结构。

亚洲在此次全球金融危机及其后续效应之中表现出了非凡的恢复能力，尽管一些依赖于出口的经济体受到严重打击，但是亚洲作为一个整体还是得到了快速复苏，并主导了全球经济的增长。相较于西方的许多国家而言，亚洲地区的金融要好得多，这是亚洲在此次危机中得到迅速恢复的重要原因之一，这与 20 世纪 90 年代后半期亚洲金融危机的情况形成鲜明对比。在未来，亚洲所采取的保守型的经济增长模型虽然能够成为其度过全球金融危机的一大优势，但这一模型如果再继续抑制金融行业的发展的话，比如需要持续强劲增长的股票和债券市场，将会成为亚洲经济增长的阻力。

尽管亚洲金融行业在支持经济增长方面已经作出了很大贡献，但是要想维持强劲的经济增长势头还需要更大地推动金融行业创新。亚洲地区在管理和调动巨大的存款来满足该地区人力资本和基础建设投资的需要方面，拥有巨大的潜力。亚洲需要更加深化资本市场，以加强金融中介以及风险分摊作用，丰富基金来源，降低资本波动率，通过这一手段，金融行业将有助于亚洲地区解决人口老龄化、贫富差距加大以及所谓的中等收入陷阱问题。鉴于亚洲地区经济体的增长规模以及影响，运行良好的、充满活力的亚洲金融行业也将有益于全球其他地区。

迄今为止，IMF 在"亚洲金融的未来"方面的工作专注于估量亚洲金融体系和其在全球危机下的恢复力，以及亚洲如何解决人口结构的变化、满足基础设施需求、适应新的全球监管体制。在此背景下，过去两年里我们已经举行了一些公开活动。

● 国际货币基金组织和世界银行 2013 年联合春季会议的"亚洲金融的未来"研讨会，概括出了亚洲金融行业所面临的挑战，为本书的许多话题提供了一个契机。

● 在 2014 年 2 月举办的国际货币基金组织和香港金融管理局（HKMA）联合会议上，政府、私营部门、智库以及来自该地区的其他代表共同探讨了金融在亚洲所扮演的角色，包括管理资本流动、实施监管改革。

● 2014 年 10 月，在国际货币基金组织和世界银行年会旗舰讨论会上，名为"为亚洲新经济增长模型融资"的高端研讨会讨论了如何确保亚洲可持续、高质量的经济增长以及亚洲金融体系应该如何应对这些挑战。

从我们之前以及正在进行的工作中吸取经验和教训，包括在上述研讨会中所涉及的，本书试图对亚洲金融行业的现状、将要面临的挑战以及预期发生的改变进行全面评估，并为解决该区域现在和将来的调整提供政策建议。借鉴其他国家的经验是十分有价值的，但是鉴于亚洲地区有许多的独特性以及该地区内部金融体系的多样化，这些经验需要很小心地运用。

通过"亚洲金融的未来"项目，IMF 想要继续担任国际论坛的角色，为亚洲成员国实现可持续增长和金融稳定双目标而讨论亚洲金融体系所面临的挑战发挥作用。

朱　民
国际货币基金组织副常务董事

目　　录

第一部分　亚洲金融的结构

第1章　介　绍 …………………………………………………… 3

第2章　亚洲金融的鸟瞰图 ……………………………………… 11

第3章　亚洲股票市场是否是卧虎藏龙之地 …………………… 43

第4章　债券市场：现行改革有用吗 …………………………… 66

第二部分　亚洲何去何从

第5章　"亚洲还有恢复力吗" ………………………………… 117

第6章　亚洲金融的未来 ………………………………………… 141

第7章　香港特别行政区与新加坡作为亚洲金融中心 ………… 161

第三部分　未来的挑战

第8章　亚洲的人口结构变化及基础设施需求：金融部门
　　　　如何解决这些问题 ……………………………………… 189

第9章　"ASEAN 金融一体化：利用效益和降低风险" ………… 215

第10章　资本流动：展望未来 ………………………………… 248

第11章　全球监管新环境下运营 ……………………………… 276

第一部分　亚洲金融的结构

第1章 介　绍

拉特纳·萨海，杰拉尔德·希夫，林成勋，迟久舒米

　　亚洲经济体非常多样化，但是却有一个共同点：近些年来，亚洲经济体比其他地区的经济体发展更加迅速。事实上，它们已经占据了全球30%的GDP，亚洲市场不断扩张，亚洲经济体之间及其与世界其他经济体之间的联系更加紧密。持续增加的、充满活力的中产阶级——稳定和可持续经济增长的基石——以及持续的繁荣将会在未来改变亚洲的经济增长模型，亚洲经济的增长将会更多地由国内需求和消费拉动，而非出口。预计到2030年，全球三分之二的中产阶级将会出现在亚洲。

　　扩张消费的潜力是非常大的，因为目前消费仅仅占据了全球GDP的20%，拥有更高家庭收入的、持续增加的中产阶级将会需要大量的产品和服务，尤其是金融服务，包括住房抵押贷款和汽车融资，为更多初创企业提供营运资本，随着企业扩张进行的股权筹资，为致力于全球发展的企业提供贸易信贷，为基础设施融资发行债券以及为退休人员通过金融产品提供稳定收入。包括移动银行和网上银行在内的技术创新将金融服务扩展到了偏远地区以及之前没有银行服务的地区，这体现出了对低收入家庭以及中小企业更大的金融包容性。

　　然而，即便亚洲经济会持续增长，仍存在诸多的不确定。在经过"失去的20年"后，日本通过三管齐下抑制通货紧缩、复苏经济——积极的货币宽松政策、财政激励以及结构性改革，但是在人口老龄化和存在巨额国债的背景下，要实现这一目标并不容易。中国巨大的经济总量正在缓慢增加，由于中国在全球产品市场的显著地位，产品价格的下

降已经开始影响中国经济。印度和印度尼西亚指望着其新选举出的政府能够加强治理、推动经济现代化以及降低贫富差距。东南亚国家联盟（ASEAN）经济体拥有超过6亿人口和25亿美元GDP总量，这一区域的经济和金融一体化是很有发展前景的。亚洲低收入国家也不断改革推进基础广泛的、可持续的经济增长，但是相较于已经到达较高收入阶段的亚洲经济开拓者而言，他们面临更为不利的全球环境。

从更广泛的角度而言，还需要关注几点：在一些国家，曾一度成为经济增长引擎的人口结构正在发生变化，出口减少使得外需疲软，基础设施的发展瓶颈也阻碍了全要素生产率的增长。尽管全球利率长期保持低位，但全球事件仍会激起世界各地对"长期经济停滞"和负溢出效应的恐慌，这包括在一些主要发达经济体中出现的经济增长乏力、失业率高、中东出现的政治动荡以及俄罗斯—乌克兰争议。

亚洲的未来会如何？亚洲该如何调整其作为制造中心的长期增长模型来满足该区域和世界持续增加的需求？这个回答并没有唯一的答案或者说没有简单的解决之道。亚洲国家各自拥有不同的发展程度，亚洲仍有许多要面对，但本书只考虑了一个方面——金融业在推动亚洲转型中的作用，我们认为金融业相较于过去将会发挥更大的作用，它将会成为发展的引擎。

金融业将面临诸多挑战，包括：

• 更好的管理累积存款。中国、日本、韩国和新加坡曾一度成为亚洲经济增长的引擎，但如今在这些国家中，人口老龄化对其经济增长的制约越来越大，因此这些国家巨额累积的存款需要更好的管理，从而确保足够的退休存款金并减轻财政支出负担。

• 有效调动存款。由于人口结构的变化以及亚洲不再是净存款，长期全球存款缺口将会出现，反过来这将会造成长期利率水平上涨。为了抑制这一潜在发展趋势，金融业需要更有效地调动存款，政府需要采取某些政策措施来实现从盈余到赤字的再平衡。

- 投资人力和实物资本。许多亚洲国家拥有年轻的人口结构，从而在将来可以获得人口红利。然而，现在许多国家承担了很高的青年抚养比例，需要对人力（教育、医疗和培训）和实物（交通、电力及通信）进行大规模投资，从而获得劳动力规模扩张的红利以及避免青年人失业问题的增长。

- 深化资本市场以避免"中等收入陷阱"。亚洲债券市场仍处于起步阶段，股票市场和风险资本在企业融资方面发挥的作用有限。资本市场的深化能够提供长期的、风险分担的资本，削弱一些国家国有银行的主导地位，扩大国内机构投资人群，从而有助于提高生产率、丰富融资渠道、降低资本波动率。

- 推动 ASEAN 经济金融一体化。大部分 ASEAN 国家仍处于发展的初期阶段，存在巨大的基础投资缺口，ASEAN 经济共同体的建立为区域内和区域间货物、服务、资本更自由的流动提供了良好契机。金融业在推动一体化进程、促进资本跨区域流动方面发挥着至关重要的作用。

就其自身而言，金融业的快速增长同样会存在风险。亚洲金融市场在 2008 年全球金融危机期间展现出了引人注目的恢复力，这些市场的规模、复杂程度以及相互关联性日益增加。同时，全球监管体制改革无论是对市场还是对监管者而言都会成为国内和跨境的挑战，改革的实施影响着市场结构和流动性、金融产品和交易、银行和影子银行的规模、金融安全边际以及处置框架。亚洲需要适应并解决这些挑战，并为将来要面临的挑战做好准备。

要理解这一流程是如何运作的，需要更深入地了解亚洲金融体系：亚洲金融体系的相同点和不同点有哪些，经历全球金融危机后为何能如此快恢复，在深化和丰富金融服务方面获得了哪些成功，还需要更加深入地剖析这些因素如何影响金融业以及市场参与者、监管者和家庭是怎样行动的。这些问题中的许多问题都已经在一些国家中显现，但是本书的观察对象是整个区域内的不同类型的国家，既包括高收入国家和金融中心，也包括新兴市场国家，如果可能还会覆盖低收入国家。

本书中，我们在阐述亚洲金融业现状时采用了按时间顺序的方法，之后我们评估了亚洲金融业是如何改革以促进亚洲经济增长模型的转变，从而变成更偏向服务导向型并达到不同人口群体的高预期。最后，我们考虑了在这过程中应该解决的挑战。

第一部分的三章描述了亚洲金融业的结构。第 2 章概述了亚洲金融体系，之后的两章探讨了如何进一步发展亚洲资本市场来为长期投资提供足够稳定的基金以及为创新和企业家提供风险资本。

在第 2 章"亚洲金融的鸟瞰图"中，希顿·康、法卡瓦·珍塞克、林成勋探究了亚洲金融体系。作为拥有全球一半人口以及高度多元化经济体的区域，亚洲的金融体系十分多元，包括全球证券和证券衍生品交易中心，也涵盖了金融服务尚未普及大部分人口的低收入经济体。

但是纵观整个区域，还是有一些非常突出的相似之处。亚洲银行业规模很大，占该区域金融机构总资产的 60%，政府对银行业干预也十分显著，亚洲银行的经营十分保守——它们专注于商业借贷，负债以存款而非批发融资为主，且银行资本趋向于雄厚，以中小企业和家庭的融资渠道来衡量的金融包容性相较于其他区域而言较低。

简单且规避风险的商业模式降低了亚洲银行体系对困扰着发达经济体的次级贷款和证券的风险暴露，使得这种模式成为抵抗全球金融危机的一大优势。同时，在大多数国家，银行的主导地位是以股票和债券市场的不发达为代价的。银行的短期负债也限制了银行进行长期投资活动的能力，比如基础设施投资。

在第 3 章"亚洲股票市场是否是卧虎藏龙之地？"中，费边·理宾斯凯和翁利连探究了亚洲股票市场的定价机制，股票市场是企业融资的重要渠道，他们发现了一些特别的影响因素，比如证券监管的实施，相较于七国集团的股票市场而言，证券监管在亚洲市场的实施对股票价格的变动具有更大的影响力，这就意味着在亚洲，对证券市场监管的提高能够提升股票市场作为未来稳定、可靠的融资渠道的作用。

在第 4 章"债券市场：现行改革有用吗"中，麦加尔·戈斯亚米、安德鲁·约布斯特、沙娜卡·J.佩里斯和杜拉尼·塞尼维特纳发现在全球金融危机之后，新兴亚洲经济体的债券市场虽然发展不均衡，但是发展速度很快，外国投资者进入该市场，同时对冲工具开始出现。新兴亚洲市场的金融体系开始受"两个引擎"的推动，同时企业债券市场发展成为私人部门和基础设施投资的一个可替代的、可行的非银行资金来源。企业债券市场的深化将有助于引导资金从亚洲工业化国家的存款者手中转移到新兴亚洲经济体的基础设施投资中，这将会在第 8 章进行详细的阐述。另外，扩大本土机构投资者规模并鼓励海外发行将有助于深化债券市场，降低全球动荡对资产价格的波动率。

在了解了亚洲金融业的现状之后，本书的第二部分将会介绍：亚洲金融业将走向何处？

在第 5 章"亚洲还有恢复力吗"中，法卡瓦·珍塞克、林成勋、埃里克·兰德拜克阐述了亚洲在亚洲金融危机中得到的教训以及近些年如何运用这些经验。在亚洲金融危机之后，亚洲降低了宏观金融的脆弱性、加大了汇率的弹性、建立外汇储备、清理银行和企业的资产负债表以及加强金融业的监督和管理，这支持了亚洲经济从 2008 年全球金融危机中快速的恢复。在 2013 年中旬，当美联储有货币紧缩的迹象时，大多数的亚洲国家都陷入了"削减量化宽松的恐慌"之中，一些国内发展相较不均衡的亚洲国家受损严重。

对亚洲金融危机前后的宏观金融现状进行定量分析，发现由于信贷的快速增长和高房价而引起的国内日益增长的不均衡、家庭和企业的高杠杆以及恶劣的外部环境，部分亚洲国家的恢复力变弱了，要维持亚洲作为世界发展引擎的地位将需要更积极的措施政策来降低脆弱性、推动结构性改革。

在第6章"亚洲金融业的未来"中，里纳·巴塔查里亚、韩非和詹姆士·P. 沃尔什深入地探究了亚洲经济体不断改进的经济结构、高增长以及人口结构的变化如何影响亚洲金融业。尽管持续的经济增长在中期应该会促进亚洲金融业的蓬勃发展，但是金融业的增长速度随着亚洲新兴市场逐渐向发达经济体靠近而有所趋缓，不同幅度的人口结构变化也会对此产生影响。亚洲老龄化的经济体主要包括发达经济体和中国，在这些国家中，存款相较于消费而言将开始有所下降，而与此同时，在亚洲年轻化的经济体比如印度和印度尼西亚中，随着存款开始增加，金融深化将进一步推进。此外，随着金融机构的不断成熟和整合，亚洲金融体系将会变得更加复杂且与世界联系更加紧密，收入也将日益提升，这反过来也对该区域的监管者提出新的挑战，他们将会对联系日益紧密、更加复杂和庞大的金融业进行监管。

在第7章"香港特别行政区和新加坡作为亚洲金融中心——互补性和稳定性"中，瓦内萨·莱·赖思丽、弗兰奇斯卡·奥恩佐格、明萨克·金姆和斯里坎特·瑟哈德里阐述了这两个城市如何从转口贸易中心发展，成为无论是深度、范围、金融成熟度还是互联性方面都是名副其实的国际金融中心。由于互联性越高越可能导致更易受到金融动荡的影响，本章着重于探究这些金融中心的互补性和共存性在推动区域内外金融稳定的积极作用，也会阐述为促进这一积极作用而对合作与协调进行的监督和管理。

第三部分介绍了亚洲在未来几年中将会面对的三大挑战：向以基础设施投资为需求的老龄化社会的过渡、加大对资本流动的开放以及推进全球监管改革。

该区域的一些国家老龄化速度加快，使得该区域对基础设施的需求很大。在第8章"亚洲的人口结构变化及基础设施需求"中，丁丁、拉斐尔·W. 拉姆和沙娜卡·J. 佩里斯调查了亚洲的不均衡性如何有利于自身的发展，他们发现该区域增强的金融创新和整合促进了区域内的金融资本流动，并使得资本从亚洲工业化国家的存款者手中转移到新兴亚洲经济体的基础设施投资中去。在适当谨慎的框架下，与区域内部以及全球金融市场加强金融联系也有助于新兴亚洲经济体丰富融资渠道、降低融资成本。

金融一体化在东南亚显而易见，ASEAN 的 10 个成员国现已实现全球贸易一体化，但金融一体化相对滞后。在第 9 章 "ASEAN 金融一体化：利用效益和降低风险" 中，格特·奥麦科德斯、亚力克斯·穆姆偌斯、杰德·维希亚诺德、永·萨拉·周和周建平阐述了对 ASEAN 正在进行的金融一体化的支持和反对的意见。ASEAN 成员国计划通过于 2015 年建立的 ASEAN 经济共同体进一步推进一体化进程，该计划迄今为止是谨慎且平缓推进的，成员国认为不成熟的金融自由化会加剧国内脆弱性并提高风险。但是，在区域内打破金融资本流动的壁垒能够进一步提高经济增长、就业率、金融包容性，并有助于 ASEAN 从出口导向型向以国内投资和消费为主体的经济增长模型转变。

在第 10 章 "资本流动：展望未来" 中，埃达·佐利、谢尔盖·道兹、廖伟和沃依切赫·S. 麦莉斯凯观察了过去二十年间的亚洲资本流动并探讨了其未来的发展走向，他们发现亚洲资本流动的规模和构成在传统上很大程度受该区域较高的经济增长预期、全球利率和投资风险偏好的影响，资本流动有可能会受到日本货币宽松、资本账户自由化（尤其是中国）、增强的金融一体化、人口结构导致存款结构的变化等因素影响。总的来说，这将会增加该区域的资本流动规模，并且很大可能会增加资本的波动性。许多亚洲国家已经采取宏观审慎政策来使系统金融风险最小化，改进和调整这些政策工具是管理资本流动的关键。

最后，在第 11 章 "在新全球监管环境下经营" 中，里纳·巴塔查里亚、詹姆士·P. 沃尔什和阿迪蒂亚·纳拉因探究了全球监管改革的议程以及其对亚洲潜在的影响。快速发展的亚洲金融体系已然对监管者提出了挑战，为降低全球系统风险而所采取的新措施已经提上议程。

他们发现亚洲金融监管框架总体而言还是很稳健的，危机管理比较有效，但仍存在一些问题，比如太重要而不能倒下的银行或者国有银行的存在。影子银行在亚洲规模较小，但是在一些国家发展迅速。对于全球监管体系，针对银行资本和流动性制定的新规则对大部分的亚洲银行不太可能会产生影响，因为这些银行拥有雄厚的资本和充足的流动性。但是正如其他国家一样，监管改革预料之外的潜在风险，比如非银行金融业的持续发展和市场流动性结构的变化，将不断对该区域的监管者提出挑战。

　　本书描绘了亚洲金融业在对新的经济增长模型提供支持方面美好的发展前景，此外，随着金融市场的深化以及金融机构的发展，亚洲政府当局在吸取了 1997 年亚洲金融危机、2008 年全球金融危机以及欧盟一体化的经验和教训的基础上，承担了维护金融稳定的职责。在过去的几十年中，该区域的金融体系为经济的增长提供了保障和支持，对于亚洲能否成功地应对未来的挑战，我们持有积极乐观的态度。

第 2 章 亚洲金融的鸟瞰图

希顿·康，法卡瓦·珍塞克，林成勋

本章主要观点

- 尽管亚洲金融行业多种多样，但却有一些相似之处，包括都是由银行主导、资本市场越来越重要以及政府在其中发挥重要作用。

- 银行业资本雄厚，并且很大程度上依赖于存款融资。但是相较于其他区域，亚洲中小企业的银行贷款融资渠道却相对落后。

- 尽管目前快速的增长，但是股票和债券市场在某种程度上仍处于不发达且不流动的状态，仅有微量的现金流和极少数的长期机构投资者。

- 虽然亚洲金融行业相较于欧元区和北美而言仍相对简单，但是影子银行以及结构性金融产品的增长逐渐改变了这一现象，跨境的关联性也日益增加。

- 该区域不断演进的需求将会持续激励金融行业的发展，政策制定者在继续推动资本市场发展的同时必须非常谨慎地把握风险，这对于克服低效率、激励存款来支持经济增长是十分必要的。

介绍

无论是在深度还是复杂性方面，亚洲金融体系都具有多样性。亚洲涵盖了许多新兴市场和低收入经济体，在这些经济体中，虽然银行发挥着主导作用，但是银行的功能却非常基础；资产管理和保险等资本市场和金融服务还处于萌芽期；巨大的金融中介功能仍通过非正规渠道发挥作用。金融行业的发展仍处于起步阶段，随着这些经济体的扩张，金融行业的发展潜力是巨大的。

亚洲仍有许多发达经济体，在这些经济体中，银行业发展规模庞大且较为复杂，资本市场发达。在其中的一些发达经济体中，因为国内经济增长潜力越来越有限，银行的利润率开始下降。但是，随着欧洲银行在经历全球金融危机后大规模回撤，这些银行在区域市场中的市场份额正在逐步增加。

亚洲还拥有许多繁荣的国际金融中心，比如中国香港特别行政区和新加坡，这些金融中心与区域内部以及其他全球金融中心的联系十分紧密。

本章致力于解决以下问题：

● 在亚洲，金融扮演何种角色？关键人物是谁？他们的主要功能是什么？影子银行重要吗？

● 私人信贷中介是如何在亚洲产生的？相较于其他区域，亚洲的金融包容性如何？

● 亚洲政府在金融行业扮演了怎样的角色？政府对金融行业的干预程度与其他区域相比如何？

● 与世界其他区域相比，亚洲经济体金融行业的复杂性和内部关联性如何？

● 亚洲金融体系的结构如何影响该区域的金融稳定？

金融的角色、关键人物及其主要功能

作为一个整体，亚洲拥有一个很庞大的金融业。[①] 截至 2012 年底，亚洲地区金融机构的总资产以及债券市场和股票市场未清算价值

---

　① 本章所涉及的发达亚洲经济体仅仅涵盖澳大利亚、中国香港特别行政区、日本、韩国、新西兰和新加坡，新兴亚洲经济体包括中国、印度、印度尼西亚、马来西亚、菲律宾和泰国。

的总额达到该地区 GDP 的 580%，欧美 GDP 的 700%。亚洲各个经济体的金融业在规模上差异很大，在新兴亚洲经济体中，金融行业只占 GDP 的 340%，而在发达经济体中这一比例达到 880%。然而，新兴亚洲经济体金融业的规模仍比亚洲之外的新兴经济体要庞大得多（图 2.1）。

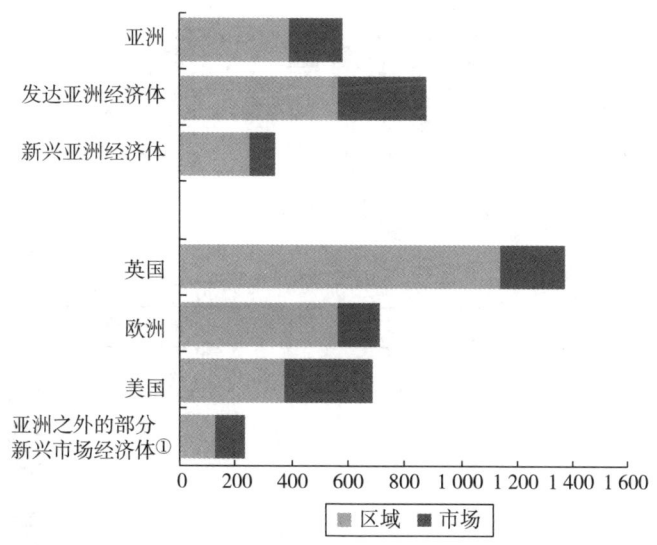

数据来源：国际清算银行，债券统计；Bankscope；Bloomberg L. P.；政府当局报告；金融稳定委员会《全球影子银行监管报告 2013》；国际货币基金组织、世界经济展望数据库；IMF 员工预估。

①巴西、墨西哥、俄罗斯、南非、土耳其。

图 2.1　部分经济体和区域：金融业规模（GDP 占比，2012 年底）

债券和股票市场为公共部门和私人部门进行投融资活动提供了另一渠道。在 2012 年底，未偿付的债券达到 GDP 的 110%，大约 65% 的债券由政府发行。日本政府债券是亚洲债券市场最大的一部分，几乎占据了全部债券市场的一半。股票市场也很庞大，股票市值达到该地区 GDP 的 75%，但是各个经济体的股票市场对亚洲整个股票市场的重要程度有很大不同，中国香港特别行政区和新加坡作为区域金融中心主导着亚洲股票市场（图2.2）。①

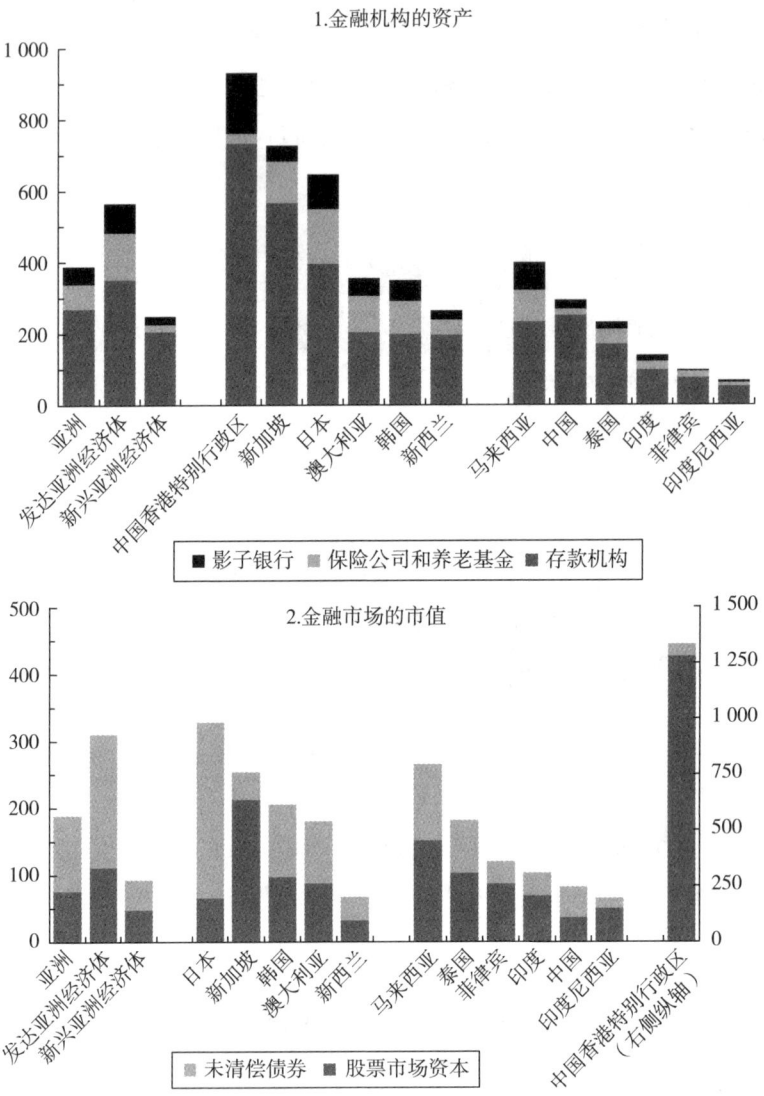

1.金融机构的资产

　　■ 影子银行　　■ 保险公司和养老基金　　■ 存款机构

2.金融市场的市值

　　■ 未清偿债券　　■ 股票市场资本

数据来源：Bankscope；国际清算银行，债券统计；Bloomberg L. P.；政府当局报告；国际货币基金组织、世界经济展望数据库；IMF员工预估。

图2.2　亚洲金融业的结构（GDP占比，2012年底）

---

① 详见第3章和第4章关于资本市场的结构和增长，以及第7章亚洲两大金融中心的角色。

金融机构

银行与非银行存款机构是最主要的亚洲金融机构，其资产总额在2012 年底达到亚洲 GDP 的 270%，或者说占金融机构总资产的 69%，其中银行资产占金融机构总资产的 56%，非银行存款机构占 13%。大部分非银行存款机构规模较小，这些机构在日本和韩国较为活跃，在这些国家，信用合作社在家庭和小企业的融资方面发挥重要作用，而这些群体通常被认为是缺少可靠资信的。然而，仍有一些非银行存款机构规模较大，比如全球最大金融机构的日本国有邮政银行。总之，银行和非银行存款机构在亚洲信用中介方面扮演着至关重要的角色，以下几个方面就印证了这一点：

- 区域内多种多样的监管框架导致了不同的银行结构。在日本、韩国和马来西亚，银行仅仅是大型企业的一部分业务，这些企业还经营保险或是投资银行的业务。澳大利亚、中国香港特别行政区和新加坡则支持商业银行和投资银行服务综合的银行模式。在印度尼西亚和泰国，大部分的银行都是独立的商业机构，通过子公司经营保险或投资银行业务。

- 亚洲拥有六家全球系统重要性银行（G - SIBs），日本有三家，分别是三菱 UFJ 金融集团、瑞穗金融集团和三井住友金融集团，中国有三家，分别是中国农业银行，中国银行和中国工商银行，而在其他国家，当地的高盈利使得银行专注于本土市场。然而，随着欧洲银行在全球金融危机之后缩减支出，澳大利亚银行和日本银行都占据了一定的海外市场份额，从 2007 年第一季度到 2013 年第三季度，其海外业务扩展了 40%。日本全球系统重要性银行跻身为辛迪加贷款市场和贸易融资领域前十大全球债权人。

- 国有银行在亚洲十分普遍。金融机构总资产的 23% 由政府管控，其中16%是通过商业银行，7%通过政策性银行。① 国有银行在新兴亚洲经济体占比更高，尤其在中国、印度、印度尼西亚、马来西亚，但是在韩国、菲律宾和泰国，政策性银行也具有很重要的地位。

• 相较而言，本地注册的外资银行相对较少，仅占金融机构总资产的3%，中国香港特别行政区和新西兰例外，在这两个地方，银行体系分别是由英国和澳大利亚银行主导。许多外国银行都在亚洲设立分支机构（菲柯特等，2011），但是当经营规模变大后，外国银行倾向于成立子公司，子公司就会受到和本地银行同等的监督和管理。在许多亚洲国家，当地政府会要求外国银行分支机构将资本隔绝起来。在众多外国银行中，花旗银行、汇丰银行、渣打银行在亚洲拥有较高地位。

金融机构的第二大群体是养老基金和保险公司，合计占亚洲GDP的70%，占金融机构总资产的18%。亚洲的养老基金和保险公司经常表现出明显的本土偏好，超过80%的资产投资于当地市场，但是这一偏好在中国香港特别行政区和新加坡并不明显（尚和赫尔，2013）。养老基金和保险公司的显著特征如下：

• 相较而言，养老基金和保险公司在发达亚洲经济体中更加重要，2012年底，其在金融机构总资产的占比分别达到了11%和12%，而在新兴亚洲经济体中，这一比例分别为2%和6%。

• 在许多亚洲经济体，像养老基金和保险公司这类的"现款投资者"开始与资本市场的不发达联系起来，机构投资者群体的规模与资本市场规模具有很紧密的关系，这凸显了开发大量的长期机构投资者对包括提高金融效率和流动性在内的金融深化的重要性（图2.3）。

金融机构的第三大群体是其他非银行金融机构，在2012年底，其资产规模达到该地区GDP的50%，占金融机构资产总量的13%。这些机构几乎或者完全不受政府当局的监管，也就是金融稳定局（FSB）定

----

① 政策银行是指由政府建立的、用于实现某种特殊的政策目标的金融机构，例如开发银行、进出口银行和邮政银行。

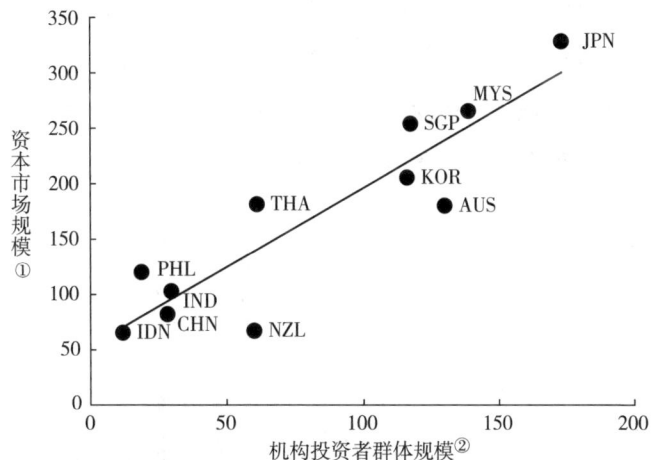

注：AUS = 澳大利亚；CHN = 中国；IDN = 印度尼西亚；IND = 印度；JPN = 日本；KOR = 韩国；MYS = 马来西亚；NZL = 新西兰；PHL = 菲律宾；SGP = 新加坡；THA = 泰国。

①　资本市场规模基于股票市场资本和未清偿债券的合计。

②　机构投资者群体规模基于投资基金、养老基金和保险企业的资产。

数据来源：国际清算银行，债券统计；Bloomberg L. P.；政府当局报告；国际货币基金组织、世界经济展望数据库；IMF 员工预估。

图 2.3　亚洲：机构投资者和资本市场（GDP 占比）

义的"影子银行"，① 包括主要提供消费金融的金融公司、以做市商的角色推动交易的证券公司以及提供货币市场共同基金和其他集合理财工具的资产管理公司。相较于世界其他区域发展程度一致的经济体，发达亚洲经济体和新兴亚洲经济体的影子银行规模较小（分别达到 GDP 的 85% 和 25%）。例如，在欧元区和美国，影子银行业的规模超过 GDP 的 150%，巴西和南非的影子银行规模超过其 GDP 的 50%（图 2.4）。在新兴亚洲经济体，金融企业发挥主导作用，在印度、印度尼西亚和菲律宾，金融企业规模超过影子银行体系的 50%。与此相反，在发达亚

---

①　影子银行的数据来源于金融稳定局（FSB，2013，2014）和各国政府当局网站。FSB 报告指出，影子银行体系可以广泛地定义为游离于传统银行体系之外的涵盖主体和行为的信用中介，本章使用了 FSB 对影子银行的定义。

洲经济体，影子银行主要包括能够提供复杂的投资策略和结构化产品的资产管理公司和证券公司。在 2012 年底，中国和日本两个国家的影子银行规模超过亚洲影子银行业总资本的三分之二，但是在经历全球金融危机后，这两个国家的影子银行业却发生了不同的变化。

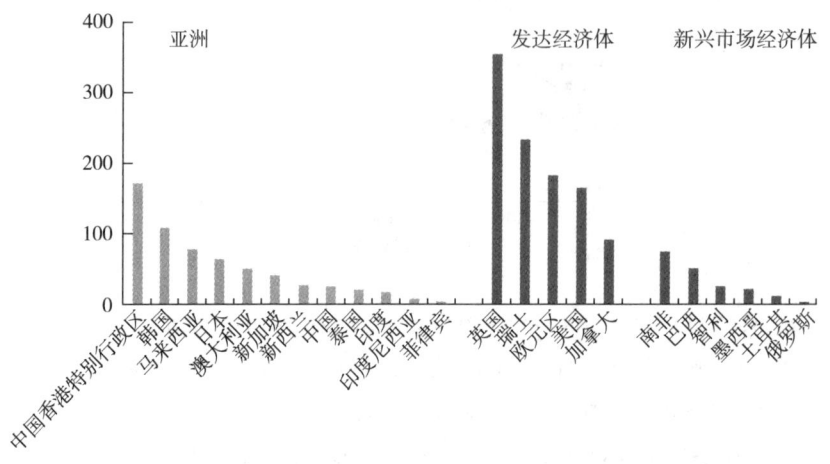

数据来源：金融稳定局，全球影子银行监测报告 2013；政府当局报告；IMF 员工预估。

图 2.4　部分经济体：其他非银行金融机构资产（GDP 占比，2012 年底）

- 与其他发达国家一样，日本的影子银行业的规模出现紧缩。2007 年影子银行业达到顶峰，相当于 GDP 的 75%，至 2012 年，影子银行规模下滑到 GDP 的 65%，2006 年《资金借贷业务法案》的实施导致了借贷条件的紧缩，从而造成影子银行业规模的缩减，这个法案对从金融公司（也称之为"资金贷款人"）获得的贷款增加了贷款收入比的限制条件。金融公司的资产在 2006 年到 2012 年从 GDP 的 22% 下降到 GDP 的 15%（Konno，Teramoto 和 Mera，2012）。

- 然而，在中国，影子银行的规模和成熟度都在持续增加。非银行金融中介的规模在 2013 年达到中国 GDP 的 34%——从 2010 年开始快速增长（FSB，2014）。在中国，大部分的非银行信用供应来自于商业银行的表外类银行业务，而非债券融资（IMF，2014）。造成这一结果有两个关键因素：试图规避对银行存款利率监管限制的小额投资者对利益的追逐，以及商业银行对将特定种类的贷款移除资产负债表从而避免政府对借贷活动的监管限制的渴望，这些限制包括准备金要求以及存贷比限制。

资本市场

亚洲的资本市场是为投资进行长期融资的重要渠道。在过去的十年中，亚洲的债券和股票市场相较世界其他地区发展非常迅速，规模大体上翻了一番（图2.5），这在新兴亚洲经济体中表现更加明显，新兴亚洲经济体的资本市场规模增加了八倍，外汇市场十分活跃（专栏2.1），股票市场和债券市场成为私人部门和公共部门的重要融资渠道。在中国香港特别行政区、印度、印度尼西亚、韩国、马来西亚、菲律宾和泰国，未清偿债券和股票市场的资产已经超过银行业资产。

日本仍是亚洲最大的债券市场，是全球第二大债券市场。截至2012年底，日本占据亚洲发行的全部未清偿债券的63%，不过在十年前这一比例达到85%，日本在亚洲债券市场上相对主导地位的滑落很大程度上源于中国债券市场的快速发展。虽然如此，日本国债市场仍是亚洲最大的细分市场，占据未清偿债券的46%、交易总量的76%。纵观亚洲整体，大约60%的债券是由政府发行，30%是由金融机构发行，剩下的由非金融企业发行。

在亚洲金融危机过后，协同合作发展区域债券市场硕果累累。[①] 如今，亚洲国内债券发行相对国际债券发行的比例要高于其他地区，仅有6%的亚洲债券是在国际上发行，而非亚洲发达经济体的这一比例为

---

① 因为以本国货币计价的长期债券能够解决在亚洲金融危机中一些亚洲经济体所面临的货币与期限不匹配问题，所以政府极力发展国内债券市场。2002年，"ASEAN＋3"国家（包括中国、日本、韩国）提出了亚洲债券市场倡议，旨在完善监管框架和必要的市场基础设施、推动区域货币债券的发行。2010年，亚洲开发银行合作推出了信贷担保和投资安排，为投资级区域债券提供信贷担保。关于政策措施的更多信息详见第4章。

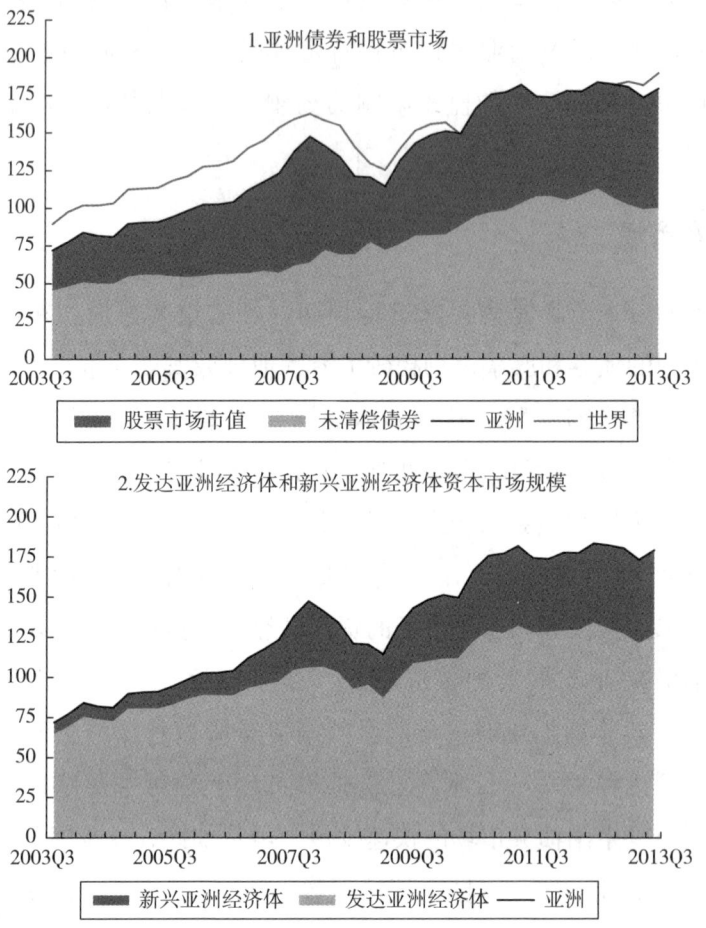

数据来源：国际清算银行，债券统计；Bloomberg L. P.；国际货币基金组织、世界经济展望数据库；IMF 员工预估。

图 2.5　亚洲：资本市场 2004—2012 年（2012 年 GDP 占比）

24%，非亚洲新兴市场经济体为 14%。[①] 对本土债券市场的关注有助于减轻对银行所提供的短期融资的过度依赖，并解决货币与期限不匹配问题，这反过来推动了在过去十年中亚洲经济的繁荣。

---

①　欧元区国际债券比例较高（42.9%）反映出了在货币联盟间金融一体化的重要程度而非不发达的本土债券市场。

专栏 2.1　亚洲外汇市场

活跃的外汇市场为亚洲资本市场的发展提供了支持。日本、中国香港特别行政区和新加坡名列全球第五大外汇市场；2013 年，这三大外汇市场的总交易量占据全球交易量的21%，它们在全球外汇市场的主导地位（仅仅落后于分别占全球交易量总额41%和19%的英国和美国）反映出中国香港特别行政区和新加坡作为区域金融中心以及日元作为第三大全球通用货币的地位。

亚洲货币对全球外汇市场日益重要，2001 年，亚洲货币占全球交易总量的16.7%，而到2013 年，这一比例上升至21.2%，超过欧元占全球交易总量的比例（16.7%）。美元仍是主要世界货币，占全球交易总量的比例始终超过40%。

亚洲银行间外汇市场规模相对较小，交易更多的是为了满足非金融客户的外汇需求。2013 年，新兴亚洲经济体非金融机构发生的外汇交易占全部交易额的23%（在亚洲之外的新兴经济体中，这一比例为14%），发达亚洲经济体非金融机构发生的外汇交易占全部交易额的10%（在亚洲之外的发达亚洲经济体中，这一比例为5%），这说明亚洲外汇交易是以实际的经济需求为基础，而非受金融交易的驱动。另外，外国金融机构在亚洲外汇交易市场上普遍拥有较低的市场地位，除了作为国际货币交易中心的澳大利亚、中国香港特别行政区、日本和新加坡以及银行体系由澳大利亚子公司主导的新西兰之外。

然而，在许多亚洲经济体中，债券市场仍有发展的空间，在这些经济体中，未清偿债券总量相较收入水平而言比较小（图2.6），主要原因在于亚洲的公共债务相对水平较低。除了国债比例较高的日本外，大多数亚洲国家公共债务水平较低，在很大程度上仍依赖于类似贷款的非市场融资形式，比如中国和印度，中国和印度的政府债券仅占全部债券发行的40%，而世界平均水平为85%。

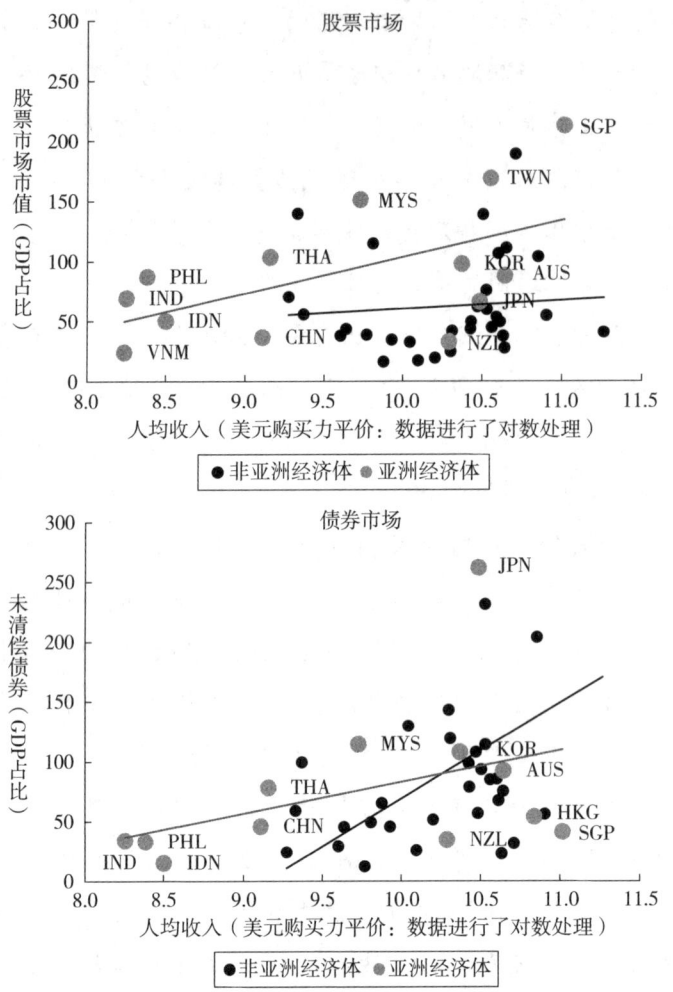

注：AUS = 澳大利亚；CHN = 中国；HKG = 中国香港特别行政区；IDN = 印度尼西亚；IND = 印度；JPN = 日本；KOR = 韩国；MYS = 马来西亚；NZL = 新西兰；PHL = 菲律宾；SGP = 新加坡；THA = 泰国；TWN = 中国台湾；VNM = 越南。

数据来源：国际清算银行，债券统计；Bloomberg L. P.；国际货币基金组织、世界经济展望数据库；IMF 员工统计。

图 2.6　部分经济体：资本市场和经济发展（GDP 占比，2012 年底）

另外，亚洲债券市场的市场流动性（以总交易量占平均未清偿债券总额的比例衡量）水平较低，大多数亚洲政府债券市场的流动性远低于日本政府债券市场（图 2.7）。一般而言，企业债券市场的流动性远低于政府债券市场的流动性。另一个挑战则是企业债券市场的集中度，2013 年，前十大发行者占据了单一国家全部企业债券发行总量的 60% ~ 90%（Levinger 和 Li，2014），表明利用债券市场融资的主体主要是规模较大、经营良好的企业，不过中国是一个例外，前十大发行者仅仅占据了企业债券发行总量的 24%。

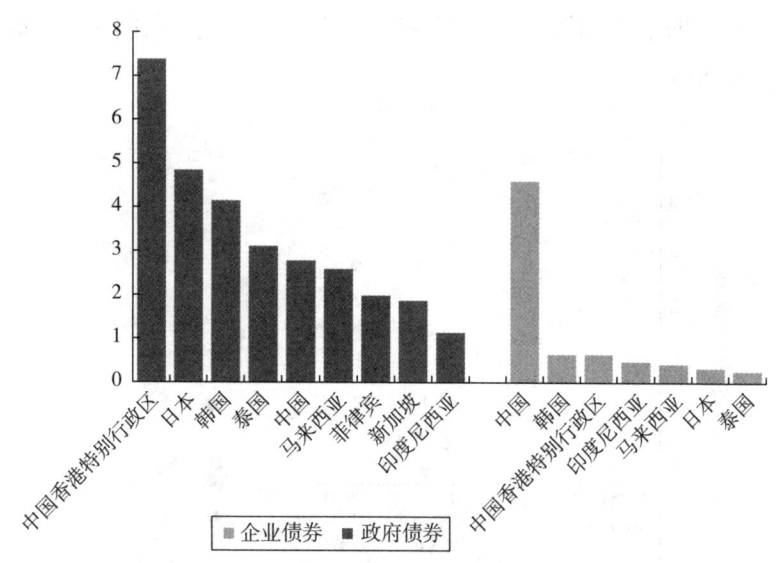

数据来源：亚洲开发银行，亚洲债券官网；IMF 员工统计。

图 2.7　亚洲：债券市场流动性（交易总量，平均未清偿总量占比，2012 年）

以资本衡量的全球前十大股票市场的五家位于亚洲，有三个在发达经济体中（澳大利亚、日本、中国香港特别行政区）、两个在新兴市场经济体中（中国和印度）。股票市场是当地企业融资的重要渠道，截至 2012 年底，已有超过 20 000 家企业在亚洲股票市场上市，相较而言，美国股票市场上有 10 000 家上市公司，欧洲、中东和非洲共有 13 300 家上市公司。2012 年，亚洲通过股票发行筹集的资金有 1 980 亿美元，美国为 2 340 亿美元，欧洲、中东和非洲共筹集 1 020 亿美元资金。

亚洲许多股票市场都存在劣势，比如对有限的流动性、无效的定价机制、市场波动和市场机能的担忧，只有四个亚洲市场——中国、日本、韩国和泰国——流动性高于全球平均水平（图2.8），"噪声交易"也是除日本之外大多数亚洲股票市场的重要特征（详见第3章）。由于自由流通的股票份额相对较小，亚洲股票市场无法为广大的个人和机构投资者的财富管理提供强有力的支持。此外，除日本之外的亚洲股票和债券市场的集中度高于许多发达经济体，比如在 2012 年底，亚洲前十大企业占据了亚洲资本市场的 45% ~ 75%，而这一比例在日本和美国大约为 20%。

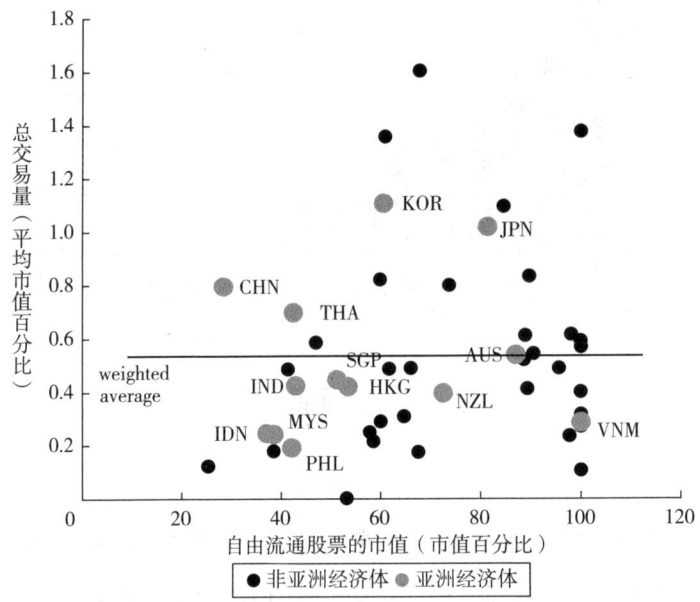

注：AUS = 澳大利亚；CHN = 中国；HKG = 中国香港特别行政区；IDN = 印度尼西亚；IND = 印度；JPN = 日本；KOR = 韩国；MYS = 马来西亚；NZL = 新西兰；PHL = 菲律宾；SGP = 新加坡；THA = 泰国；VNM = 越南。

数据来源：Bloomberg L. P.；IMF 员工统计。

图 2.8　部分经济体：股票市场流动性

亚洲资本市场的外国参与度低于其他区域，2012 年底，外国在大多数亚洲市场的参与度仅占 25%，除了澳大利亚、印度尼西亚、新西兰（图2.9），而在发达欧洲和北美国家，以及如墨西哥、土耳其的亚洲之外的新兴市场国家，外国参与度会非常高。同样地，外国持有的政府债券在亚洲的占比也较低，由于外资流入受限，中国和印度政府债券几乎没有外国持有。国外投资者占比较低是一把双刃剑，一方面，它能够避免外部资金动荡所引发的不稳定；另一方面，它阻碍了基于多样化的投资人规模的风险共担，并限制了市场流动性。[①] 此外，与亚洲资本市场的外国参与度较低一样，许多亚洲经济体市场的发展程度低也会使流动性变低。例如，在马来西亚和菲律宾，外国投资者几乎需要 30 天才能清算全部仓位（表2.1），从这个角度来看，印度尼西亚的相对不流动的政府债券市场是最脆弱的。

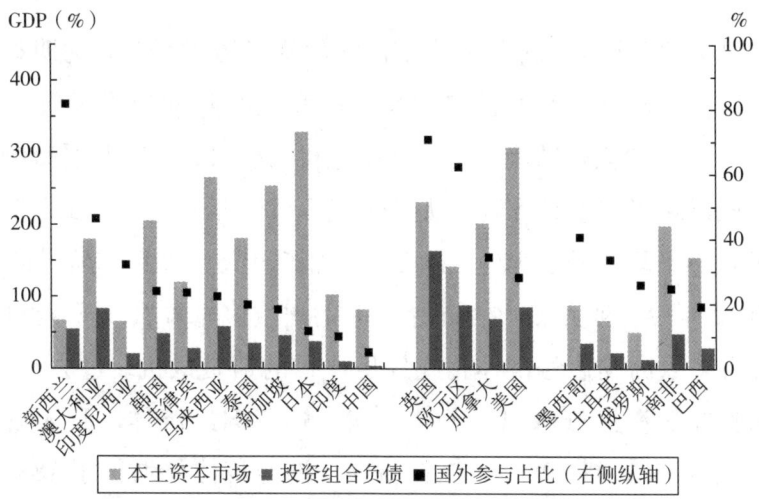

数据来源：国际清算银行，债券统计；Bloomberg L. P.；国际货币基金组织，国际金融统计和世界经济展望数据库；IMF 员工预估。

图2.9 部分经济体：本土资本市场的外国参与（GDP 占比，2012 年底）

---

① 外国投资者突然的、大规模的撤资通常会引发市场动荡和风险溢价，IMF（2014）的《全球金融稳定报告》同样指出投资组合对全球金融环境越发敏感。

表 2.1　　　　　　　**亚洲：2012 年本土政府债券市场的脆弱性**

外国投资者清算全部仓位所需天数	
中国	0.3
印度尼西亚	130.4
日本	4.8
韩国	5.8
马来西亚	25.4
菲律宾	27.7
泰国	6.9

数据来源：亚洲开发银行，亚洲债券官网；Arslanalp 和 Tsuda（2012）；IMF 员工预估。

私人部门信贷的中介

在过去的十年中，亚洲私人部门的信贷经历了两个较为明显的阶段：全球金融危机之前的稳定增长阶段和近些年加速增长阶段（图 2.10）。[①] 第一阶段反映出了亚洲金融危机的后果，尤其是受影响较为严重的亚洲新兴市场经济体，从 2002 年到 2008 年，亚洲私人信贷占 GDP 的比重平均上升了 7%，而欧洲增加了 40%。在第二阶段即 2008 年至 2012 年中，亚洲私人信贷占 GDP 的比重快速增加，而与此同时，美国和许多欧洲发达经济体正在经历严重的信贷危机。过去十年中，信贷增长在亚洲区域内出现分化，在发达亚洲经济体，私人信贷占 GDP 的比重平均增加 26%，而在新兴亚洲经济体仅增长了 18%，在这些国家中，亚洲金融危机之后长期的去杠杆减缓了金融深化的进程。

---

① 私人信贷中介是将资金的最终来源向最终私人使用者转移的过程，通过以下几点综合衡量：（1）国内银行在公共非金融机构和私人部门领域的资产（IMF，国际金融统计，22C 和 22D 行）；（2）跨国银行对私人非金融部门信贷（国际清算银行 BIS，本土和联合的国际银行统计）；（3）私人非金融部门发行的债券（BIS 债券统计）。详见 Dembiermont, Drehmann 和 Muksakunratana（2013）关于私人非金融部门如何获得跨国银行信贷的研究。

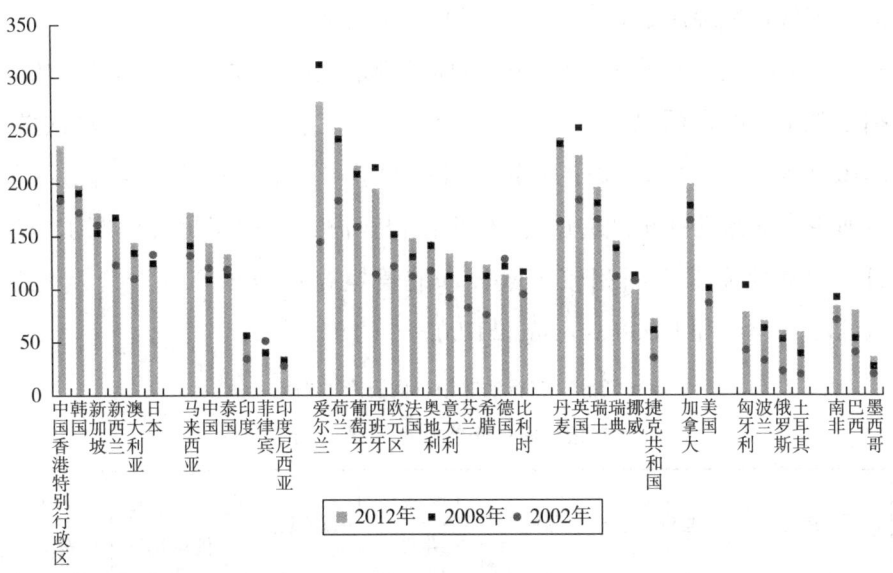

数据来源：国际清算银行，合并银行统计和债券统计；IMF，国际金融统计和世界经济展望数据库；IMF 员工统计。

图 2.10 部分经济体：私人信贷与 GDP 比值（GDP 占比）

基于大量零售存款的银行仍是私人部门信贷的主要来源，2012 年底，84% 的亚洲私人部门信贷来源于银行，债券融资和跨国银行信贷分别仅占亚洲全部私人部门信贷的 11% 和 5%。银行信贷中介的特点如下：

● 银行将其 60% 的非银行间资产投入到私人部门领域，在一些国家，对政府和非本地居民的信贷占据重要地位（表 2.2）。比如，印度和日本的银行累积了大规模的政府债券，占非银行间资产的四分之一，中国香港特别行政区和新加坡银行拥有大量的外国资产，分别占据非银行间资产的 60% 和 35%。

● 零售存款的扩张以及作为存款保障的银行贷款的增长使得银行对储蓄者更具吸引力。在大多数亚洲经济体，2012 年底的存贷比超过100%（图 2.11），除了韩国和新西兰，2001 年至 2008 年，这两个国家的净国外负债经历了显著增长。因此，这些国家引进宏观审慎手段以减轻对国际批发融资的过度依赖，从而控制系统流动性风险，这些手段包括宏观审慎稳定征税（韩国，2011 年 8 月）、核心融资比率（新西兰，2010 年 4 月）。零售存款的巨额规模有助于亚洲银行抵抗住全球金融危机所带来的流动性短缺的压力，[①] 也使得亚洲银行在满足《巴塞尔协议Ⅲ》流动性要求方面相较于欧洲和北美银行而言处于一个有利地位（Otker – Robe 和 Pazarbasioglu，2010）。

表 2.2　　　　　　　　　　亚洲：银行的非银行间资产的构成

（非银行间总资产占比，2012 年底）

国家或地区	总资产	外国资产	中央银行存款	政府资产	其他金融机构资产	私人部门资产
澳大利亚	100	11	0	1	17	71
中国	100	3	19	5	5	68
中国香港特别行政区	100	60	2	6	0	32
印度	100	0	5	26	0	69
印度尼西亚	100	3	21	4	4	68
日本	100	17	4	28	13	38
韩国	100	7	7	2	11	74
马来西亚	100	8	16	4	4	68
菲律宾	100	8	21	14	6	51
新加坡	100	35	3	10	0	52
泰国	100	4	17	3	5	72
平均	100	14	10	9	6	60

数据来源：IMF，国际金融统计；IMF 员工统计。

　　在亚洲，企业贷款有超过家庭贷款的趋势，2012 年底，中国、印

---

① 详见第 5 章。

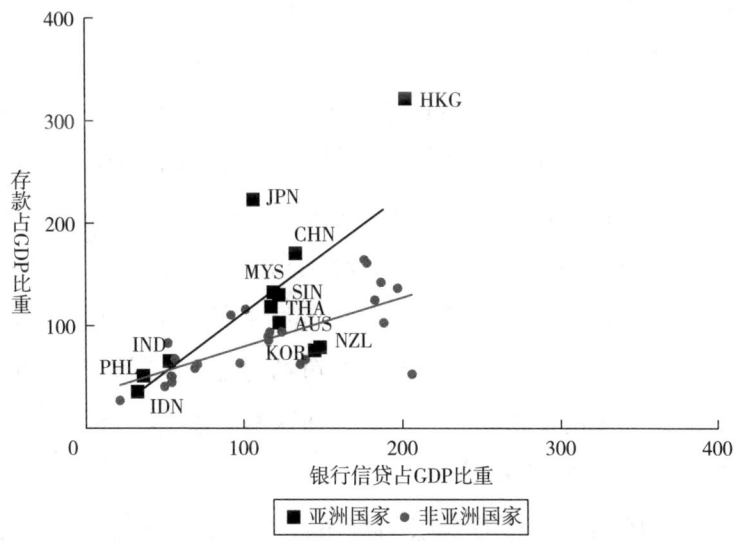

注：AUS = 澳大利亚；CHN = 中国；HKG = 中国香港特别行政区；IDN = 印度尼西亚；IND =
印度；JPN = 日本；KOR = 韩国；MYS = 马来西亚；NZL = 新西兰；PHL = 菲律宾；SIN = 新加坡；
THA = 泰国。

数据来源：FinStats；Haver 分析；IMF，国际金融统计；IMF 员工统计。

图 2.11　部分经济体：银行信贷和存款（GDP 占比，2012 年底）

度和菲律宾的银行将大约 80% 的私人信贷投向了非金融企业。亚洲金
融危机导致大型企业破产，由此为银行带来了巨额损失，在此之后，一
些国家的银行在 2000 年到 2005 年转向家庭借贷方向（Mohanty 和 Turn-
er，2013）。然而，随着住房市场的风险日益显现，政府为防范风险积
极推动宏观审慎和税收政策，从而在 2006 年之后激励了企业贷款的
反弹。①

　　尽管银行信贷是企业融资的主要来源，但是债券融资成为企业越

---

　　①　相较于其他地区，宏观审慎工具在亚洲得到了广泛的运用，尤其是关于房地产市场的相关
工具，比如房产信贷价值比率的限制，债券服务与收入比率的上限（例如中国、中国香港特别行政
区、印度、印度尼西亚、韩国、马来西亚、菲律宾、泰国），这些工具抑制了抵押贷款的发展并降
低了房价的增长（Zhang 和 Zoli，2014）。

发重要的融资渠道，约为亚洲全部私人信贷的 11%。以本土货币计价的未清算企业债券增长了 2.5 倍，从 2003 年的 14 亿美元增长至 2012 年的 33 亿美元，相当于亚洲 GDP 的 15%（亚洲开发银行，2013）。[①] 推动亚洲企业债券市场蓬勃发展的因素很多，包括政府激励、潜在收入、巨大息差、外国投资者持续增加的兴趣。[②] 在亚洲经济体中，企业债券市场的发展规模也存在巨大差异。在韩国和马来西亚，未清算的企业债券在 2012 年底达到 GDP 的 42%，是全部私人信贷的四分之一。然而，在许多亚洲新兴市场经济体，企业债券市场仍处于发展的初级阶段，比如中国、印度、印度尼西亚和菲律宾，在这些国家中，企业债券占全部私人信贷的比例低于 10%。[③]

跨国银行的信贷发挥着有限的作用，亚洲金融危机后本土债券市场的发展为减弱对跨境融资的依赖提供了契机。2012 年，在大部分亚洲经济体中，跨境银行债权规模不到 GDP 的 10%，平均占总贷款规模的 5%，中国香港特别行政区和新加坡是个例外，在这两个地方，跨境银行的信贷规模在 2012 年底达到 GDP 的 20%。在亚洲，尽管国际银行的融资规模大幅下降，但是由于跨境银行债权影响有限，许多亚洲经济体——不像许多欧洲新兴国家一样——在全球金融危机中能够承受跨境银行融资的突然停滞（IMF，2011）。

针对中小企业融资难题，政府出台了相关的政策。资本市场的深化增加了企业的融资选择，但是迄今为止，相较于规模较大的发行人，中小企业对资本市场的利用相对有限。亚洲的中小企业相较于其他区域而言经常面临融资困境，亚洲新兴国家中只有不到 45% 的中小企业能够获得信贷额度，而这一数据在拉丁美洲可以达到 70%，欧洲新兴国

---

① 企业债券保险规模从 2010 年 GDP 总值的 2% 增加至 2012 年超过 GDP 的 3.5%，而同期新发起的长期银团贷款规模从 GDP 的 2.5% 下降至不超过 GDP 的 2%（Levinger 和 Li，2014）。

② 详见第 4 章。

③ 从 2008 年到 2012 年，中国企业债券规模增长了 2 倍，达到 GDP 的 10%，但是对于私人部门而言，通过债券融资的规模远远小于银行贷款，私人部门的银行贷款达到 GDP 的 130%。

家为 60%，金融排斥在中国尤为明显，仅有不到 20% 的中小企业能够获得银行信贷额度。但是，由于政府出台了相关措施，比如信贷担保（日本、韩国）、强制贷款（印度尼西亚、菲律宾）、初创企业联合投资（例如，新加坡的春苗资本计划），中小企业的融资渠道正日益增长。最近，一些亚洲新兴市场经济体正发展金融基础设施建设，从而推动中小企业融资，包括信贷信息体系（菲律宾，2011）和动产抵押登记（中国，2007）。

亚洲新兴国家相较其他区域而言对个体的金融包容性较低，但是移动技术却出现不同，有两个有趣的现象：

- 在亚洲新兴国家中，仅有 45% 的成人拥有银行账户，而这一数据在亚洲发达国家达到 95%。对于农村或者低收入家庭而言，这一差距恐怕更大，在亚洲新兴国家，仅有 30%～35% 的低收入家庭和农村居民拥有银行账户，而这一数据在亚洲发达国家达到 90%。亚洲新兴国家的城镇居民相较农村居民更容易获得银行服务，即便在城市中，银行服务的可获得性仍存在差距，比如在信用卡领域。

- 然而，移动技术日前的增长快速推动了金融包容性的提高。移动银行不仅是支付和资金划拨的一种便捷的管理方式，还使得银行能够以较低的边际成本接触到无银行账户的人。根据贝恩咨询公司（2012）的研究，亚洲成为移动银行的领军者，在一些经济体中，包括中国、中国香港特别行政区、印度和韩国，超过 35% 的被采访者称他们用移动银行进行金融交易——这一数据远高于亚洲以外的其他国家（图 2.12）。① 由于移动银行的快速发展和革新，政策制定者将需要确保安全的清算机制和正确的监督机制得以建立，从而在技术创新和消费者保护之间寻求平衡以增加金融包容性。

---

① 2008 年，世界上第一家虚拟银行 Jibun 银行在日本成立，由东京三菱银行和 KDDI 电信公司联合创办，Jibun 银行只通过移动终端为其客户提供多样的银行产品和服务。

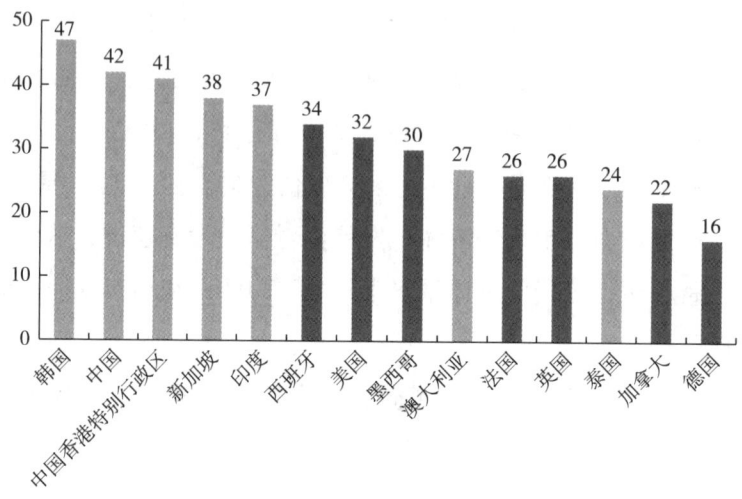

数据来源：贝恩咨询公司（2012）。

图 2.12　部分经济体：移动银行渗透率

（最近三个月内使用移动银行进行金融交易的被采访者占比，2012 年）

政府介入

在许多亚洲经济体中，政府对金融业有较大的介入。许多针对亚洲
经济体的 IMF 金融业评估项目都强调了政府的巨大影响，特别是在金
融机构所有权、利用金融政策推动金融业发展和影响信贷中介、直接和
间接的担保条款，以支持金融机构的发展并拓宽中小企业融资渠道方
面，政府介入的一些措施反映出了政府为维护金融稳定、支持经济发展
所做出的积极努力，而另一些政府行为——比如直接贷款——则扭曲
了市场激励机制，阻碍了金融业的发展。

金融机构的国有化程度在不同国家差异很大。2013 年，在大多数亚洲
经济体中——除了澳大利亚、中国香港特别行政区、新西兰和新加坡——
政府控制的信贷机构至少占信贷机构总资产规模的20%（图2.13）。[①] 此外，

———————

　　① 该分析是基于政府对信贷机构的控制力，包括银行以及提供信贷的其他金融机构，而并不是政府
所持有的金融机构的股权占比，尤其是对于新加坡，政府拥有其最大的银行——新加坡发展银行——巨大
的股权份额，但是却没有实际的控制权。

在一些国家，国有领域延展到保险、债券公司。国有金融机构的显著地位得益于以下迥异的因素：

- 历史因素。在中国和印度，政府仍持有商业银行的所有权。

- 金融危机的影响。在印度尼西亚、韩国和泰国等被亚洲金融危机严重冲击的国家中，国家干预导致了商业银行的国有化。

- 策略驱动型政府介入。在马来西亚，政府通过政府关联的投资公司在众多主要金融机构获得实际利益，一些投资机构还涉及公共养老金体系。在日本，政府除全资控股邮政银行外，还为各种融资平台提供资金，从而为实现政府的社会目标提供支持。例如，有明确目的的开发银行和进出口银行等政策银行在许多国家都起着至关重要的作用，包括韩国、菲律宾和泰国。

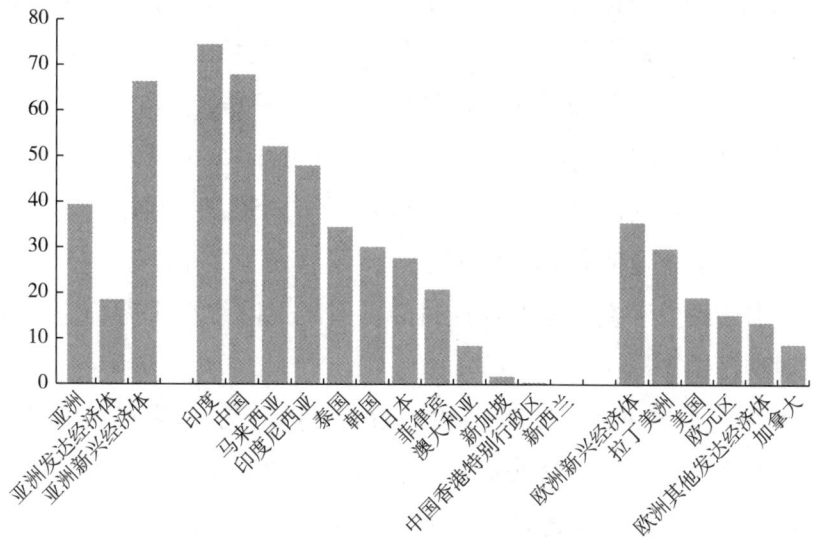

注：分析包括从 Bankscope 数据库可获得的、资产超过 50 亿美元的信贷机构。

数据来源：Bankscope；IMF 员工预估。

图 2.13　部分经济体和区域：2013 年金融机构的政府所有权

（政府所有的信贷机构的资产规模与信贷机构总资产规模的占比）

政府对信用中介有着相当大的影响，因为政府会通过利用或激励金融业实现广泛的政策目标，这可能会影响信贷总规模和信贷分配，这些政策目标包括：

- 管控信贷环境。在中国和越南等国家，货币政策操作并不以利率为基础，信贷的行政限制成为重要的政策工具。在印度尼西亚，审慎监管被用来激励信贷总规模的增长，例如对存贷比低于某一特定目标值的银行进行处罚。

- 调节信贷分配。例如监督压力等隐性指导和例如降低风险权重等调控手段通常都用来操控商业银行的决策，这些对信贷的直接调控措施在中国、印度、印度尼西亚和韩国都非常普遍，甚至在政策性银行为重点行业提供直接信贷的情况下，也常常出现对这些行业过度支持的情况（例如，菲律宾的住宅信贷）。此外，一些政府在没有正确认识到可能带来的财政负担的情况下，仍通过政策性银行为实现政府的社会目标提供支持（例如，泰国对大米生产进行补贴）。

- 通过担保推动信贷。日本和韩国政府通过成立特定机构对中小企业的信贷风险提供担保，马来西亚成立了一个名为 Cagamas 的相似机制以推动当地企业债券市场的发展。

政府还致力于在稳定时期通过降低系统风险维持金融稳定，并在危机时期提供支持：

- 降低系统风险。亚洲金融危机后，许多亚洲国家提高了对系统风险的监测，包括定期发布金融稳定报告。另外，政府有时会采取结构性措施以加强金融体系建设，例如，在 21 世纪初中国政府在银行重组方面发挥了重要作用。

- 在危机时期提供支持。根据标准普尔公司发布的《银行业国家风险评估更新：2013 年 10 月》，除新西兰外，所有的主要亚洲经济体都大力支持银行业的发展。亚洲政府相较于其他主要非亚洲国家政府而言，对银行业的干预程度更大，尤其是在危机时期恢复金融稳定的目标。[①] 例如，在全球金融危机期间，日本和韩国政府向市场注入了大量的流动性，并采取措施来确保中小企业的融资渠道，新加坡政府推出了暂时性全体存款担保，澳大利亚政府为批发融资和大额存款提供了付费的无限制的担保。

复杂性和关联性

在全球金融危机爆发前，亚洲金融体系相较于欧元区和美国而言相对简单，许多与金融危机相关的金融特征都不存在（IMF，2012b）。例如，亚洲金融业并未形成以市场为基础的模式，但却由商业银行主导，亚洲银行仍继续依赖于接收存款和市场放贷等传统业务，而非交易和承销等复杂业务，金融业的杠杆率并不高且并不过分依赖负债的结构性金融工具（Jeasakul，Lim 和 Lundback，2014），[②] 影子银行发挥较小的作用，国内金融机构之间具有较弱的关联性。

甚至在全球金融危机过后，亚洲银行体系的一些方面仍相对简单。第一，亚洲银行仍严重依赖利息收入，截至 2012 年底，利息收入平均占全部收入的三分之二，而交易收入、手续费和佣金等非利息收入仅占全部收入的 20%，在瑞士和英国的这一比例能达到 50%（图 2.14）。第二，亚洲银行间的关联性较弱（IMF，2013），截至 2012 年底，亚洲银行间资产与总资产占比和银行间负债与总负债占比大约为 20%，低于欧元区的 40% 和拉丁美洲的 30%。

然而，在金融危机后，亚洲出现了金融创新和金融分化，影子银行和结构化金融产品迅猛增长。非银行金融中介加强了金融深度，扩展了

---

①　其他地区的主要经济体的政府被认为仅仅对其管辖区内的银行业提供支持，这些经济体包括发达经济体和新兴市场经济体。

②　例如，亚洲金融机构的次级市场相关的损失和资产减记达到 270 亿美元，仅占全球前 100 家银行和证券公司全部损失和资产减记的 3%。

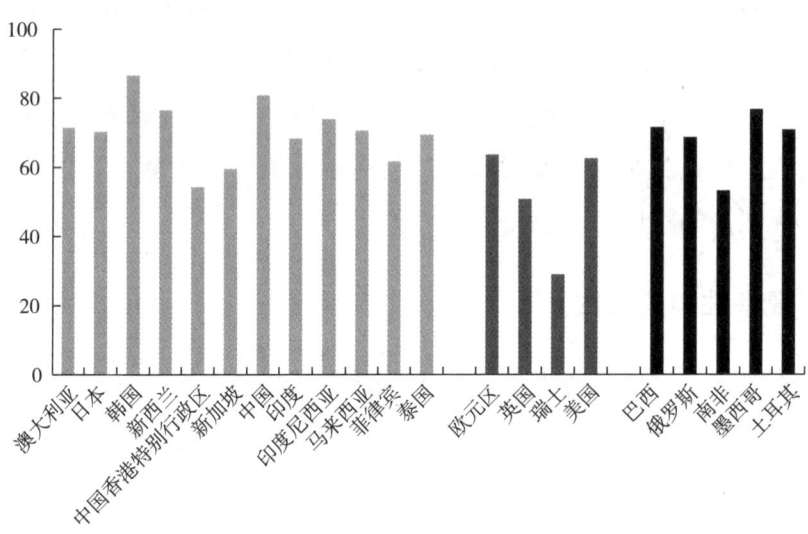

数据来源：Bankscope；IMF 员工计算。

图 2.14　部分经济体和地区：利息净收入占比

（占总收入的百分比，2012 年底）

融资渠道，多样化的金融产品因加强了风险共担而使得金融市场更加有效。但是，如果相关的风险未得到有效的监测，这些风险就会破坏金融稳定，危害实体经济的发展。

在一些亚洲经济体中，国内关联性的日益加强扩大了风险的蔓延。例如，在中国，2012 年至 2013 年，银行对非银行金融机构的债权增长了 50%，商业银行间的资产在 2013 年达到总资产规模的 20%。[①] 影子银行和传统银行之间日益增长的双边风险敞口也在其他亚洲经济体中存在，Lee 和 Cheng（2012）发现韩国该风险敞口自 2006 年起翻了一倍，金融稳定局（2013）指出印度和印度尼西亚的融资和信贷风险由于商业银行和影子银行之间的关联性而大幅增加。

---

① IMF（2011）指出在中国，许多中小型银行（和非银行金融机构）在货币市场十分活跃地进行融资活动，而大型银行将其盈余资金放置在货币市场中。

目前，对以亚洲货币标的的外汇结构性衍生工具的利用持续增加，外汇衍生工具是对冲货币风险的一种方式，但是实际上一些引入的合约可能会增加货币风险敞口。典型的例子就是所谓的"入局出局"（KIKO）外汇期权，从 2006 年到 2007 年，许多中小企业通过该期权寻求对冲韩元长时间的升值，随着全球金融危机中韩元大幅贬值，这些合约造成巨额损失，这反过来加深了韩元的贬值，损害了拥有外汇敞口头寸的一些机构。中国香港特别行政区如今也经历着类似的情况，离岸人民币外汇期权市场日成交量大约为 70 亿美元，而这一数值在 2010 年仅为 1 000 万美元（德意志银行，2013）。在岸人民币外汇市场仅仅交易简单的、标准化的期权，与之不同，离岸人民币外汇市场由类似 KIKO 期权的目标赎回票据主导（摩根大通公司，2014）。就像韩国那样，离岸市场即期汇率的大幅波动可能会使得在中国香港特别行政区的企业遭受重大损失，并增加相关银行的对手风险。

交易所交易基金（ETFs）在亚洲日益普遍，资产管理规模从 2008 年的 530 亿美元上升至 2013 年的 1670 亿美元（德意志银行，2014），亚洲 ETFs 的交易量在 2013 年增长了 100%，增至 6540 亿美元，相比之下，美国作为世界上最大的 ETF 市场，虽然交易量在 2013 年达到 14 万亿美元，但是增长率却仅为 8%。大部分的亚洲 ETFs 都是最基本的形式，以低成本使投资者有效地接触到多种多样的资产类型。然而随着对 ETFs 需求的增加，产品的复杂程度以及投资者对更具风险的 ETFs 的兴趣也在增加。例如，基于综合叠加法的 ETFs 正慢慢流行。利用互换和其他衍生工具而非被动持有标的资产来获取基准收益会增加 ETF 风险评估的复杂性，特别是在全球金融危机之前，不透明的 ETFs 可能产生类似于许多结构性金融工具会产生的风险。

在亚洲，通过金融关联而产生的跨境关联程度相较于欧洲发达地区和北美而言仍处于较低水平，亚洲经济体（不包括中国香港特别行政区和新加坡）的外汇总资产和总负债虽然有所上升，但相比欧元区和北美地区（在 2012 年分别达到 GDP 的 430% 和 300%），规模仍处于中等水平（达到 GDP 的 160%）（图 2.15）。^① 此外，亚洲新兴经济体大幅落后于其他新兴经济体，例如，2012 年，亚洲外汇资产和负债的总和达到 GDP 的 135%，而这一数据在欧洲新兴经济体为 420%，在拉丁美洲新兴经济体为 215%。特别的是，中国香港特别行政区和新加坡这两个金融中心拥有巨额的外汇资产和负债（超过 GDP 的 1 500%）。

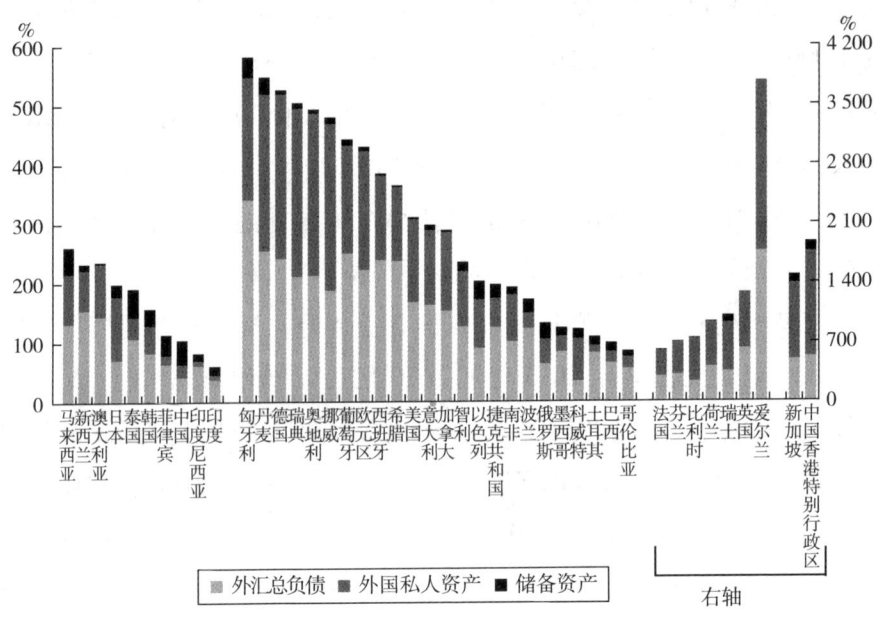

数据来源：IMF，国际金融统计；IMF 员工计算。

图 2.15 部分经济体：外汇总资产和总负债

（GDP 占比，2012 年底）

---

① 在许多亚洲经济体中，外汇资产大部分以官方外汇储备的形式存在，比如，在中国、日本、韩国、马来西亚和菲律宾，2012 年底外汇储备达到 GDP 的 20% ~ 50%，是外汇资产的 16% ~ 70%。

区域内的金融互联十分有限，亚洲拥有较强的区域内贸易互联性以及和其他地区的金融互联，但是区域内的金融互联却相对较弱，[1] 亚洲经济体相互之间的跨境资产组合投资和银行信贷规模非常小。2012年底，亚洲区域内的关联性仅占全球双边关系总规模的5%，远低于欧洲（42%）。[2]

亚洲新兴国家在跨境金融活动方面尤其不活跃。[3] 例如，除澳大利亚和日本之外，亚洲的金融机构拥有非常少的、关于亚洲以外国家的跨境资产组合投资和银行贷款，仅占全球双边关系总规模的3%，而2012年底，北美这一数据达到14%。

然而，自全球金融危机后，全球的互联性日益紧密。亚洲经济体在跨境金融互联方面迅猛提升，吸引了大量全球资本的流入。澳大利亚和日本银行也在积极填补欧洲银行推出亚洲后所产生的市场空缺。从2007年到2012年，亚洲经济体外汇总资产和总负债平均增长了60%，而在此期间，一些欧洲国家（奥地利、比利时、意大利、葡萄牙、西班牙）却有所下降，亚洲的组合投资资产上涨40%，而欧元区却下降3%（图2.16）。[4] 此外，2007年到2013年第三季度期间，跨境银行对欧元区和英国的资本流入降低30%，而其对亚洲经济体（不包括日本和澳大利亚）的投资却增加60%。尽管2013年美联储逐渐减少的公告导致出入亚洲新兴市场的资本出现波动，但是亚洲的资本总流入量仍保持增长态势，这包括澳大利亚和日本银行受欧洲银行退出亚洲市场

---

　　① 对于贸易互联性，IMF（2012a）指出亚洲经济体的区内和区外贸易互联性都非常紧密，其中中国是该集群的中心和守卫者。在过去的二十年中，亚洲经济体的内部贸易飞快增长。

　　② 全球双边关系总规模是通过证券投资调查公布的跨境组合投资和BIS当地银行统计公布的跨境银行债权计算而成。根据位置，关系可分为两种类型，一种是同一地区内或区域内的两国之间的跨境关系，另一种是不同地区或区域外的两国之间的跨境关系。截至2012年底，这两种关系分别占全球双边关系总规模的51%和49%。

　　③ 然而，在2012年底，日本作为全球的债权人和投资者，拥有全球12%的跨境银行债权和10%的资产组合投资，澳大利亚作为区域的债权人和投资者，拥有亚洲14%的银行债权。

　　④ 亚洲的投资组合负债同期增长23%，欧元区同期下降4%。

带来的商业机遇驱动而产生的资本流入（详见第 10 章）。

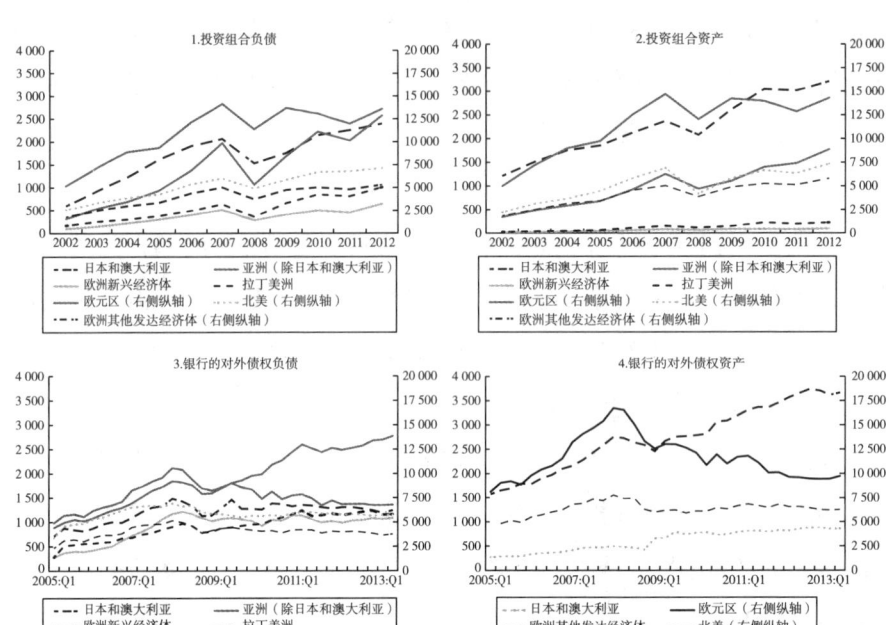

数据来源：国际清算银行，整理银行统计数据；IMF，投资证券调查；IMF 员工计算。

图 2.16　部分区域：投资组合与银行对外债权的发展（10 亿美元）

总结

亚洲与众不同的金融业引起了亚洲政府的关注，由于该地区良好的宏观经济环境、审慎监管等原因，亚洲在经历全球金融危机时表现相对出色。但是正如全球所有国家一样，亚洲地区的监管者应该关注潜在的不稳定因素，对潜在风险紧密检测和正确管理（详见第 5 章和第 11 章）。

由于亚洲金融业以银行为核心，监管者必须不断确保银行不会对金融稳定性造成危害。亚洲所得到的经验与其他地区相似：确保借款成本不仅能够反映银行的资本成本，还能反映风险活动的成本是非常重要的。亚洲拥有一些优势——亚洲银行不似那些新兴市场的银行复杂——拥有更少的 G–SIBs，并且国内和跨境的关联性都相对较弱，这将会在未来有所改变，[①] 快速的发展将会使亚洲以企业为主导的银行资产负债表转向更多的家庭借贷，推动风险管理工具在亚洲的发展。

亚洲快速发展的资本市场将为监管带来挑战。亚洲巨大的股权市场已经成为大企业的重要融资渠道，但是该市场还能够更具流动性，成为更好的融资渠道（详见第 3 章）。近些年来，债券市场的快速发展也推动了更多元化、非中介化金融体系的建立，从而使得银行能够专注于中小企业融资，而大企业和长期融资则转向债券市场（详见第 4 章）。

为了支持亚洲金融体系的长期可持续发展，政策制定者和金融市场参与者需要为发展国内机构投资者做出新的努力。重要的长期投资者的缺乏制约了亚洲资本市场的发展，更多的养老基金、保险公司和其他机构投资者将会成为发行证券的企业和基础设施项目的重要资金来源，将增加二级市场的流动性，更好地发挥价格发现功能（详见第 8 章）。

亚洲政府大范围的介入产生了大规模的公共或有债务，对特定贷款、存款或债券的担保会导致巨额财政成本，尤其是在系统风险突然爆发时。由于政府对金融机构的所有权，担保趋向于隐性化并自然而然的形成。典型的例子是中国，中国目前尚未形成正式的存款保险制度，但众所周知，在国家大规模公众所有的银行体系中的存款是安全的。其至在一些具有明确金融安全边际和提供担保的特定机构的国家中，公众也期望政府填补潜在的融资缺口。这样的或有负债将会在危机时加深银行和政府之间的恶性循环，如类似对银行负债担保和购买不良资产等附加的政府措施以确保金融稳定。

其他政府介入的负面影响有很多。政府介入会降低个体活动的风

---

① 第 6 章、第 9 章和第 10 章将会更详细地阐述亚洲金融业。

险认知而增加道德风险，也可能会扭曲市场激励机制从而影响资源配置。例如，由于政府对中小企业贷款的信用担保机制，韩国许多无法存活的中小企业能够不断获得融资。此外，在一些国家中，对金融机构活动以及外国参与本土资本市场的限制开始抑制金融业的发展。政府采取的一些举措通常也会产生一些意料之外的影响，比如在印度，对银行持有大量政府债券的要求使得国家二级政府债券市场的流动性受限。

移动银行的快速发展和革新同样带来了新的风险，这也需要被认真地对待。尽管移动银行推动了金融包容性的增长，但是政策制定者应该确保安全的清算体系和正确的监督机制得以建立，从而在技术创新和打击网络犯罪以保护消费者权益之间全球平衡。

第3章　亚洲股票市场
是否是卧虎藏龙之地

费边·理宾斯凯和翁利连

本章主要观点

- 与七国集团（G7）[①] 不同，亚洲股票市场更容易受一些特殊因素的影响，而不是体系和基础设施因素。
- 证券监管实施的力度与股票价格的"噪声"有很大的关联。
- 亚洲证券市场监管的提升有助于推动股票市场成为未来融资的稳定渠道。

介绍

中国成语"卧虎藏龙"正是对如今的亚洲股票市场最贴近的写照，该成语表现出了隐藏在表面之下的秘密或未被发现的潜力，恰当地描述了亚洲股票市场的发展阶段。这些股票市场仍是当地企业的重要融资渠道，但是该市场的潜力仍未被全部挖掘出来。股票市场是外国投资的重要场所，但是目前一些股票市场是有些不透明和特殊的。

亚洲股票市场作为亚洲重要的发展驱动力之一，其作用并未得到充分的认识。在大多数亚洲国家中，股票市场资本化份额占 GDP 的比

[①] 本章基于理宾斯凯和翁利连（2014）；更多相关文献参考详见该文章。七国集团包括加拿大、法国、德国、意大利、日本、英国和美国。

重是与其银行业总资产有可比性的，而居于第三位的债券市场规模则远远落后（图3.1），这与许多发达经济体中银行业主导金融业的情况相反（详见第1章）。世界交易所联盟统计了亚洲股票市场的深度和广度，比如发布信息包括：

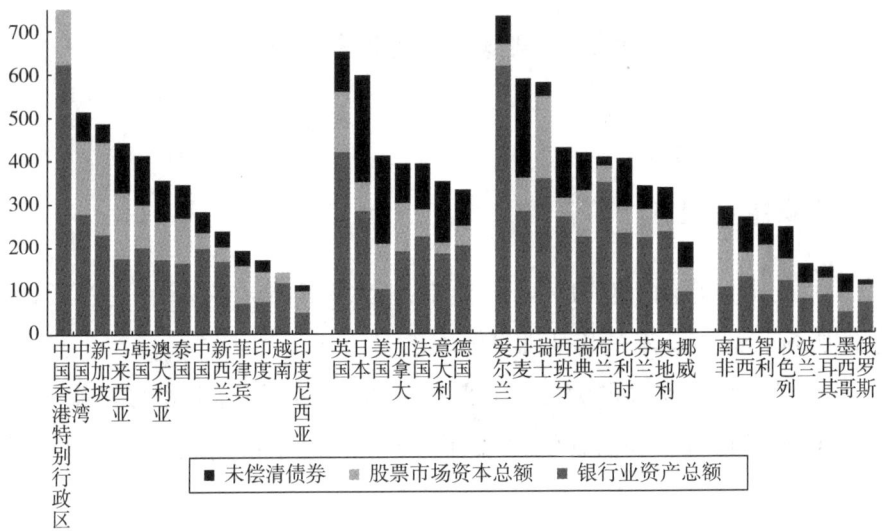

注：中国香港特别行政区纵列由于空间限制被裁去了一截，2012年底，其股票市场资本化规模是GDP的13倍，国内发行的未清算债券规模达到GDP的54%。

数据来源：国际清算银行；Bloomberg L. P.；Havor分析；IMF员工计算。

图3.1　亚洲和太平洋（除日本以外）、七国集团、
世界其余国家和地区：2012年底金融业结构（GDP占比）

● 在许多亚洲国家中，证券发行已经成为重要的一种融资方式，2012年，亚洲通过股票发行筹集的资金达到1 980亿美元，美国为2 340亿美元，欧洲、中东和非洲（EMEA）总体达到1 020亿美元。

● 亚洲股票市场市值接近15万亿美元，与EMEA股票市场的市值几乎等同（表3.1）。

表 3.1　　　　　　　　世界股票市场：2012 年底市值

区域	国家和地区	交易所	数额 （百万美元）	地区占比 （%）	世界占比 （%）
美洲			23 193 460	100.0	42.5
	巴西	巴西证券期货交易所	1 227 447	5.3	2.2
	加拿大	TMX 集团	2 058 839	8.9	3.8
	智利	圣地亚哥股票交易所	313 325	1.4	0.6
	哥伦比亚	哥伦比亚股票交易所	262 101	1.1	0.5
	墨西哥	墨西哥交易所	525 057	2.3	1.0
	秘鲁	利马股票交易所	102 617	0.4	0.2
	美国	纳斯达克—OMX①	4 582 389	19.8	8.4
		纽约泛欧证交所（美国）	14 085 944	60.7	25.8
		其他	35 742	0.2	0.1
亚太②			16 928 860	100.0	31.0
	澳大利亚	澳大利亚股票交易所	1 386 874	8.2	2.5
	中国	上海证券交易所	2 547 204	15.0	4.7
		深圳证券交易所	1 150 172	6.8	2.1
	中国香港 特别行政区	香港交易所	2 831 946	16.7	5.2
	印度	孟买股票交易所	1 263 335	7.5	2.3
		印度国家证券交易所	1 234 492	7.3	2.3
	印度尼西亚	印度尼西亚证券交易所	428 223	2.5	0.8
	日本	大阪股票交易所	202 151	1.2	0.4
		东京股票交易所	3 478 832	20.5	6.4
	韩国	韩国交易所③	1 179 419	7.0	2.2
	马来西亚	马来西亚股票交易所	466 588	2.8	0.9
	菲律宾	菲律宾股票交易所	229 317	1.4	0.4
	新加坡	新加坡交易所④	765 078	4.5	1.4
	泰国	泰国股票交易所	389 756	2.3	0.7
		其他	812 116	4.8	1.5

---

① 纳斯达克—OMX 北欧交易所：OMX 包括哥本哈根、赫尔辛基、冰岛、斯德哥尔摩、塔林、里加和维尔纽斯股票交易所。

② 亚太总额不包括大阪和印度国家证券交易所，以免重复计算东京和孟买股票交易所。

③ 韩国交易所：包括 Kosdaq 市场数据。

④ 新加坡交易所：市值包括国内上市和众多国外上市企业，这些企业的主营业务所在地位于新加坡之外，不包括不活跃的二级海外上市企业。

续表

区域	国家和地区	交易所	数额 （百万美元）	地区占比 （％）	世界占比 （％）
EMEA			14 447 481	100.0	26.5
	德国	德意志交易所	1 486 315	10.3	2.7
	英国和意大利	伦敦股票交易所	3 396 505	23.5	6.2
	包含法国	纽约泛欧交易所（欧洲）	2 832 189	19.6	5.2
		其他	6 732 473	46.6	12.3
世界			54 569 801		

注：EMEA = 欧洲、中东和非洲。

数据来源：全球交易所联合会。

- 截至 2012 年底，亚洲股票市场有 20 000 家公司上市，略低于世界其余国家的综合，超过 10 000 家公司在美国上市，有 13 300 家公司在 EMEA 中上市。

- 市场流动性以流通总量与平均市值的比值计算，2012 年亚洲这一数据为 0.9，美国为 1.2，EMEA 为 0.65。

亚洲股票市场越来越与国际金融体系接轨，自亚洲金融危机过后，许多亚洲股票市场的外国投资开始增长。在一些更大的市场上，投资在经历全球金融危机时大幅下降，而后呈指数型扩张（图 3.2）。同时，包括存托凭证在内的交叉上市也随着企业试图利用该地区的流动性而拥有扩张，2002 年至 2012 年间，虽然亚洲股票市场的海外上市数量仍比较低，占总规模的 2%，而美国和 EMEA 这一数据均为 10%，但亚洲海外上市规模在十年间增至三倍。反过来，包括亚洲在内的新兴市场的企业渴望进入更发达的资本市场以获得更低的资本成本、更高价值、更深的投资者认可以及更好的企业监管等好处。

尽管亚洲股票市场成为亚洲重要的融资渠道之一，但是股票市场的全部潜力还有待开发，一个可能的原因在于亚洲股票定价实际上仍有许多特别之处。

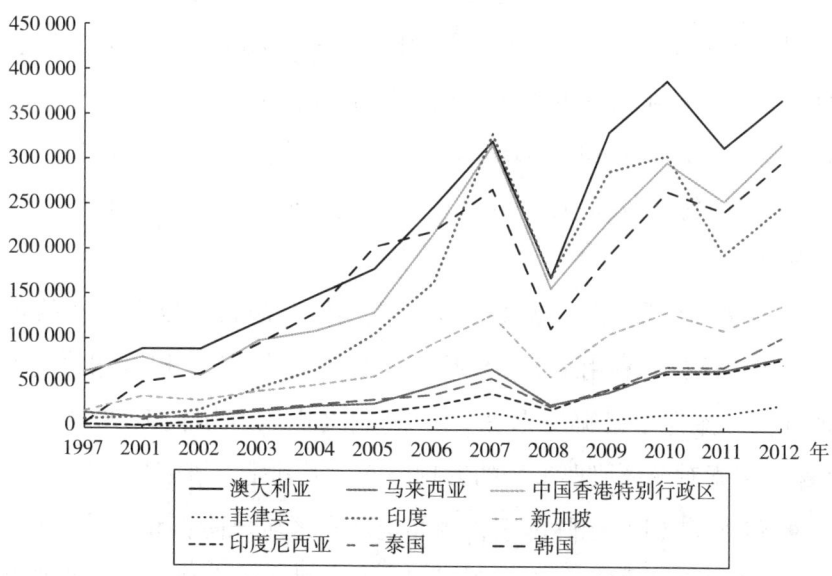

注：折线表示插值数据。

数据来源：IMF 员工计算。

**图 3.2 亚洲和太平洋（不包括日本）：股票的
海外未偿投资，1997—2012 年（百万美元）**

- 在一些股票市场中，投机活动被看作是价格的驱动因素，而非宏观及经济和企业的重大决策。研究者和金融媒体经常将投机泡沫的破裂看作是亚洲股票市场下滑的因素（Samuelson，1994；Nam，Park 和 Kim，1999），一些较新的文献也同样支持了该观点（Hanim Mokhtar，Nassir 和 Hassan，2006；Mei，Scheinkman 和 Xiong，2009；Homm 和 Breitung，2012）。事实证据表明对亚洲股票市场的这种认知是十分普遍的，尽管分析表明这一影响因素并不仅限于亚洲，投机泡沫同样影响着发达经济体的股票价格（West，1987；Homm 和 Breitung，2012）。

- 其他相关研究表明新兴市场的股票回报波动更大，开始不受基本因素的影响，从而与噪声交易有关（Kim 和 Shamsuddin，2008）。[①] 除了宏观经济条件，文章还考察了制度因素——例如政治、法律、监管和管理因素——对亚洲资本市场发展的影响（例如 Yartey，2010；Law 和 Habibulah，2009；Cherif 和 Gazdar，2010）。证据还表明亚洲股票市场定价的有效性取决于发展程度和企业治理的监管框架（Kim 和 Shamsuddin，2008）。

本章分析了亚洲股票市场的定价机制以判断长久以来一些的观点是否正确，该分析利用了资本定价理论和经济学理论，以及相关文献的实证分析，探究了已确立起来的国际制度因素和国内基本因素而非"特殊"因素对亚洲股票市场的影响因素。尤其是，该模型：

● 包含了（1）国际因素，例如全球和区域风险；和（2）国内经济和金融基本面，例如本土商业周期、企业投融资表现，从而剥离出影响股票回报的特殊因素。

● 之后测算了特殊因素和证券监管实施力度的关系，从而探究体制因素对股票定价的影响。

该发现证实了已有文献关于股票市场价格因素的结论，我们发现特殊因素对亚太股票市场的影响程度高于其在七国集团的影响程度，也超过国际制度因素、当地经济和金融基本面因素。这些国内外因素的影响似乎随时间的变化而有所不同，在全球金融危机时变得尤为重要。在国内因素中，预期收入似乎对股票价格影响最大，全球金融危机中尤是如此。这些结论显示出在经历金融危机时，投资者可能在做定价决策时会参考新兴经济体和发达经济体的市场基本面。另外，海外投资者的资产配置决策也似乎会影响新兴经济体和发达经济体的市场波动和市

[①] Morck，Yeung 和 Yu（2000）指出新兴市场经济体相较发达经济体，股票价格更趋向于一致。尽管如市场和国家规模、经济和企业的基本面等因素都影响着股票回报，但其他因素的影响也很大，这些因素与产权保护等体制的发展相互关联。另外，De Long 等人（1989，1990）指出信息交易的下降会增加交易对手风险。

场回报。

我们还发现市场监管和"特殊"因素的重要性之间还存在着直接且紧密的联系。在运用证券监管国际惯例的国家中,"特殊"因素对其股票价格的影响似乎比较弱。因此,推动亚洲证券市场的监管也许能够增加投资者对证券市场公平、有效运行的信心,反过来也会强化当地股票市场的融资功能,使其成为可信赖的融资渠道。所以说,我们认为股票收益中的一些波动可能是源于模型之外的一些特殊因素。

数据和典型事实

以七国集团为基准,样本国家包含亚太地区主要的新兴市场国家和发达经济体(除日本),具体包含中国、中国香港特别行政区和韩国(东北亚);印度尼西亚、马来西亚、菲律宾、新加坡和泰国(东南亚);以及澳大利亚和印度。市场和收益的每周数据来源于 Bloomberg 和 Thomson Reuters I/B/E/S,市值的数据来源于 Bloomberg 和世界交易所联合会,外汇投资的年度数据和定期(保密的)监管实施信息来源于 IMF。

依据以往经济情况而言,多种多样的世界和区域投资组合并不是最优的投资,换句话说,从资产配置效率而言,相对一些单一股票市场(图 3.3)而言,这些投资组合并非均值—方差有效,例如:

- 相对七国集团而言,亚洲股票市场的回报率一般而言会较高,但是波动性也会更高。
- 以平均风险回报衡量,亚洲股票市场在 20 世纪 90 年代的亚洲金融危机期间的表现不如七国集团,除了国际金融危机,亚洲股票市场在这段时期出现了最高波动性和最低回报率。
- 国际金融危机之前的"和平"时期是对投资者最大的奖赏,在这一时期市场拥有最高的回报率以及最低的波动率。

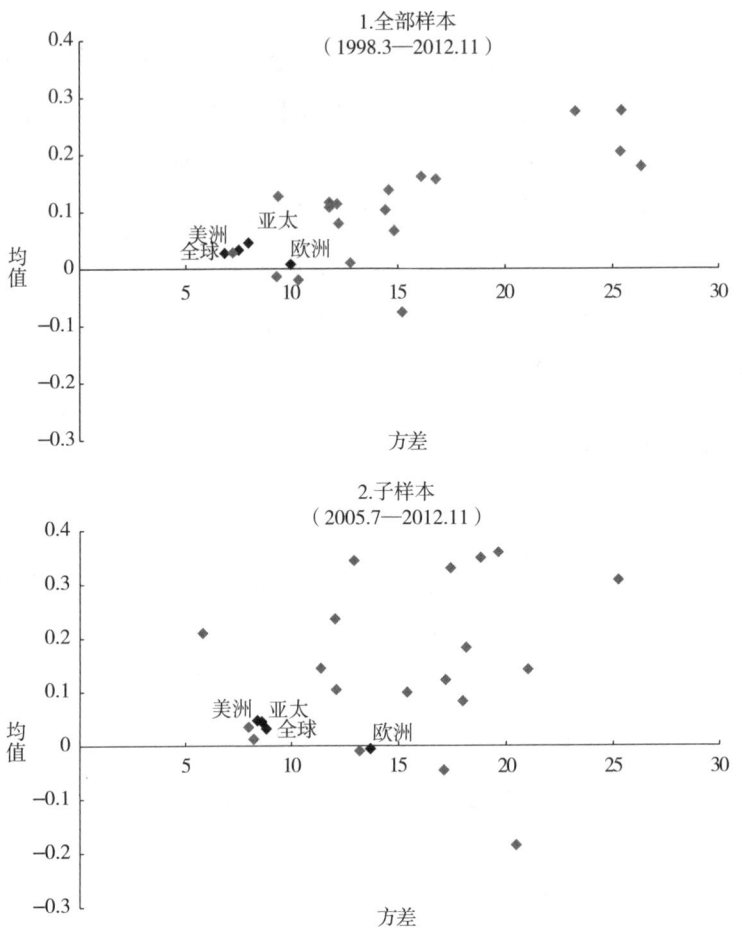

数据来源：IMF 员工计算。

图 3.3　全球股票市场：各洲均值—方差分析和全球收益，

1998 年 3 月至 2012 年 11 月（每周，美元，百分比）

● 在国际金融危机中，所有区域都经历着各自最糟糕的状况，大多数股票市场出现负回报（除了印度、马来西亚、菲律宾和泰国），许多股票市场波动十分剧烈。

实证表明：

● 股票市场更加互相协调。举一个简单的例子，在 2012 年之前的

15 年中，单一股票市场和区域股票市场、单一股票市场和全球股票市场之间的回报相关性逐渐增强，与亚太的发达经济体和七国集团相较而言，这些回报相关性在亚太地区的新兴市场经济体中较弱。

- 外国投资者对股票市场的波动性和回报率有影响。尽管股票市场的外资占比与回报波动性之间几乎没有相关性，但资产配置决策十分重要。分析发现在 2001 年到 2012 年间，无论是七国集团还是亚太国家，拥有一部分股票市场市值的外国股权投资与股票市场周回报的波动性没有任何相关性。然而，外国投资者的撤资，尤其是在全球金融危机期间，会加重市场的波动性。

- 外国投资者的资产配置决策对股票回报具有显而易见的影响。平均而言，外资占比较高的股票市场趋向于拥有较高的市场回报，尽管这一现象在七国集团中并不明显。对于两类国家，股票市场回报与外国投资净流量呈现较强的正相关。

方法

已有文献表明一国股票市场的回报取决于国内和国外因素，在我们建立的模型中单一股票市场回报是模型的因子之一，运用 Ross（1976）的套利定价理论可以得到以下一般形式：[①]

$$R_{c,t} = b_{c,0} + b_{c,1}BC_{c,t} + b_{c,2}EPS_{c,t}^{f} + b_{c,3}EPS_{c,t}^{a} + b_{c,4}R_{w,t} + b_{c,5}R_{r,t} + e_{c}$$

$$(3.1)$$

其中：$R_{c,t}$ 表示在 t 时期 c 国家的股票市场回报；

$BC_{c,t}$ 表示在 t 时期 c 国家的商业周期；

$EPS_{c,t}^{f}$ 表示在 t 时期 c 国家一年之后的预测企业每股利润（EPS）；

$EPS_{c,t}^{a}$ 表示在 t 时期 c 国家实际（已实现）的企业每股利润；

$R_{w,t}$ 表示在 t 时期全球股指回报；

[①]　模型设计的更多信息详见 Lipinsky 和 Ong（2014）。

$R_{r,t}$ 表示在 t 时期区域股指回报；

e_c 表示误差项，所有的变量均以当地货币计量。

在一个有效的市场中，股票价格能够迅速反映所有已公开的、可获得的信息（Fama，1970），因此 R_c 应该能够反映等式右边所有变量涵盖的信息，而 e_c 则表示模型没有涵盖的所有相关价格信息。不幸的是，由于缺少必要的市场数据，我们无法参照其他新兴市场地区。

分析

股票定价

我们对股票市场回报和解释变量进行了初次回归以确定最简洁的形式。首先，我们以涵盖了所有国家 2005 年 7 月至 2012 年 11 月的所有自变量的数据集 1 为基础运用公式（3.1），结果显示区域系统风险是最显著的解释变量，预测 EPS 在全球金融危机期间对大多数国家显著。然而，两个地区性因素——商业周期和已实现的 EPS——对股票市场回报非常不显著，这两个变量不显著意味着许多相关信息可能已经涵盖在预测 EPS 变量中了。我们还证明了根据杜宾沃森检验和单位根检验，单一股票市场回报一般是平稳的且非自相关，根据怀特检验结果，回归残差是同方差的。

接着，我们以涵盖了部分国家 1998 年 3 月至 2012 年 11 月所有自变量的数据集 2 为基础运用公式（3.1），结果显示在这段更长的期间中区域系统风险仍是最显著的解释变量。无论是全球金融危机期间还是亚洲金融危机期间，预测 EPS 都非常显著，这意味着投资者可能在经济不景气期间会寻求更多的市场指引。

基于此，我们通过删除两个基本不显著的国内因素变量来简化（3.1）式，涵盖了 1998 年 3 月到 2012 年 11 月所有国家的数据。在这个模型中，一国股票市场回报 c 取决于一个国内因素（预测 EPS）和两个国际因素（世界和区域）构成，关系式如下所示：

$$r_{c,t} = b_{c,0} + b_{c,1}EPS^f_{c,t} + b_{c,2}R_{w,t} + b_{c,3}R_{r,t} + e_c \qquad (3.2)$$

其中，$EPS^f_{c,t}$ 表示在 t 时期 c 国家一年之后的预测企业每股利润（EPS）；

$R_{w,t}$ 和 $R_{r,t}$ 表分别表示在 t 时期全球和区域股指回报；

e_c 表示误差项，所有的变量均以当地货币计量。

我们能够以涵盖了 1998 年 3 月至 2012 年 11 月全部数据的数据集 3 为基础运用公式（3.2），结果显示尽管亚洲股票市场的定价可能更特殊，但是随着时间的改变，整体趋势与七国集团中的亚洲成员十分相似（附表 3.1.1），例如：

- 我们的发现验证了已有文献所阐述的新兴市场国家中的股票市场回报与基本面因素关联不大，而更易受特殊因素影响。平均而言，亚洲股票市场调整后的拟合优度比七国集团的更低，而平均标准误差却比七国集团大几倍。相应地，在亚洲区域内，更发达的股票市场（澳大利亚、中国香港特别行政区、韩国和新加坡）相较亚洲其他经济体而言拥有更高的调整后拟合优度，这与七国集团更加贴合。

- 一般而言，国际因素对亚洲股票市场的影响随着时间的推移越发显著，彰显出日益加速的跨境整合。区域系统因素相对而言比全球因素更加重要，为更活跃的区域内活动提供了实证证据；区域因素日益重要。区域因素成为股票市场主要的定价因素，这一现象在七国集团市场的某些时期也曾出现过。在亚洲，中国股票市场对国际环境的日益开放十分突出；其他四个市场在国际金融危机之前都不太受全球事件的影响，但是自此之后这四个市场非常受全球发展的影响。

- 相对全球和区域因素而言，当地发展对亚洲股票市场价格的影响相对较弱。无论是亚洲金融危机期间还是"和平发展"时期，所有通过企业预期收益变动传递的信息通常对股票价格影响甚微，这与阐明在亚洲金融危机期间由于混乱的金融环境而使得定价机制更加低效的实证文献所述一致（Lim，Brooks 和 Kim，2008）。然而，这一趋势在全球金融危机中有所改变，预期收益所传达的信息对许多市场变得重要，暗示着在动荡时期投资者也许更加依赖于专家预测，这一趋势与七国集团的股票市场十分相似。

● 除了缺少"定价误差"（可能的超额的回报），股票市场的定价在亚洲金融危机和全球金融危机期间几乎没有什么相似之处，定价误差在某种程度上反映了无法用系统因素、基本面因素和特殊因素解释的收益，通过式（3.2）的截距所得。在"和平时期"，一些亚洲市场的定价误差显著不为零，比如中国和印度，表明超额回报可能并不仅限于相对更独立的市场。

监管的角色

已有的实证指出机构因素对股票定价的重要性，针对这一方面，Hsieh 和 Nieh（2010）认为全球金融一体化会获得由规模、能力和流动性的改变而带来的潜在收益，在可能的更深层次的全球金融一体化到来之前，亚洲国家需要进行改进。根据 Hsieh 和 Nieh 所述，需要改进的领域包括监管、企业管理、产品和市场基础设施。

我们首先检验整体监管力度和特殊因素对股票定价的影响程度之间的关系。我们以 IMF 的金融评估计划报告（FASP）的职责为指引，针对样本中的所有国家，利用国际证券委员会所发布的《证券监管的目标和原则评估》（IOSCO，2003，2011）代表证券监管力度。由于 IOSCO 对各国的评估并不频繁，我们将式（3.2）在 2000 年至 2012 年回归结果中的标准误差替换成单一国家的平均 IOSCO 等级（专栏 3.1）：

$$S_{e,c,t} = a_{c,0} + a_{c,1}IOSCO_{c,t} \tag{3.3}$$

其中，$S_{e,c,t}$ 表示 c 国家在 t 时的回归标准误差；$IOSCO_{c,t}$ 表示 c 国家 t 时的 IOSCO 平均等级。

专栏 3.1　获得有效证券监管的措施

国际证券委员会组织（IOSCO）是证券市场监管的国际领导者，其成员涵盖了超过 100 个管辖权的监管机构，每个机构都拥有实施证券监管责任以及司法权。《IOSCO 证券监管的目标和原则》（"原则"）给出了证券监管的广泛的一般框架，证券监管的主要目的在于保护投资者；确保市场的公平性、有效性和透明度；降低系统性风险，原则范围包括对以下领域的监管：

- 证券市场
- 参与这些市场的中间商
- 证券发行者
- 为投资者提供分析或评估服务的机构，如征信机构
- 集体投资计划的管理和执行

对 IOSCO 原则实施的评估是为了 IOSCO 能够对不同水平的原则实施情况进行阐述，并且对自身评估以及第三方评估提供指引。目前评估方法有两种——第一种产生于 2003 年，随后在 2011 年被第二种方法替代。作为 IMF 金融部门评估方案（FSAPs）的一部分，对单一 IOSCO 原则实施情况进行了详尽的评估。独立的专家对原则进行等级评估，评估等级分为"实施"、"广泛的实施"、"部分实施"或者"没有实施"，我们对每一个评估等级赋予一个数字：

实施 = 1

广泛的实施 = 2

部分实施 = 3

没有实施 = 4

对于每一个国家而言，在特定评估中，每一个 IOSCO 原则相对应的数字等级都会加总之后平均，以用于第三次回归（式 3.3）。

数据来源：IOSCO（2003，2011）。

　　回归结果指出股票定价的特殊影响与一国证券监管的实施具有显著相关性（图3.4），在1%置信水平上，IOSCO解释变量的系数不为零，暗示着一国的证券监管实施力度越大，股票市场受特殊因素的影响就越小，这意味着亚洲新兴市场国家的回归结果的一些偏差可能是由于机构因素导致的，与之前的研究结论相同。

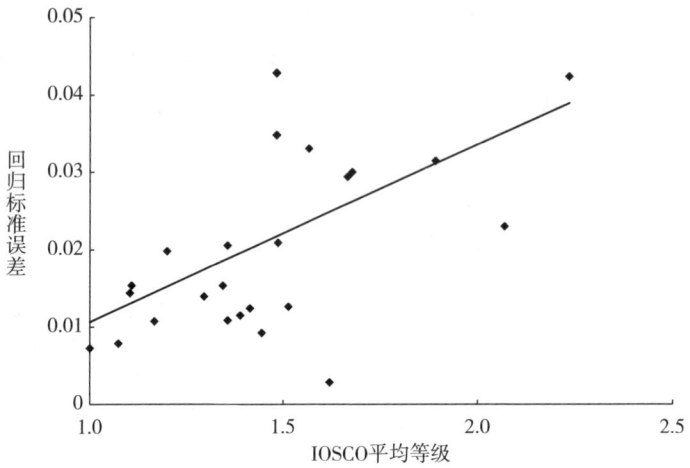

注：IOSCO = 国际证券委员会组织。

数据来源：Bloomberg L. P.；Thomson Reuters I/B/E/S 的数据集；IMF 员工计算。

$$S_{e,c,t} = -0.012 + 0.023 * IOSCO_{c,t}$$

$$(p = 0.25) \quad (p = 0.00)$$

调整后的 R^2 为 0.279　　标准误差为 0.010

图 3.4　回归结果：股票市场的特殊影响以及证券监管的
有效性，1998 年 3 月至 2012 年 11 月

　　实证还表明监管质量会影响风险识别，从而在长期影响融资成本。我们将不包含日本的亚太国家的股票市场以及在 FSAPS 内的七国集团分为规模大致相等的四组，组 1 的国家拥有最强的证券监管实施力度（即 IOSCO 等级最低），组 4 的国家的证券监管实施力度最弱。意料之中，研究通过实际收益（图 3.5）证实了监管力度较弱的国家通常市场波动更为剧烈且拥有较高的必要权益资本成本。相较七国集团而言，亚太股票市场（除日本以外）易于拥有更高等级的 IOSCO（即监管实施力度较弱）。

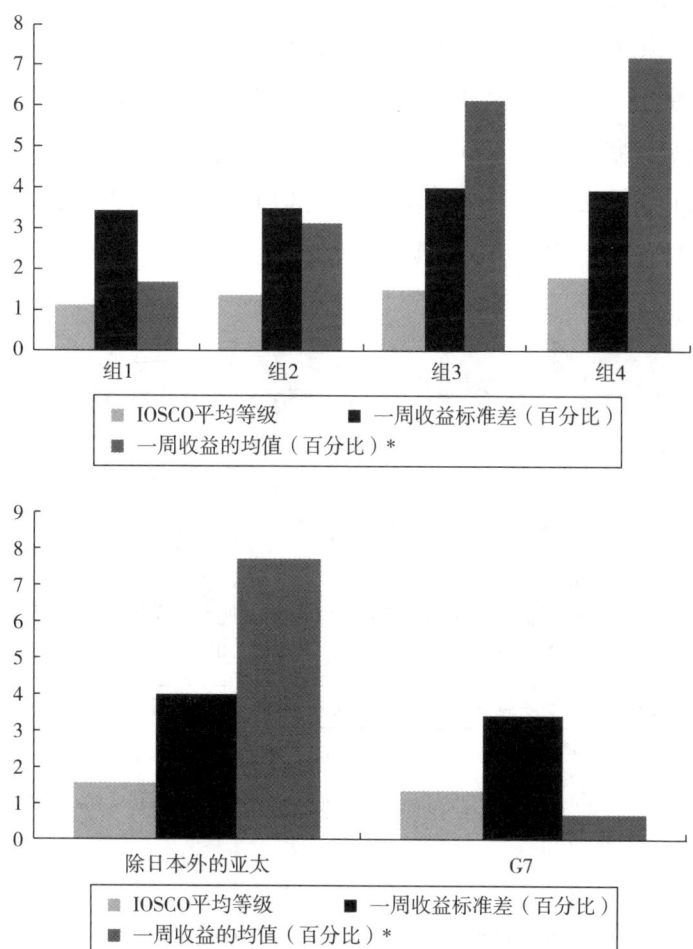

注：IOSCO = 国际证券委员会组织。

数据来源：Bloomberg L. P.；Thomson Reuters I/B/E/S 的数据集；IMF 员工计算。

图 3.5　亚太（除日本以外）和七国集团：

证券监管和风险回报权衡，1998 年 3 月至 2012 年 11 月

运用 IOSCO 九项评估对亚太国家（除日本以外）在 2001—2011 年期间进行进一步的探究，结果表明证券监管及监管实施力度有待加强。2003 年出台的 IOSCO 原则分为八类，分别是监管者原则、自我监管原则、证券监管执行原则、企业监管原则、发行者原则、集体投资计划、市场干预原则和二级市场原则。尽管在许多国家证券监管得到了完全或广泛的良好实践，但是仍有许多国家大部分的证券监管仍处于部分实施或未实施状态（图 3.6），这揭示出大部分国家通常需要在一些领域有所提升，最大的薄弱领域在于执行的独立性和责任（原则 2）以及权利的有效使用、有效合规计划的实施（原则 10）。

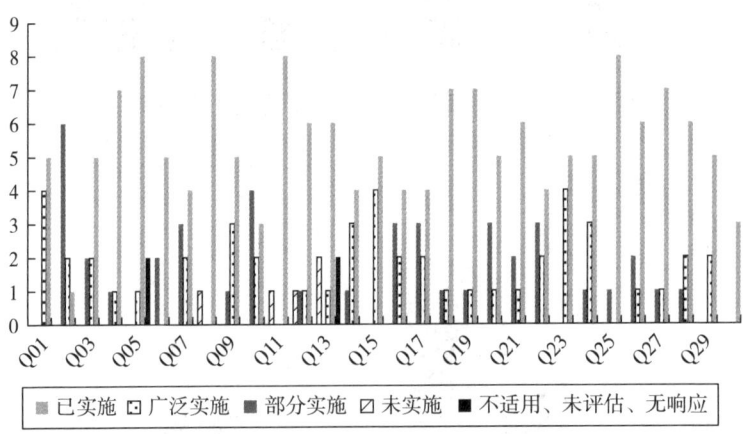

注：除日本以外，期间内有九项评估运用了 2003 年 IOSCO 方法。IOSCO ＝国际证券委员会组织。

数据来源：IMF 员工计算。

图 3.6　亚太：IOSCO 等级分布，2001—2011 年

结论

亚洲股票市场在企业融资、经济活动方面扮演着重要作用，但不幸的是，一些亚洲股票市场是投机性的，而非以基本面价值为基础进行交易。进一步，如果投资者在该地区资产配置的价值保持不变或有所增长，那么他必须要在股票市场上维护其投资的价格。

本章评估了亚洲股票定价基于特殊因素而非系统风险因素或经济和企业基本面因素的程度，我们利用国际资本定价和经济理论建立了一个模型，影响全球资本的国际因素包括全球和区域市场风险、本地商业周期、企业的财务状况等，用于找出股票价格中的"噪声"，七国集团是检验的基准。

大体上，本文结论与探究亚洲股票市场定价的现有文献一致。一般而言，亚洲地区的股票回报比以七国集团确定的基准股票回报高，但是也具有更高的波动率。相较七国集团而言，在亚洲，国际系统风险因素以及例如企业预期收益等的本地基本面因素对股票定价的解释力度较弱，表明在亚洲特殊因素的影响更大。

对于其他方面，分析发现新兴市场和发达经济体之间有更多的共性。区域因素始终是股票价格最显著的解释变量，证实了国际市场一体化的研究。在过去，作为一个解释变量，如预期收益等本地发展情况的解释力度较弱，但是在全球金融危机期间，无论是在亚洲市场还是七国集团中，本地发展情况变得越来越重要，一个可能的原因在于投资者也许在动荡时期更渴望寻求专业指导。在亚太市场和七国集团，国外投资者的资产配置决策对股票波动和收益具有很大的影响。

分析还探究了政策在减弱扰动因素对股票定价的影响方面所扮演的角色，尽管我们承认特殊因素对亚洲市场的显著影响还源于未完全涵盖在模型中的特殊本地重要因素，但是实证分析表明，证券市场监管力度和股票市场的噪声交易程度具有十分紧密的关联性，这意味着推动例如证券市场监管等的本土体制建设能够使得亚洲股票市场对投资者更具吸引力，并且使其成为该地区企业和经济活动融资的可靠来源。

附表 3.1.1　　回归结果：股票市场回报、系统风险和企业因素统计，第一部分：1998.3—2005.6

	调整后的 R^2	标准差	残差平方和	常数		全球投资组合回报 $(r_{W/C,t})$		区域投资组合回报 $(r_{R/C,t})$		每股预期收益变动 $(e^f_{C,t})$	
				系数	显著性	系数	显著性	系数	显著性	系数	显著性
1998.3—2000.12											
G7											
加拿大	0.551	0.021	0.064	-0.001	0.539	0.003	0.988	0.842	0	0.382	0.055
法国	0.820	0.013	0.025	0.001	0.679	0.087	0.335	0.984	0	0.331	0.337
德国	0.785	0.016	0.038	0	0.842	-0.300	0.008	1.454	0	-0.108	0.524
意大利	0.600	0.021	0.061	0.002	0.417	-0.169	0.239	1.116	0	-0.395	0.401
日本	0.789	0.014	0.029	-0.001	0.454	-0.268	0	1.218	0	0.085	0.592
英国	0.721	0.013	0.024	-0.001	0.439	0.094	0.305	0.711	0	0.450	0.140
美国	0.994	0.002	0.001	0	0.397	-0.039	0.059	1.021	0	0.004	0.902
均值	0.751	0.014	0.034								
除日本以外的亚太											
澳大利亚	0.232	0.016	0.037	0.001	0.457	0.251	0	0.117	0.027	-0.608	0.055
中国上海 A	-0.018	0.033	0.155	0.004	0.190	-0.055	0.698	0.033	0.747	-0.037	0.544
中国深圳 A	-0.016	0.032	0.142	0.004	0.180	-0.057	0.674	0.023	0.811	-0.046	0.431
中国上海 B	0.045	0.058	0.478	0.001	0.816	0.200	0.419	0.337	0.059	-0.155	0.154
中国深圳 B	0.019	0.064	0.573	0.002	0.708	0.018	0.946	0.322	0.099	-0.170	0.152
中国香港特别行政区	0.393	0.034	0.167	0.001	0.835	0.707	0	0.509	0	-0.179	0.587
印度	0.043	0.042	0.252	0	0.993	0.398	0.028	-0.076	0.562	-0.756	0.031

续表

	调整后的 R^2	标准差	残差平方和	常数		全球投资组合回报 $(r_{W/C,t})$		区域投资组合回报 $(r_{R/C,t})$		每股预期收益变动 $(e^i_{C,t})$	
				系数	显著性	系数	显著性	系数	显著性	系数	显著性
除日本以外的亚太											
印度尼西亚	0.026	0.052	0.379	-0.001	0.769	-0.372	0.021	0.407	0.011	0.010	0.598
韩国	0.157	0.056	0.437	0	0.940	-0.012	0.955	0.883	0	0.068	0.771
马来西亚	0.090	0.044	0.276	-0.001	0.822	-0.108	0.510	0.553	0	-0.329	0.217
菲律宾	0.144	0.039	0.219	-0.009	0.011	0.208	0.196	0.244	0.056	-1.838	0
新加坡	0.270	0.034	0.167	0	0.866	0.311	0.020	0.615	0	0.068	0.767
泰国	0.102	0.050	0.353	-0.005	0.215	-0.013	0.947	0.622	0	-0.018	0.218
均值	0.114	0.043	0.280								
2001.1—2005.6											
G7											
加拿大	0.610	0.012	0.033	0.001	0.266	0.198	0.013	0.472	0	-0.046	0.551
法国	0.906	0.009	0.020	0	0.614	-0.045	0.473	1.125	0	0.035	0.762
德国	0.847	0.014	0.047	0	0.999	0.153	0.114	1.149	0	0.004	0.977
意大利	0.802	0.014	0.044	0	0.753	-0.032	0.729	1.084	0	0.122	0.425
日本	0.858	0.011	0.026	-0.001	0.075	-0.293	0	1.354	0	0.041	0.637
英国	0.896	0.007	0.012	0	0.831	0.027	0.584	0.805	0	-0.011	0.739
美国	0.997	0.001	0	0	0.177	-0.070	0	1.074	0	0.029	0.053
均值	0.837	0.012	0.119								

续表

	调整后的 R^2	标准差	残差平方和	常数 系数	常数 显著性	全球投资组合回报 ($r_{W'C,i}$) 系数	全球投资组合回报 ($r_{W'C,i}$) 显著性	区域投资组合回报 ($r_{R'C,i}$) 系数	区域投资组合回报 ($r_{R'C,i}$) 显著性	每股预期收益变动 ($e'_{C,i}$) 系数	每股预期收益变动 ($e'_{C,i}$) 显著性
除日本以外的亚太											
澳大利亚	0.240	0.013	0.038	0.001	0.163	0.213	0	0.158	0.001	0.132	0.673
中国上海 A	0.013	0.027	0.169	-0.003	0.099	0	0.999	0.172	0.067	0.102	0.627
中国深圳 A	0.015	0.029	0.188	-0.004	0.026	0.008	0.945	0.175	0.077	0.176	0.428
中国上海 B	-0.001	0.044	0.437	-0.001	0.666	0.206	0.230	0.014	0.927	0.015	0.965
中国深圳 B	0.026	0.050	0.572	0.001	0.706	0.104	0.596	0.330	0.056	0.174	0.652
中国香港特别行政区	0.472	0.021	0.097	0	0.713	0.536	0	0.409	0	0.239	0.289
印度	0.162	0.028	0.182	0.002	0.231	0.328	0.003	0.304	0.002	0.104	0.762
印度尼西亚	0.021	0.030	0.210	0.004	0.041	-0.272	0.013	0.286	0.007	-0.005	0.975
韩国	0.287	0.033	0.250	0.003	0.118	0.094	0.450	0.918	0	0.009	0.967
马来西亚	0.111	0.020	0.088	0.001	0.564	0.077	0.317	0.235	0.001	0.216	0.386
菲律宾	0.031	0.029	0.198	0	0.878	0.026	0.817	0.207	0.043	0.292	0.269
新加坡	0.424	0.020	0.090	0.001	0.647	0.366	0	0.472	0	-0.043	0.760
泰国	0.117	0.030	0.201	0.003	0.107	-0.029	0.797	0.502	0	0.118	0.411
均值	0.373	0.028	0.221								
2005. 7—2007. 12											
G7											
加拿大	0.586	0.011	0.016	0.001	0.345	0.038	0.687	0.777	0	-0.052	0.470
法国	0.884	0.007	0.006	0	0.942	-0.059	0.527	1.090	0	-0.015	0.873

续表

	调整后的 R^2	标准差	残差平方和	常数		全球投资组合回报 ($r_{W/C,t}$)		区域投资组合回报 ($r_{R/C,t}$)		每股预期收益变动 ($e_{C,t}^c$)	
				系数	显著性	系数	显著性	系数	显著性	系数	显著性
除日本以外的亚太											
德国	0.838	0.009	0.009	0.002	0.008	-0.188	0.108	1.212	0	-0.099	0.432
意大利	0.798	0.008	0.008	0	0.560	0.212	0.049	0.677	0	0.070	0.662
日本	0.852	0.010	0.011	-0.001	0.239	-0.197	0.010	1.012	0	0.064	0.710
英国	0.893	0.006	0.004	-0.001	0.136	-0.016	0.831	0.918	0	0.004	0.966
美国	0.990	0.002	0	0	0.416	-0.198	0	1.149	0	-0.029	0.014
均值	0.834	0.007	0.008								
除日本以外的亚太											
澳大利亚	0.490	0.012	0.019	0.002	0.161	-0.160	0.111	0.750	0	-0.068	0.717
中国上海 A	0.089	0.034	0.143	0.014	0	-0.213	0.480	0.580	0.011	-0.676	0.084
中国深圳 A	0.055	0.038	0.186	0.016	0	-0.501	0.145	0.629	0.016	-0.910	0.042
中国上海 B	0.019	0.055	0.389	0.014	0.013	-0.210	0.671	0.558	0.135	-0.699	0.277
中国深圳 B	0.108	0.041	0.215	0.009	0.030	-0.452	0.222	0.927	0.001	-0.400	0.403
中国香港特别行政区	0.562	0.017	0.036	0.002	0.159	0.273	0.072	0.666	0	-0.105	0.126
印度	0.245	0.026	0.089	0.005	0.062	0.615	0.012	0.316	0.076	0.253	0.279
印度尼西亚	0.198	0.029	0.106	0.004	0.184	-0.403	0.136	0.889	0	0.367	0.341
韩国	0.597	0.018	0.042	0.002	0.275	0.100	0.525	1.057	0	-0.059	0.784

续表

	调整后的 R^2	标准差	残差平方和	常数 系数	常数 显著性	全球投资组合回报 ($r_{W/C,t}$) 系数	全球投资组合回报 ($r_{W/C,t}$) 显著性	区域投资组合回报 ($r_{R/C,t}$) 系数	区域投资组合回报 ($r_{R/C,t}$) 显著性	每股预期收益变动 ($e^e_{C,t}$) 系数	每股预期收益变动 ($e^e_{C,t}$) 显著性
除日本以外的亚太											
马来西亚	0.303	0.016	0.032	0.002	0.134	0.237	0.099	0.362	0.001	0.061	0.752
菲律宾	0.351	0.024	0.072	0.005	0.035	0.043	0.844	0.794	0	-0.324	0.197
新加坡	0.596	0.014	0.024	0.001	0.644	0.422	0.001	0.541	0	0.247	0.248
泰国	0.217	0.023	0.067	0.001	0.695	-0.315	0.092	0.723	0	-0.461	0.136
均值	0.295	0.027	0.109								
2008.1—2012.11											
G7											
加拿大	0.772	0.015	0.059	0	0.920	0.272	0.001	0.640	0	-0.102	0.015
法国	0.916	0.011	0.033	-0.001	0.480	-0.197	0.004	1.205	0	-0.046	0.494
德国	0.876	0.014	0.049	0.001	0.377	0.006	0.943	1.022	0	-0.122	0.006
意大利	0.800	0.020	0.101	-0.002	0.110	-0.491	0	1.491	0	-0.070	0.479
日本	0.880	0.013	0.040	0	0.882	-0.117	0.017	1.007	0	-0.065	0.051
英国	0.893	0.011	0.029	0	0.640	0.063	0.327	0.842	0	0.043	0.443
美国	0.993	0.003	0.002	0	0.564	-0.227	0	1.183	0	0.016	0.039
均值	0.876	0.012	0.045								

续表

	调整后的 R^2	标准差	残差平方和	常数		全球投资组合回报 ($r_{W/C,t}$)		区域投资组合回报 ($r_{R/C,t}$)		每股预期收益变动 ($e^f_{C,t}$)	
				系数	显著性	系数	显著性	系数	显著性	系数	显著性
除日本以外的亚太											
澳大利亚	0.499	0.021	0.109	0	0.853	0.813	0	0.345	0	-0.221	0.027
中国上海 A	0.188	0.035	0.304	-0.003	0.134	-0.581	0	1.008	0	0.219	0.285
中国深圳 A	0.131	0.043	0.461	-0.002	0.506	-0.702	0	1.085	0	0.113	0.654
中国上海 B	0.156	0.043	0.459	-0.002	0.444	-0.699	0	1.151	0	0.154	0.540
中国深圳 B	0.258	0.035	0.303	0	0.963	-0.610	0	1.162	0	0.266	0.193
中国香港特别行政区	0.795	0.017	0.075	0	0.983	0.025	0.708	1.057	0	0.201	0.015
印度	0.380	0.030	0.226	-0.001	0.532	0.247	0.036	0.622	0	0.355	0.029
印度尼西亚	0.261	0.031	0.248	0.002	0.245	0.075	0.542	0.620	0	0.081	0.566
韩国	0.289	0.030	0.224	0	0.981	0.166	0.154	0.745	0	0.200	0.147
马来西亚	0.387	0.015	0.059	0.001	0.430	-0.096	0.109	0.514	0	0.351	0.003
菲律宾	0.379	0.026	0.165	0.002	0.179	0.046	0.645	0.687	0	0.217	0.279
新加坡	0.685	0.019	0.088	0.001	0.500	0.196	0.008	0.841	0	0.234	0.073
泰国	0.442	0.025	0.157	0.002	0.222	0.077	0.426	0.667	0	0.408	0.001
均值	0.373	0.028	0.221								

第4章　债券市场：现行改革有用吗

麦加尔·戈斯亚米、安德鲁·约布斯特、
沙娜卡·J. 佩里斯和杜拉尼·塞尼维特纳

本章主要观点

- 在大多数亚洲新兴国家中，随着国外和机构投资者在主权债券市场参与度的提高，主权债券市场发展逐渐深化且越来越高效，在正常时期内使得在没有显著提高波动率的情况下分散收益。
- 企业债券市场经历了"质量转型"，大量的发行使得融资渠道扩大。
- 随着企业债券市场逐渐发展成为企业和基础建设的一个可选择的、可信赖的非银行融资渠道（成为继银行之后的第二大引擎），亚洲新型国家金融体系开始快速发展。

介绍

东南亚国家联盟（ASEAN）为发展其国内债券市场做出大量努力，亚洲最大的两个新兴市场经济体——中国和印度——对国外投资者开放其债券市场已经经历了十年的时间，现在正是反思过去的好时机，看一看究竟实现了哪些目标，并探究国内债券市场是否成为了当地金融业不可分割的一部分，当金融体系的其他领域遭受冲击时，国内债券市场是否能够成为可替代的融资渠道（备胎）。[①]"双引擎"金融体系包括

[①] 本章基于众多 IMF 相关工作文件（Gray 等，2011；Felman 等，2011），这些文章随后将会发表在《亚太经济文献期刊》中。

发达的银行借贷和企业债券融资渠道，对该金融体系进行评估是十分重要的，因为在 20 世纪 90 年代末亚洲金融危机后，大多数的关注都集中在发展国内债券市场。债券融资曾被看作是可替代银行贷款的融资渠道，这种融资渠道不易于造成货币和到期日的不匹配，且不易受反复无常的资本流动的影响。近期，在亚洲新兴市场中，企业债券市场成为大型基础设施项目的重要融资渠道，这一部分将会在第 8 章重点讲述。

彻底的监管改革和政策措施对本土债券市场的有效性具有深远影响。亚洲新兴债券市场成功地通过从以外币主导转向以本币计价债券发行克服了"原罪"，并延伸了其主权债务投资组合的到期日以减弱伴随性风险的影响。[①] 本章将会从作为企业债券定价基准的供给—需求方面深入探究主权债券收益的决定因素，主要结论如下：

• ASEAN 主权债券市场被看作是对包括机构投资者和外国参与者在内的投资者规模的重要扩展，该市场较大提升了流动性并降低了借入成本。

• 在 ASEAN 市场中，虽然主权债券收益易受全球风险规避的影响，但是市场深化和更多的外国介入在正常时期并没有带来收益的巨大波动。

• 中国和印度主权债券市场规模较大，拥有较大流通量，但是国内投资者规模被限定，并且资本账户的限制使得外国投资者所发挥的影响有限。

亚洲新兴国家的企业债券市场发展迅速，但是发展却不均衡。在大多数东盟国家中，尽管能够使机构投资者增加收益，但是企业债券市场的发展仍受制于发行的有限。其中，中国和印度市场尽管在逐步实施体制改革，但是对国外投资者的参与仍存在很多限制。为了评估亚洲企业债券市场的改革，我们从企业层面进行分析，发现企业获得外部融资变

---

① Eichengreen 和 Hausmann（1999）引入"原罪"来表示处于弱势地位的新兴市场国家借入外币来消除国际投资者对较高的借款者风险的担忧。

得更加容易了：

- 亚洲新兴国家的企业债券市场经历了"质量"转型，发行量增加且种类更加多样化。进入门槛较低使得越来越多的小型发行人进入国内市场，而大型发行人越来越擅长将市场融资作为其融资渠道的扩展；①

- 当金融体系的其他融资渠道收紧，并且由于银行需要对新监管规定的资本、流动性、衍生工具要求进行调整而限制信贷时，企业债券市场将会成为较成熟的融资渠道。然而，在亚洲新兴市场国家中，企业融资高度依赖于银行借贷，一个功能完备、流动性较高的债券市场有助于丰富该地区的融资渠道，并加强金融体系的弹性。②

随着国外投资者越来越加重对新兴市场资产的投资，投资者规模逐渐增大。人口结构的（以及中国金融自由化）变化改变了区域储蓄模式，使得亚洲新兴市场国家的债券市场在接下来的十年中可以更加迅速的发展，但仍需要进行诸多改革以降低发行成本、提高流动性，尤其对能够扩大二级市场交易并有助于降低对冲风险的衍生工具市场仍存在较大的提升空间，这些阻碍还会影响离岸市场，从而可能会增加从离岸市场转向在岸市场的外溢风险。

另外，全球金融危机展现出新兴市场国家的以本土货币计量的债券市场十分容易受到全球危机的冲击。然而，尽管 2013 年 5 月美联储宣布其开始减少资产购买计划即"削减量化宽松恐慌"，这些国家的债券市场的恢复力还是十分强的，从 2014 年 1 月开始，美联储缩减资产购买计划的行为所造成的消极影响没有预期所想的大。这些国家债券市场随后的发展着重于推动市场深化，以及保持宏观经济和宏观审慎

---

① 然而，许多寻求债券融资的亚洲企业都偏向私募，因为这样可以避免公开发行的监管成本（比如注册、招股书和披露要求）。

② 另外，尽管融资渠道的到期日和多样性越来越重要，借贷成本仍是融资模式的主要决定因素。

政策的一致性。

本章探究了亚洲新兴国家发展债券市场的原因；阐明亚洲新兴市场债券市场的深度、流动性和定价；并评估了国外参与者和市场发展对本土货币主权债券利差的影响。随后探究了企业债券市场和发展的其他度量方法，发现东盟和亚洲新兴国家企业债券市场确实在进行举世瞩目的变革，尤其是当对企业层面的数据进行深入分析时。最后，本章回顾了市场发展的阻碍因素以及债券市场和衍生工具（和离岸）市场的关联。

为何发展债券市场

纵观全球，新兴市场国家近些年极大地重视对自身债券市场的发展（IMF，2005），为什么他们要如此做？主要原因在于新兴市场存在较大的投资需求，并且债券市场在为大型基础设施项目融资方面发挥着重要作用，这些项目通常是存在风险的且取得回报需要的时间较长，而债券市场能够通过大量的证券持有者分散这些风险，还因为债券合同（不像贷款）可以进行交易，允许投资者甚至在项目完成之前将借贷风险转嫁他人。这些特点——在境内和境外的风险共担以及风险规避——使得债券市场对银行借贷进行了补充，而银行则受限于跨境的行为范围和对到期日变动的限制。

除了这些，亚洲新兴市场尤其是东盟成员自亚洲金融危机后，对债券市场的发展给予极大关注还有一些特殊原因，这些原因起源于1997年发生的事件，根据这种观点，亚洲金融危机在一定程度上源于国家金融体系的一些潜在问题（Eichengreen，2006）：

• 对银行融资的依赖——金融体系以银行为中心，这意味着大多数的风险都会集中于银行业——一旦银行业面临危机，没有可选择的替代融资渠道。

• 到期日和货币错配——借贷面临双重错配，以本国货币为主导的长期投资项目往往通过以外国货币为主导的短期借贷方式进行融资。

　　● 资本账户的脆弱性——亚洲国家非常依赖于具有波动性的资本流入，许多学者发现，非常讽刺的是这些地区原本拥有大量的国内储蓄。

　　学者进一步发现这三大问题可以通过发展国内债券市场解决。活跃的债券市场可以作为另一个融资渠道，一旦银行出现问题，企业可以将其当作备胎。其次，由于本国债券可以拥有更长期限的到期日并以本国货币计价，其可以消除双重错配问题。另外，通过更具活力的本国债券市场，企业能够减弱对波动性很大的外国资本的依赖，尤其是亚洲企业。

　　基于此，亚洲新兴国家极力发展本国债券市场（Guonan，Remolona和 Jianxiong，2006）。例如，"ASEAN + 3"（包括东盟和中国、印度、韩国）提出亚洲债券市场倡议，建立专家团队研究相关问题并给出建议，许多建议都被单一成员国采用。2005 年 3 月，以本土货币计价的区域基金——亚洲债券基金——2 期正式启动，引入泛亚债券指数基金以及拥有八只公开募集资金的国家子基金的债券基金的基金（FoBF）。亚洲发展银行（ADB）还启动了科研项目并建立了亚洲债券线上资料库，以便研究人员和市场参与者能够便捷地找到本国货币市场的相关重要信息。[①] 与此同时，东亚及太平洋地区中央银行的常务会议建立了泛亚债券基金以促进区域投资。2010 年 9 月，"ASEAN + 3"国家建立了亚洲债券市场论坛，为支持市场行为的标准化以及跨区域债券交易相关监管的协调性提供一个共同平台，信贷担保和投资安排作为 ADB 的信托资金将为企业债券的发行提供支持。

　　各国通过实施结构性改革推动资本市场的发展，许多国家发布了诸多与国际证券委员会的原则一致的新证券监管规则，在公司和破产法律建设方面，采取更先进的法律体制，从而能在破产发生时更好地保

---

　　① 虽然如此，数据问题仍然存在。在一些情况下，亚洲债券线上数据与从其他渠道获得的数据相差较大，其他渠道包括国际清算银行（BIS）。另外，一些数据变量并不是涵盖了所有国家，阻碍了对东盟更广泛的分析。

护债权人的权益。国债管理是改革的重要部分，在许多国家，国债的支付、监管和清算体系越来越现代化。① 由于独立个体会收集并传递债券交易和债券定价的相关信息，债券市场变得更加透明，从而推动了二级市场的发展。合约储蓄体制的发展也为银行存款提供了一个可替代的选择，有利于将个人储蓄转为长期储蓄，并推动资本市场的发展。需要进行长期投资的养老金和社会保险资金池开始引导国内储蓄，使得证券估价相应提高，伴随着投资规模多样化和全球化的提升。

尽管在渐进的体制改革中，国外参与度仍存在限制，但中国和印度逐渐对合格的境外投资者开放其债券市场。人民币合格境外投资者（RQFII）机制于 2002 年引入中国，该机制允许符合特定资格的机构投资者进行初始限额为 40 亿美元的跨境证券投资，随后在 2013 年将投资限额逐渐扩大至 1500 亿美元。2011 年，依照中国 RQFII 体制，投资者可以申请用海外持有人民币对国内资产进行直接投资的额度，直接投资范围涉及债券、股票、货币市场基金。在香港特别行政区，RQFII 机制被限制为金融机构，但是在 2014 年，这一限制扩展为伦敦、新加坡和中国台湾的企业。虽然仍存在诸多挑战，但是中国不断推进的利率市场化及金融市场基础设施改革仍有力支持了债券市场的发展。② 印度政府在 2005 年发布了对国外机构投资者投资于本地债券市场的监管规定，对国债及企业债券的初始投资额不得超过 10 亿美元和 15 亿美元，2013 年初始投资额分别上升为 250 亿美元和 500 亿美元，包括对基础设施债券的初始投资额不得超过 250 亿美元。从 2013 年 9 月开始，印度证券交易所允许海外机构无需通过任何竞价机制就能投资国债，放松了对国外机构投资者债务

---

① 例如，印度储备银行使用 2002 年建立的询价交易系统作为国债的主要询价平台。国债的二次交易是通过电子询价交易系统或者询价交易系统——订单匹配进行直接交易，该交易系统在 2005 年由印度储备银行引入，由印度清算公司维护。在中国，中期票据和商业票据的管理和结算的主导权由中国债券转向上海清算所。

② 债券市场的监管涉及三个政府机构——中央银行、国家发展和改革委员会和中国证券监督管理委员会，中国证券监督管理委员会大力推进对监管者不同的债券披露、信贷评级、投资者保护及入门标准的整合（Gang, 2014）。

分配的限制，直至外国投资份额不能超过投资总额的90%。

结构、深度、流动性和定价方面的发展

自1997年到1998年区域金融危机过后，亚洲新兴市场国家对国内债券市场的发展给予了极大的关注，以此解决金融体系中外汇错配问题并降低银行信贷和到期日风险的集中度（CGFS，2007；Turner，2009）。除积累大量外汇储备外，大部分的措施集中在发展本土货币的债券，因为以本币计价的债券在新兴债券市场中占据重要的份额，尤其是对于亚洲而言（图4.1）。在新兴市场中，债券的发行以外汇计价转向以本币计价，这表明关于新兴市场经济体只能以外币借贷的假设不成立，即 Eichengreen 和 Hausmann（1999）所说的"原罪"。

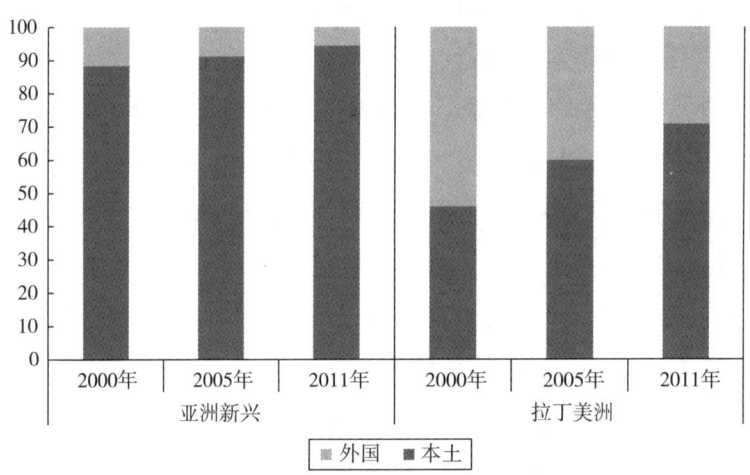

数据来源：Turner（2012）。

图4.1　向以本币计价为主债券的转变（面值，总占比）

21世纪初，亚洲新兴国家债券资本市场相较许多成熟市场发展更快，而且市场规模相较其他新兴市场地区而言更大。由中国领头（图4.2），亚洲新兴本土债券市场的快速发展受益于该地区强劲的经济增长以及良好的长期经济预期。事实上，对本币计价债券的投资在2003

年到 2012 年取得了非常好的收益，尤其是在考虑风险调整的时候（图 4.3）。但是，亚洲债券市场在全球金融危机期间遭遇了巨大的阻碍，随着投资组合总流入的大幅下降，市场规模迅速缩减，即使随后又快速反弹，尤其是"ASEAN + 5"（图 4.4）。①

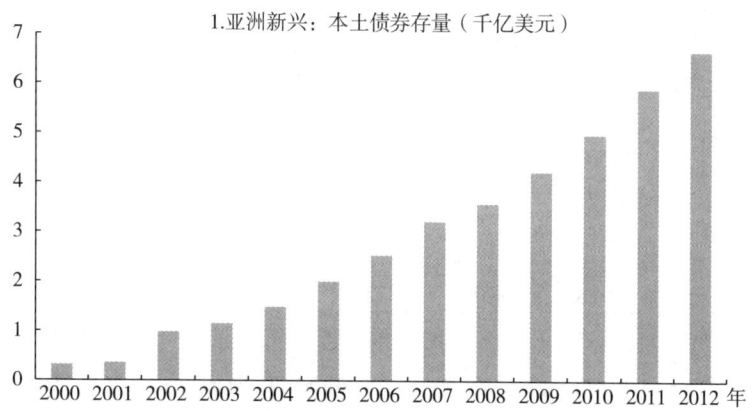

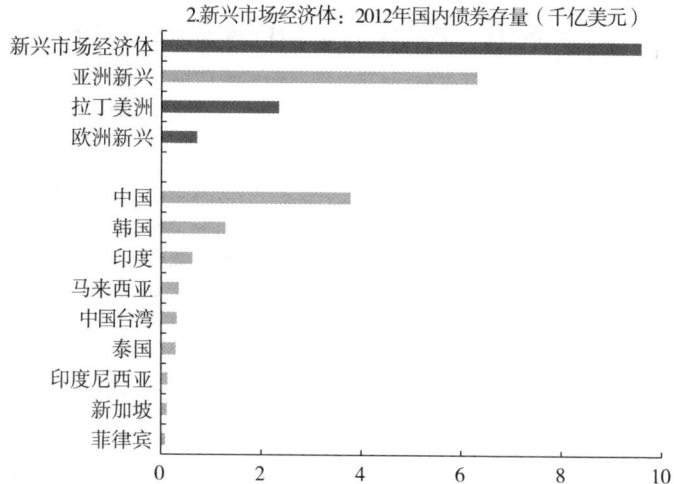

数据来源：国际清算银行。

图 4.2　本土债券市场的国际构成（包括政府和企业债券）

---

①　"ASEAN + 5"中的"5"是东南亚最大的五个经济体，分别是印度尼西亚、马来西亚、菲律宾、新加坡和泰国。

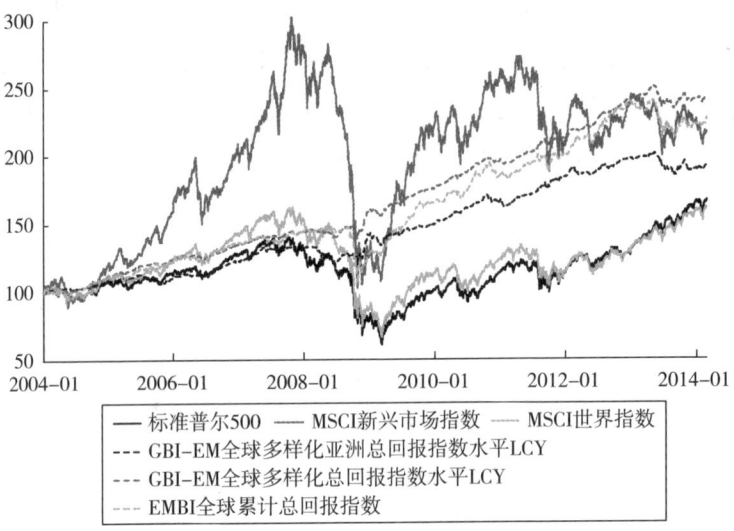

注：GBI – EM = J. P. 摩根国债市场指数 – 新兴市场；EMBI = 新兴市场债券指数；LCY = 本币。

数据来源：Bloomberg L. P.；摩根市场。

图 4.3 高风险调整新兴市场回报（股票和债券市场指数，2004 = 100）

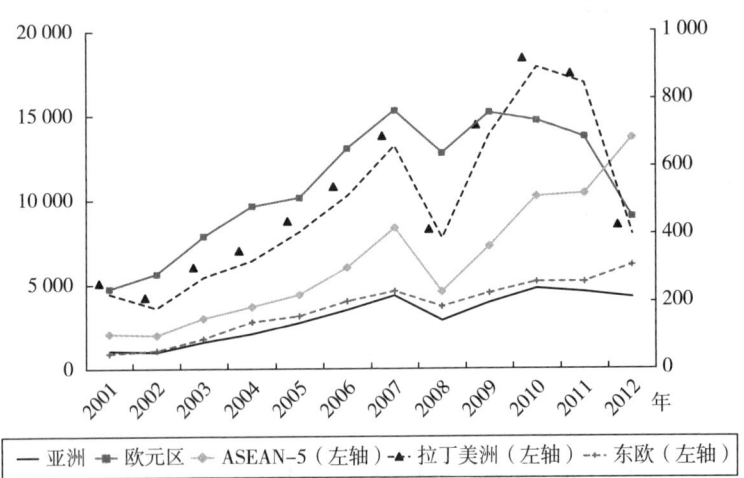

注：ASEAN = 东南亚国家联盟。

数据来源：IMF，证券投资组合调查（CPIS）。

图 4.4 投资组合负债（10 亿美元）

　　债券市场的流动性在亚洲新兴市场内部始终存在较大的差异，但是在许多亚洲新兴市场中资本深化十分显著，中国、中国香港特别行政区、韩国、马来西亚和韩国的市场是最具流动性的（表 4.1）。债券管理者如今都会预先宣布发行安排，将债券整合为几个大额的、具有流动性的基准债券，并于收益曲线中的某个特定到期日发行（如果需要额外融资，这些债券将会重新启动）。大多数的亚洲新兴经济体都已经拥有了国债的主要交易商，并对债券回购协议（repos）和证券借贷等融资市场的发展作出努力。在新加坡，主要交易商必须参加竞价、进入双向二级市场并为债券管理者提供信息。许多亚洲新兴市场还通过引入现代交易平台以及升级支付和清算体系来对其市场微观结构进行改革。一般而言，企业债券市场的流动性远低于国债市场，但是自从 2005 年市场规模迅速扩张后，虽然市场流动性仍波动较大，但是中国债券市场的流转规模大幅提高，尤其是企业债券。

表 4.1　　　　　　　　本土债券市场流动性指标

国家和地区	交易值		流转率①		买卖价差（bps）
	政府	企业	政府	企业	政府
中国	358	218	0.12	0.15	4.1
中国香港特别行政区	159	11	1.48	0.13	7.3
印度	179	40	…	…	1.3
印度尼西亚	21	2	0.26	0.09	50.0
日本	11 963	58	1.23	0.07	…
韩国	521	119	0.87	0.13	0.7
马来西亚	84	9	0.46	0.07	3.8
菲律宾	39	…	0.49	…	5.4
新加坡	68	…	0.65	…	2.6
泰国	146	3	0.65	0.06	2.4

注：截至 2013 年底或 2013 年第三季度最新数据。bps = 基点。

数据来源：亚洲发展银行，亚洲债券线上数据和亚洲债券监测。

---

① 流转率定义为债券交易价值与债券未清偿平均数额的比值。

尽管有所改进，但是本地债券市场的流动性在危机时期仍非常低，比如对美国货币紧缩的预期造成大规模资本流出。许多 ASEAN 市场的二级市场的流动性仍在极大程度上依赖于国外投资者，[1] 交易还经常集中于特定到期日，造成市场分割，连同在本地债券市场中那些购买并持有的投资者提高了债券集中度，这些都阻碍了债券流动性的提高。2013年，一些亚洲新兴市场的流动性减弱，买卖差价随之提升（图 4.5），造成本地债券的收益对全球风险厌恶程度（以 VIX 度量）[2] 更加敏感（IMF，2014），尽管敏感程度比其他新兴市场要低。流动性较低的市场通常投资者规模也较小，基础设施不完善，市场透明度较低，无法及时更新债券发行人信息（Gyntelberg，Guonan 和 Remolona，2006；ADB，2013a）。例如，虽然印度尼西亚和菲律宾都为主要交易商和债券管理者建立了相关机制，预先宣布债券发行安排，但是二级市场的流动性仍保持较低水平，几乎没有发行人准备持续提供买卖报价。尽管做市商在增加流动性和二级市场交易方面扮演非常重要的角色，但是新监管（比如多德—弗兰克法案和沃尔克规则）的跨区域运用究竟会如何影响亚洲本土债券市场仍有待观察。实例研究表明，做市商会在实行新规则之前降低其债券存量，这会降低其影响市场的能力。一个重要政策的倡议必须确保交易数据会被捕获且传播开来，但是在大多数债券都通过直接交易（OTC）进行的情况下，并不是所有的市场参与者都能总是获得透明的交易数据，尽管这一情况可能很快就会改变。

随着国内机构投资者的兴起，亚洲的投资者规模越来越大（Ghosh，2006），这些投资者持有较大比例的未清偿本币债券，主要以银行为主，但是例如养老金、人寿保险公司以及共同基金等其他机构投

---

[1] 尽管通过衍生工具离岸市场能够提高流动性，尤其是外国银行，但是在全球风险规避风潮盛行时，国外投资者的大规模撤资会导致流动性突然枯竭。

[2] VIX 是芝加哥期权交易所（CBOE）市场波动指数的代号，是对标准普尔 500 指数期权隐含波动率的普遍测量指标。

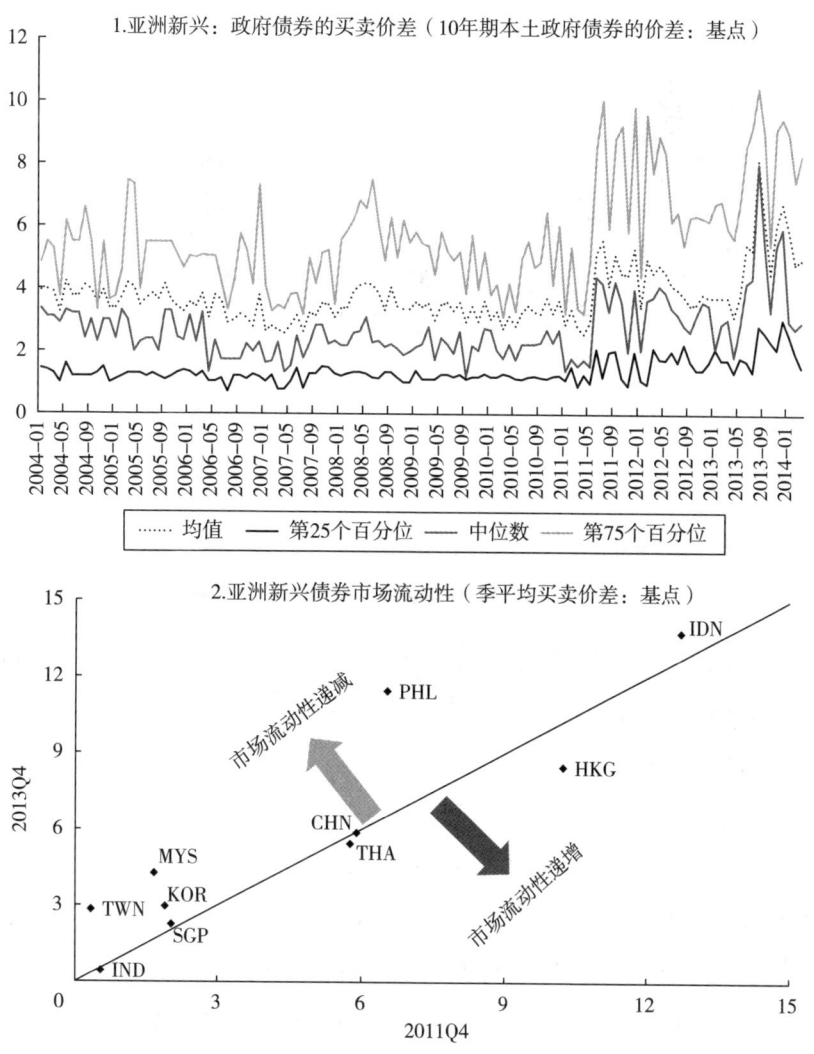

1.亚洲新兴：政府债券的买卖价差（10年期本土政府债券的价差：基点）

······ 均值　　—— 第25个百分位　　—— 中位数　　—— 第75个百分位

2.亚洲新兴债券市场流动性（季平均买卖价差：基点）

注：CHN = 中国；HKG = 中国香港特别行政区；IND = 印度；IDN = 印度尼西亚；KOR = 韩
国；MYS = 马来西亚；PHL = 菲律宾；SGP = 新加坡；THA = 泰国；TWN = 中国台湾。

数据来源：Bloomberg L. P.；IMF 员工计算。

图 4.5　亚洲新兴市场流动性变动

资者随着其资产规模的扩张，也会增加其对本土债券的投资。人口结构
的变化、养老金改革以及包括机构投资者在内的非银行金融机构影响
力的逐渐增强都对投资者规模和多样性产生积极的影响（图 4.6）。马

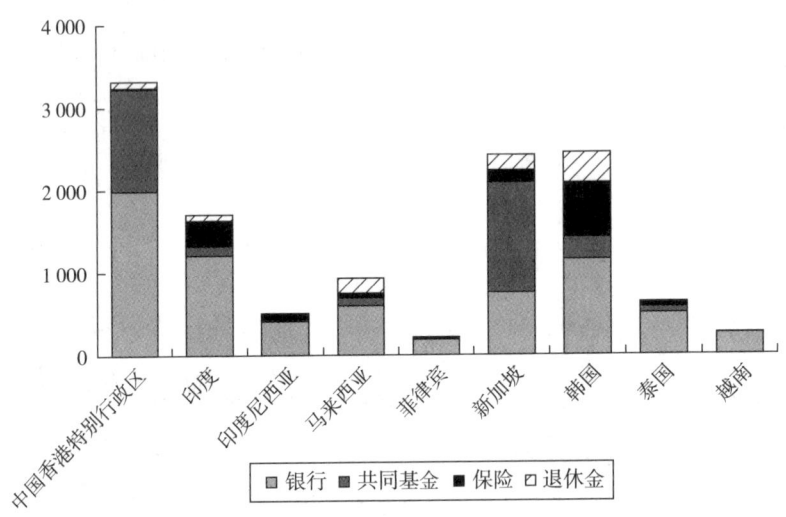

数据来源：渣打银行研究。

图4.6 亚洲新兴国家多元化的投资者结构

来西亚就是一个很好的例子，在马来西亚，积极管理公开托管或相关公积金是退休储蓄和债券市场流动性的重要来源（图4.7）。在泰国，约定储蓄机构成为本币货币的主要投资者，部分原因在于退休金共同基金和长期股权基金资产能够从应纳收入中扣减。相反，在印度，退休金和保险基金是政府债券的主要融资来源，对这两种基金的投资限制抑制了其在企业债券市场的参与。印度和许多 ASEAN 国家的保险渗透度仍保持较低水平，包括印度尼西亚、菲律宾和越南。

亚洲共同基金市场的发展是有迹可循的。共同基金使得个人能够以更加灵活且易于交易的方式持有本币债券，在市场条件变化时，共同基金的交易更加活跃，从而更能增加本地市场的流动性（Turner，2009）。得益于区域金融中心的地位，中国香港特别行政区和新加坡成为共同基金市场发展的领先者，超过50%的资产均来源于国外资本流入。在印度、韩国、马来西亚、泰国和中国台湾等其他亚洲经济体中，共同基金的快速发展大部分依赖于国内因素，包括收入的快速增长以及国内投资者规模的扩张（图4.8）。亚洲新兴国家的共同基金

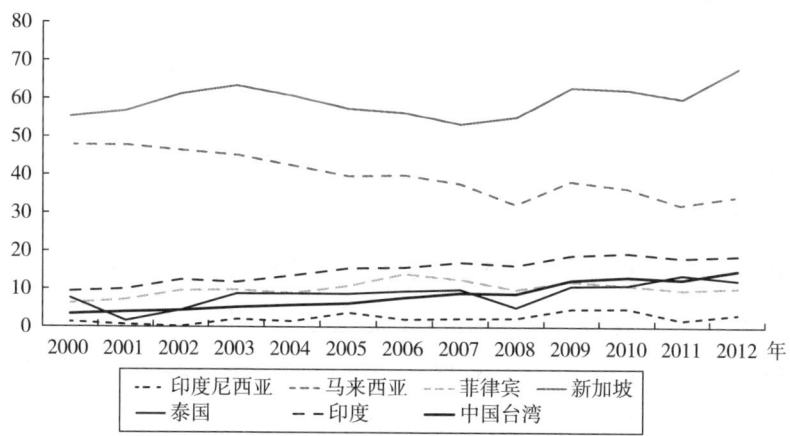

注：IND = 印度；IDN = 印度尼西亚；MYS = 马来西亚；PHL = 菲律宾；SGP = 新加坡；THA = 泰国；TWN = 中国台湾。

数据来源：CEIC 数据；经济学家智库；IMF，世界经济展望；投资公司协会。

图 4.7　增长的养老金资产（GDP 占比）

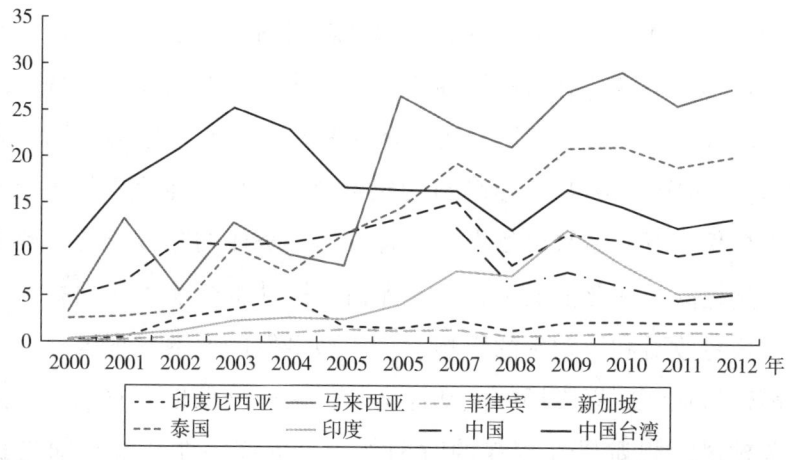

注：IND = 印度；IDN = 印度尼西亚；MYS = 马来西亚；PHL = 菲律宾；SGP = 新加坡；THA = 泰国；TWN = 中国台湾。

数据来源：CEIC 数据；经济学家智库；IMF，世界经济展望；投资公司协会。

图 4.8　增长的共同基金资产（GDP 占比）

市场的发展还受制于初期的投资文化，包括监管体系、定价和估价独立性的缺乏、投资者教育水平低下以及薄弱的安全网。例如，迄今为止，共同基金在印度企业债券市场的发展进程中发挥着十分有限的作用，80%的债券共同基金都集中于企业投资者，而个人投资者参与度十分有限。

自全球金融危机后，国外投资者在亚洲本土债券市场参与度的不断提升成为该市场最主要的结构性变化之一（图4.9），发达国家的机构投资者在其投资组合中不断加大对新兴市场资产的比例，主要受较高的风险回报的驱动。国外参与主要是通过类似银行、共同基金、退休金、对冲基金、资产管理公司（根据公积金计划管理资产）和主权财富基金等机构投资者进行（IMF，2014）。专门管理新兴市场债券基金的资产，如本币债券，同样大幅增加。尽管全球金融危机使得国外投资者对新兴市场资产的需求下降，但是大多数亚洲国家重新引起国外投资者的兴趣，国外参与度甚至高于危机前水平（图4.9）。[①]像中国和印度这样在传统上资本账户相对封闭的国家也逐渐放开了对合格境外机构投资者持有政府债券的限制，这限制的放开将很有可能吸引更多的长期机构投资者以及对全球风险规避非常敏感的共同基金和对冲基金（IMF，2014）。全球机构投资者在长期可能会将其投资组合的很大比例投资于新兴市场中，并且发达经济体的非传统货币政策会面临短期挑战，在此情况下，本章评估了国外资金流入亚洲新兴市场对主权债券收益和波动率的影响。对典型事例的回顾发现国外参与度的提高使得亚洲新兴市场的流动性增加，从而降低债券收益，但是除了在全球风险规避风潮较强的时期外，市场波动性并没有随之提高（图4.9）。

---

　　① 可获得的数据可能会弱化国外投资者的重要程度，因为国外投资者还会投资于衍生工具市场（包括不交收远期合约、结构化票据和总报酬掉期）；这些衍生工具并不容易度量。

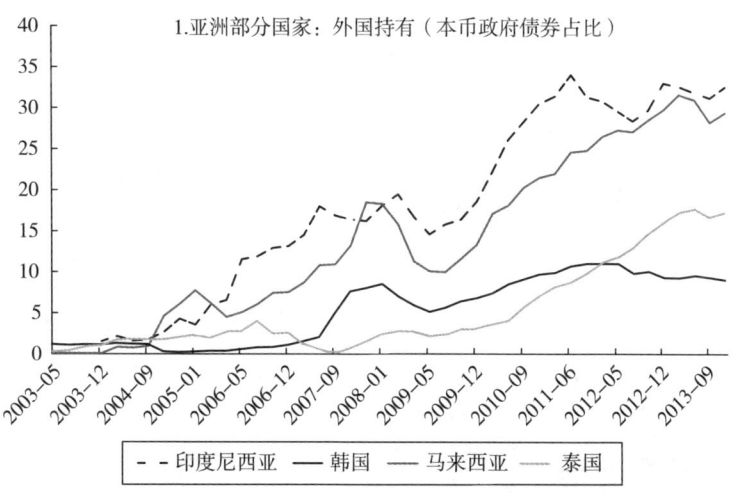

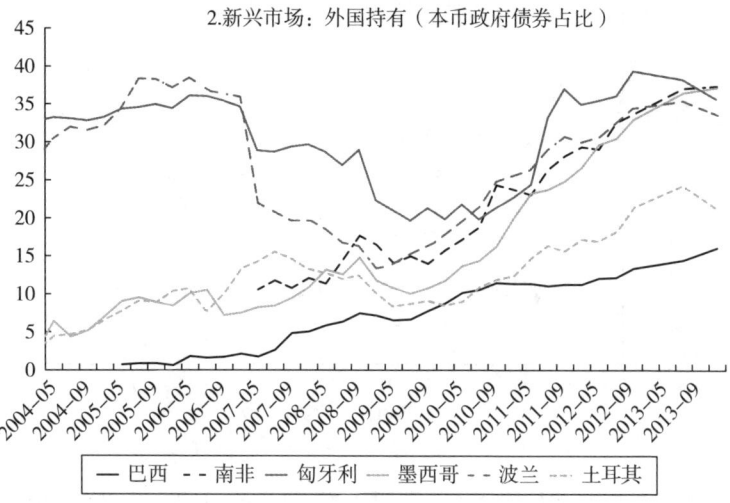

数据来源：亚洲开发银行，亚洲债券线上数据库；Bloomberg L. P.；政府官网；IMF，国际金融统计数据库，全球金融稳定报告；IMF 员工估计。

图 4.9　国外参与度和主权债券收益

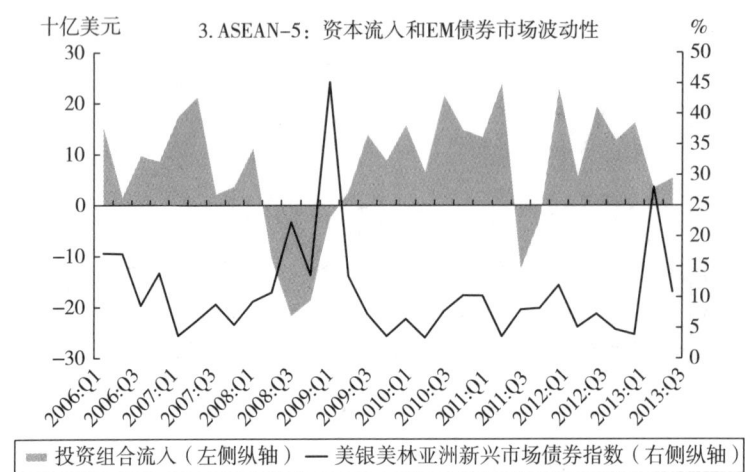

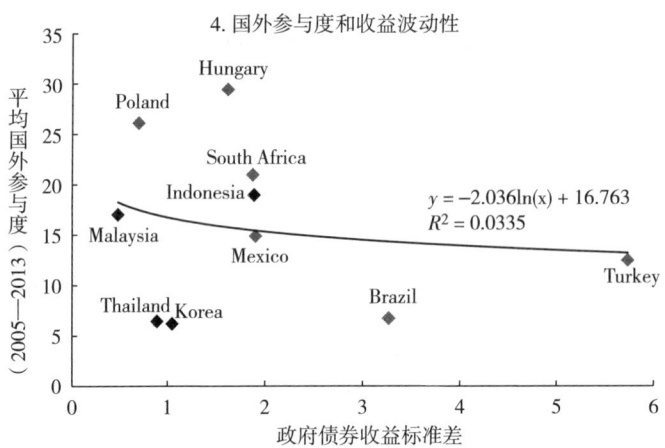

数据来源：亚洲开发银行，亚洲债券线上数据库；Bloomberg L. P.；政府官网；IMF，国际金融统计数据库，全球金融稳定报告；IMF员工估计。

图4.9　国外参与度和主权债券收益（续）

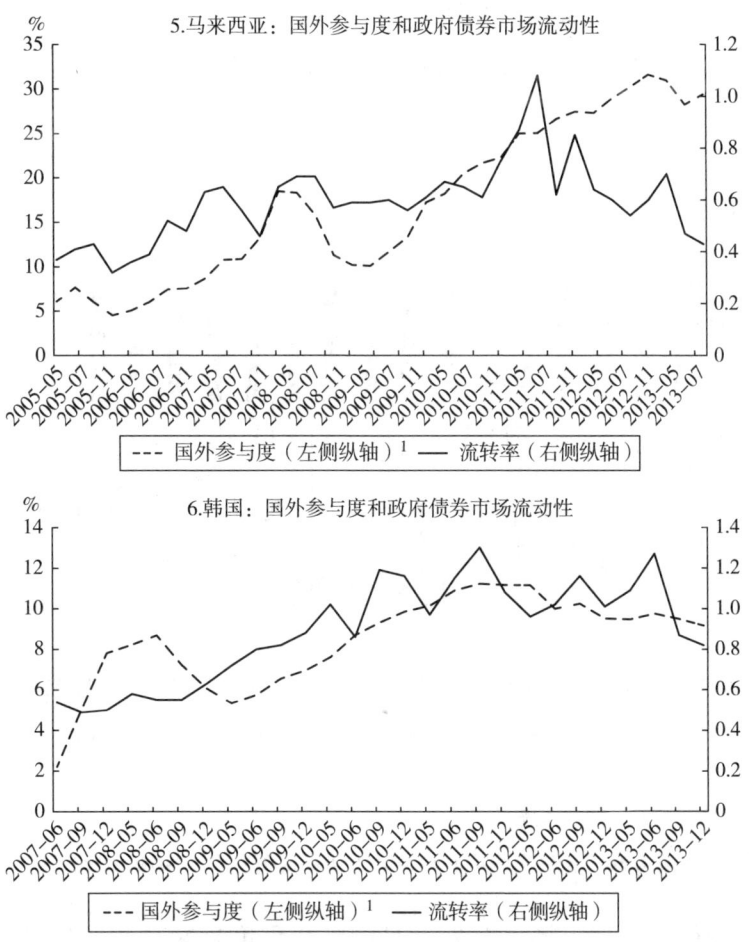

注：国外持有与本币债券总额的比值。

数据来源：亚洲开发银行，亚洲债券线上数据库；Bloomberg L. P.；政府官网；IMF，国际金融统计数据库，全球金融稳定报告；IMF 员工估计。

图 4.9　国外参与度和主权债券收益（续）

亚洲企业债券市场的发展依旧不均衡（图 4.10），中国香港特别行政区、韩国、马来西亚和新加坡的企业债券市场是规模最大的且最为发达的，随后是泰国，而印度尼西亚、菲律宾和越南则相差甚远（图4.10）。中国的企业债券市场发展非常迅速，主要原因在于允许合格的外资银行在无需中国证券监督管理委员会授权的情况下在银行间市场上交易和承销企业债券，证监会还允许债券发行规模可以低于 5 亿元人民币，从而中小型企业也可以通过发行债券融资。[①]

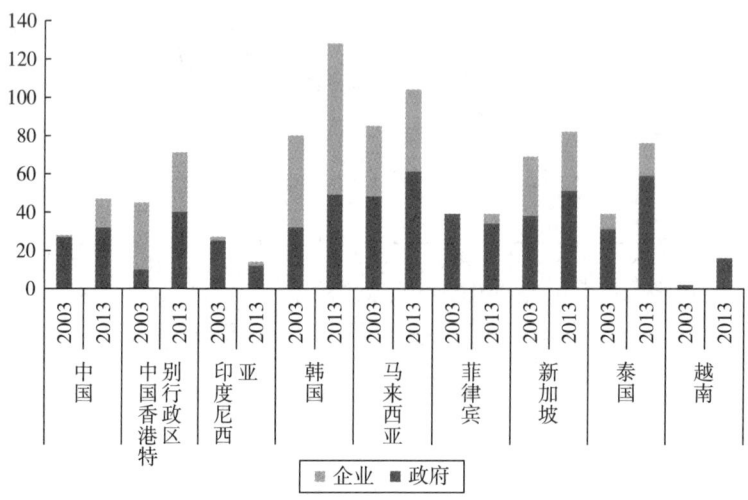

注：2013 年的数据为 2013 年 12 月或最新的数据。CHN = 中国；HKG = 中国香港特别行政区；IDN = 印度尼西亚；KOR = 韩国；MYS = 马来西亚；PHL = 菲律宾；SGP = 新加坡；THA = 泰国；VNM = 越南。

数据来源：亚洲债券线上数据库。

图 4.10　新兴市场中企业债券市场不均衡发展（GDP 占比）

亚洲衍生工具市场不断发展且国际化程度越来越高，使其为证券投资者提供了对冲工具，该市场的发展主要受 OTC 市场强劲的增长所驱动（BIS，2013）。尽管度量有困难，但是在全球金融危机之前，国外投资者通过衍生工具（OTC 衍生工具和结构化票据）参与亚洲资本市场也会促进资本流入（CGFS，2009）。在许多亚洲新兴国家中，新兴市场货币的离岸交易规模剧增，主要以中国人民币为主，外汇流转率同样

---

　　① 中国的国内债券市场拥有大约 4 000 亿美元的规模，继美国、日本、法国之后成为全国第四大债券市场，但是如果与实际经济总规模相比较，中国债券市场规模仍落后于发达经济体的相关市场（Noble，2013）。

有了大幅提升，新兴市场货币的交易与跨境金融流动规模呈正相关关系（BIS，2013）。在五大主要衍生工具类型中（外汇、利率、权益①、商品和信贷），外汇衍生工具的交易量增长最为强劲，② 其次是场内市场权益衍生工具③和一些 OTC 利率合约（图4.11）。外汇衍生工具（包括远期、外汇互换和外汇期权）在每日总流通量中占据一定比例，外汇衍生工具在新兴市场货币流通量中所占据的重要地位也表明国外证券投资人（致力于降低其对本币投资或对货币流转投机所隐含的外汇风险）的对冲需求和投机变得越来越重要（BIS，2013）。然而，如下几个因素阻碍了综合衍生品市场的发展：

● 审慎监管和监督审查的不足（例如，资本规则、信息披露要求和会计准则）。

● 运营的基础设施（例如，市场交易、结算和清算体系；良好的风险管控）。

● 国内外机构投资者以及银行市场参与受限。

衍生品交易不完善的市场环境阻碍了进一步的发展，尤其是对利率衍生工具而言，未达到潜在国债收益率曲线所要求的流动性是阻碍该市场发展的因素。随着市场因素对利率的影响逐渐提升，类似期货汇率合约、利率期货和期权等衍生品工具在风险管控方面至关重要，但是在一些国家，衍生品市场几乎不存在。在除日本以外的亚洲资本市场中，OTC 衍生品始终是衍生品交易市场最大的组成部分，在此情况下，

---

①　股票指数期货和股票指数期权是交易最广泛的权益衍生工具，在引入单个资产期权之前，以指数为基础的衍生工具通常是首要发展工具。

②　这与其他新兴市场区域和成熟市场的情况有所不同，在这些市场中，利率衍生工具交易较之货币衍生工具更为普遍，货币衍生工具仅仅在几个新兴市场中交易，大多数的交易发生在 OTC 市场。在亚洲（除日本之外），货币衍生工具活跃的场内交易市场发生在中国香港特别行政区、印度、韩国和泰国，直到现在，大多数货币衍生工具的交易仍发生在离岸市场中。

③　股票和权益指数衍生工具交易集中于场内交易，其中，权益衍生工具是所有衍生产品中最具流动性的，在过去的几年中合约交易量持续大幅增长，表明流动性也在不断提升。期权指数衍生工具占据交易中的绝大比例。

对非核心的 OTC 衍生品的必要保证金监管要求可能会成为亚洲衍生品市场发展的又一阻碍。并且，机构投资者在利率衍生品市场的参与十分受限，从而缩减了交易对手的规模。[①]

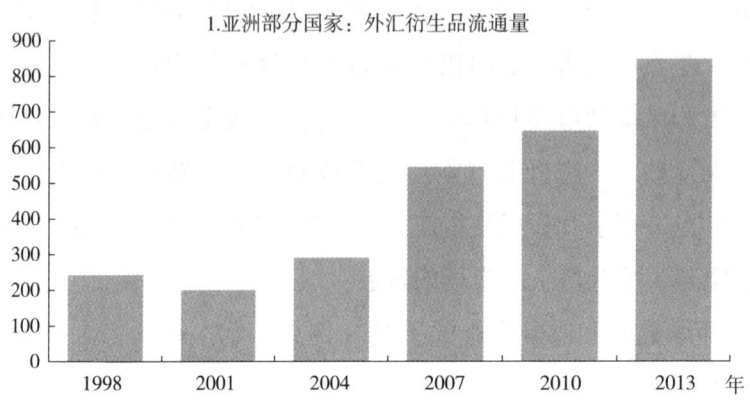

1.亚洲部分国家：外汇衍生品流通量

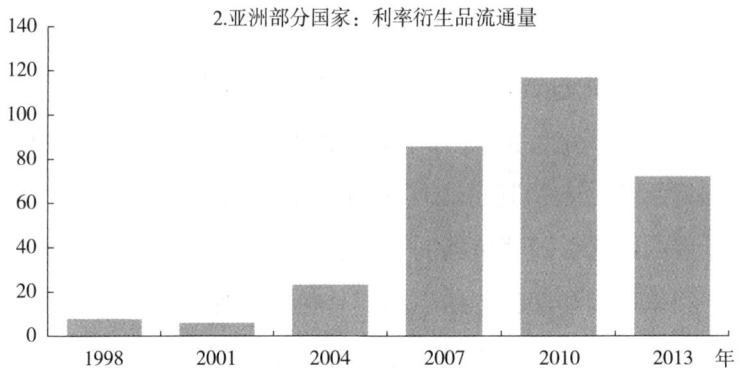

2.亚洲部分国家：利率衍生品流通量

注：除日本、澳大利亚和新西兰之外。

数据来源：国际清算银行，三年一次的中央银行调查。

图 4.11　亚洲新兴国家外汇和利率衍生品流通量（日均，10 亿美元）

---

① 如果机构投资者能够购买衍生工具，他们就能够对冲风险。然而，出售衍生品——正如 AIG 所发生的那样——无疑也会产生问题。

亚洲新兴国家国外参与度及债券收益

大体上，对亚洲新兴国家本币债券市场收益的决定因素的实证研究较为有限，更遑论对国外投资者所扮演的角色了，先前对新兴市场的研究一般都集中于对主权外币价差决定因素的探讨（Gonzalez‐Rozada 和 Levy‐Yeyati，2006），即便是对国债长期到期收益率影响因素的实证研究也集中于国内基本面的探讨，几乎或根本没有涉及国外参与（Caporal 和 Williams，2002；Daniel，2008；Laubach，2009）。然而，越来越多的证据表明，在成熟市场体制下，国际因素对国债市场的影响越来越显著，虽然国别风险因素在七国集团中可能发挥着较小的影响，但是全球基金的出现使得主权债券的需求越来越依赖于全球投资者的偏好（Kumar 和 Okimoto，2011）。IMF 在 2009 年的《全球金融稳定报告》中指出，除文献中强调的基本宏观金融因素外，债券组合的流动对成熟市场以及新兴市场的债券收益率具有较为重要的影响力。Agur 和 Demertzis（2013）发现从全球金融危机后，本币债券市场出现了巨大的变动，金融危机前，本币债券市场主要受国内利率的影响，而危机后，本币债券收益对美国债券收益率的弹性增长了四倍。另外，Peiris（2013）估计在新兴市场经济体的本币债券市场中，在其他因素不变的情况下，国外参与度每增加 1 个百分点，债券收益率将会下降 6 个基点。

在探究新兴市场债券波动率的决定因素方面的文献更少，早期的研究利用时间序列方法对发达经济体的债券收益率波动情况进行了分析（例如，Borio 和 McCauley，1996），但是这个领域随后的研究逐渐集中于基于期权定价的隐含波动率（Brooks 和 Oozeer，2002）。然而，一般而言，新兴经济体的衍生品市场无法提供足够的信息来支持对债券价格波动率的研究。早期针对新兴市场的研究大体分析了是否存在波动传染（例如，Andritzky，Bannisters 和 Tamirisa，2007），但是随后又专注于主权外币价差的决定因素。Azis 等人（2013）采用了多元广义自回归条件异方差（GARCH）模型，研究发现在亚洲新兴市场中，由市场波动引起的重大动荡和波动外溢效应更多地受自身价格波动的影响，而在其他市场中（例如中国、印度尼西亚、韩国和马来西亚），由全球金融环境引发的市场动荡和波动外溢效应更为显著，但是资本流动无法准确地将其看作传染和外溢效应可能的重要传播渠道。[①]

在 Peiris（2013）之后，我们以亚洲新兴经济体 2000 年到 2013 年的主权债券收益率为样本，通过 GARCG（1，1）模型，以包含国外投资组合流入在内的宏观金融变量为解释变量，计量经济学分析是以一个 GARCH 标准简化模型为基础，得到均值方程如下：[②]

$$Lr_{it} = \alpha_i + \beta_1 Infl_{it} + \beta_2 b_{it} + \beta_3 D_{it-1} + \beta_4 GDP_{it}$$
$$+ \beta_5 USr_{it} + \beta_6 VIX_{it} + \beta_7 FP_{it} + \varepsilon_{it} \qquad (4.1)$$

其中，Lr 表示 i 国 2000 年 1 月到 2013 年 6 月以长期国债收益率为基准的第 t 月名义收益率；$Infl$ 表示通货膨胀率，b 表示财政赤字占 GDP 的比值，D 表示一般政府债务总额占 GDP 的比值，GDP 表示预期实际GDP 增长率（以衡量国家的经济周期），USr 表示美国长期名义国债收益率（抛补利率平价），VIX 表示美国标准普尔 500 指数期权的隐含波动率（以衡量全球风险规避），FP 表示以全球 FPFR 度量的国外投资组合流入。

国外投资组合流入的波动性和 VIX 同样涵盖在以乘法性异方差形

式展现的条件方差等式中：

$$\varepsilon_t \sim N(0, \sigma_t^2)$$

$$\sigma_t^2 = \exp(\varphi + \gamma\, \text{FPVOL}_t + \text{VIX}_{it}) + \alpha \varepsilon_{t-1}^2 + \beta \sigma_{t-1}^2 \qquad (4.2)$$

其中，σ_t^2 表示每个样本国家长期本币国债名义收益率的波动性，尽管通过条件方差度量方法，γ 的量级无法在各个国家间比较，但是 γ 仍表示同时期在国内国债市场上国外投资组合流动波动性对收益率波动性的预估影响。[①]

以 2000 年后每月数据为样本的时间序列模型展现出在几乎所有的亚洲新兴国家中，在控制国内收益率基本决定因素以及美国利率和全球风险规避不变的前提下，国外投资组合流入越大，收益率下降幅度越显著（表4.2）。整体来看，在过去的几十年中，国内因素和全球因素在影响亚洲新兴市场收益率方面并驾齐驱，但是不出所料，在全球金融危机期间，全球因素和资本流动发挥了更大的影响力（图4.12）。但是，在所有的国家中，资本流动的波动率（以 GARCH 条件方差模型以及资本流动的简单自回归均值方程度量）和 VIX 并没有显著地增加债券波动率（表4.2），这意味着主权债券收益率除了国外投资组合流动之外易受全球利率和风险规避的影响（可能与本土投资者的投资组合配置或预期渠道有关），但是国外投资组合流动的波动性和 VIX 对收益率波动的影响没有超过其正常水平，由于外部因素似乎并没有其他波动率传导渠道，这两个因素对债券收益波动率的不显著影响增强了金融深化的价值，IMF（2014）强调通过降低债券收益对 VIX 的敏感性实现金融深化的价值。通货膨胀、公共债务以及赤字水平的下降会降低债券收益率，这意味着维持良好的国内基本面是十分重要的，从而能够在全球危机时期抵消潜在的外部溢出效应。

---

① Edwards（1998）通过相似的方法预估了在"龙舌兰"危机中拉丁美洲波动外溢或传染的影响。

表 4. 2   亚洲新兴国家债券收益率的决定因素

国家或地区	国内因素				外部因素		方差方程	
	D	GDP	Infl	FP	VIX	USr	FP	VIX
印度尼西亚	- 0. 057***	- 0. 717***	0. 157***	- 0. 726***	0. 071***	0. 576***	1. 115	- 0. 017
韩国	0. 036**	0. 239***	0. 151***	- 0. 150*	0. 031***	0. 567***	- 6. 874	0. 021
马来西亚	0. 040***	- 0. 168***	0. 014	- 0. 042*	0. 001	0. 355***	- 1. 608	- 0. 022*
菲律宾	0. 093***	- 0. 110**	0. 068*	- 0. 468***	0. 020***	0. 768***	2. 174	- 0. 020
中国台湾	0. 118***	0. 038**	0. 025***	…	0. 005***	0. 161***	- 49. 099	- 0. 006
泰国	0. 021	- 0. 087**	0. 114***	0. 032	- 0. 009*	0. 624***	- 1. 725	- 0. 009

注：D = 一般政府总债务与 GDP 比值；FP = 国外投资组合债券流动；GDP = 预期实际 GDP 增长；$Infl$ = 通货膨胀率；USr = 美国长期名义国债收益率；VIX = 芝加哥期权交易所波动率指数。

* $p < 1$；* * $p < 0.5$；* * * $p < 0.1$。

数据来源：IMF 员工估计。

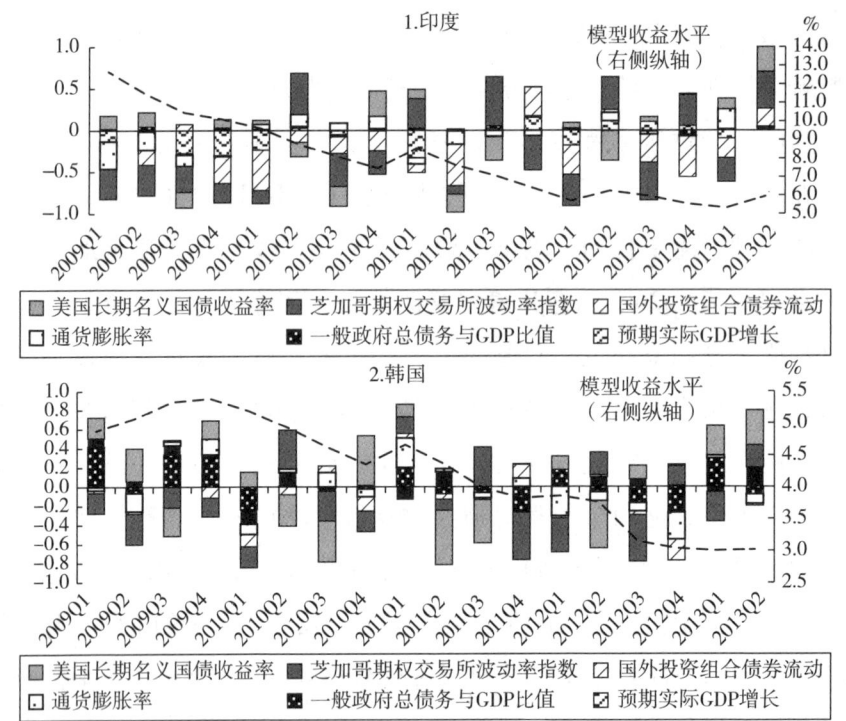

注：D = 一般政府总债务与 GDP 比值；FP = 国外投资组合债券流动；GDP = 预期实际 GDP 增长；$Infl$ = 通货膨胀率；USr = 美国长期名义国债收益率；VIX = 芝加哥期权交易所波动率指数。

数据来源：IMF 员工估计。

图 4. 12   亚洲新兴市场主权债券收益的决定因素

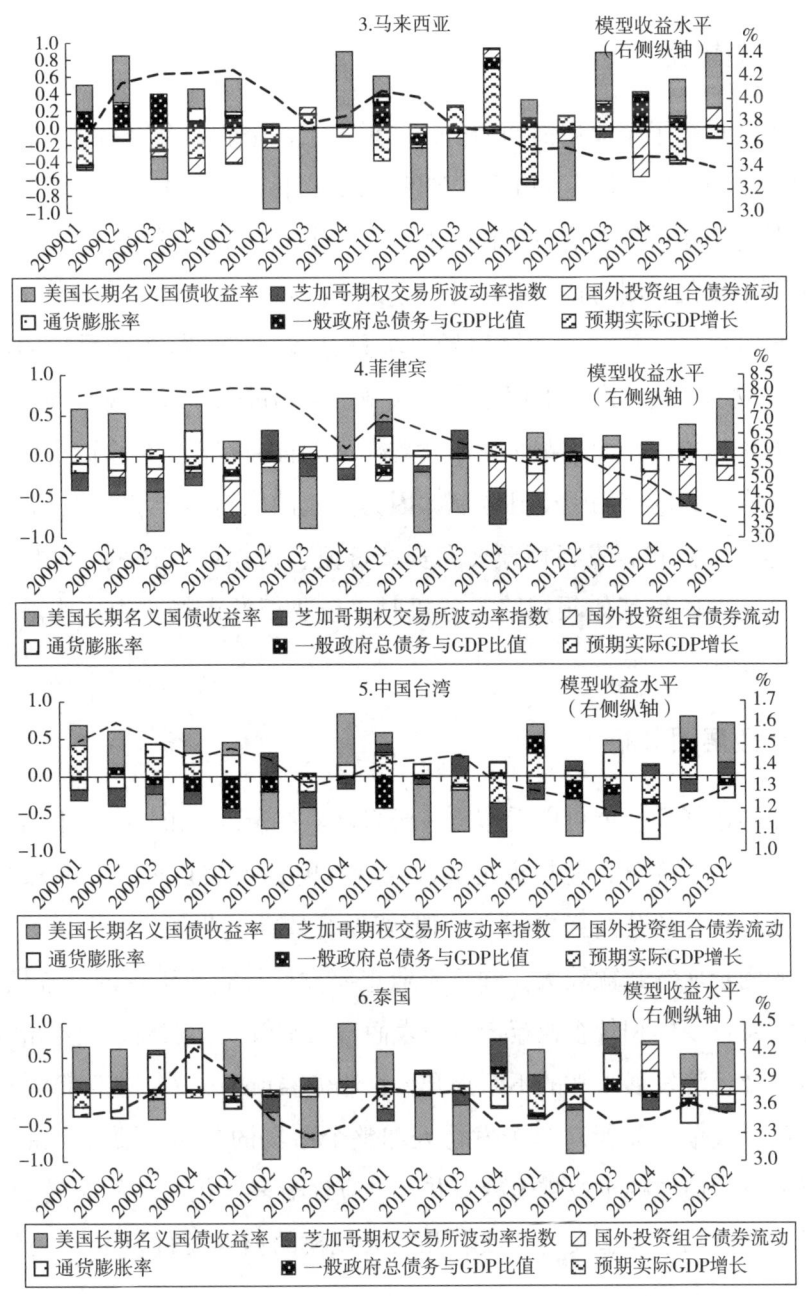

注：D = 一般政府总债务与 GDP 比值；FP = 国外投资组合债券流动；GDP = 预期实际 GDP 增长；
Infl = 通货膨胀率；USr = 美国长期名义国债收益率；VIX = 芝加哥期权交易所波动率指数。

数据来源：IMF 员工估计。

图 4.12　亚洲新兴市场主权债券收益的决定因素（续）

关键转变

本章进行了企业层面的分析，结果表明，企业如今更易进入企业债券市场。[①] 评估一个债券市场优劣的方法有许多，但也许最重要的方法就是其对潜在借贷者的有效性。例如，一个债券市场可能对大多数企业来说都不相关，因为该债券市场过于集中，几家大型企业作为价格制定者主导着市场运作，或者该市场要求只有大规模发行才能承担的较高的固定成本，这些高额的固定成本限制了市场进入，或者说提高了小型企业的资本成本，而这些企业本就规模不大且拥有较少的金融资源。因此，债券市场的有用性受到限制，因为企业的发行需要"重大"，在这里"重大"意味着发行规模要在资产负债表占据较大比例。分析还探究了在金融体系其他领域陷入危机时，企业债券市场是否成为融资渠道的"备胎"。

企业层面分析

债券市场的发展可以看作是一场演化。首先，在市场处于非常前期时，仅有一小部分企业规模足够大或者在财务上被认可（具有较长记录以及经审计的公共账户），从而能够发行债券。此外，由于发行债券所需的固定成本数额较大，并且企业想要发行具有流动性的基准债券，最初的发行规模相较企业资产负债表而言通常较大。然而，随着市场成熟度以及经济发展水平的不断提升，企业债券市场进入门槛降低，市场集中度以及单个发行对单个发行人和整个市场的相对重要性下降，自从能够发行债券的企业越来越多并且供应逐渐多样化（"数量转变"），市场不再以几个大型发行人或者几次大规模的债券发行为主导。此外，

---

① 样本包括 ASEAN 国家以及具有更发达债券市场的国家（印度尼西亚、马来西亚、菲律宾、新加坡和泰国），还有中国、中国香港特别行政区、印度和韩国。为了可比性，巴西作为亚洲之外新兴市场国家的基准也被涵盖在内。

债券发行的重要性也随之降低，部分原因在于随着发行债券越来越日常，企业很可能频繁地发行更小规模的债券而不是偶尔为之的大规模债券发行。其次，随着发行的管理成本下降，发行的最小数额相较不断增加的资产负债表而言变得越来越小（"质量转变"），尤其是对于利用债券市场为扩张型战略提供支持的企业，管理成本的降低也将允许更小规模的企业在资本市场通过债券发行进行融资。在概念性的演化图（图4.13）中，市场行为开始于第二象限，此时市场的债券发行人集中度较高，且单次发行相较资产负债规模比例较大。随着市场逐渐发展，慢慢过渡到第三象限，此时市场拥有较低的集中度和较低的比例。

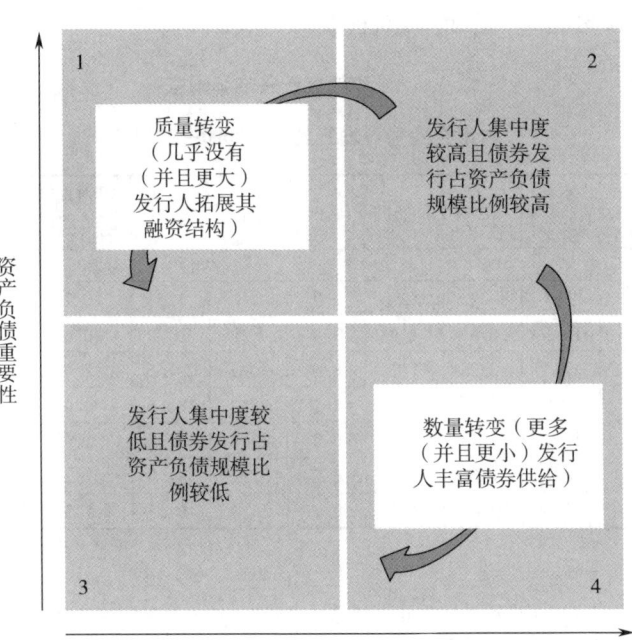

数据来源：Felman 等（2011）。

图 4.13 债券市场发展矩阵

理论众多

亚洲新兴市场的迹象有哪些？表 4.3 和表 4.4 给出了一些重点指标，这些指标描述了 2000 年后关于非金融私人部门发行本币债券的重要数据。[①] 分析的重点集中于部分 ASEAN 经济体；将中国、中国香港特别行政区和韩国作为区域基准；巴西用于比较。[②] 在这些市场中，可以观察到自 2000 年后市场的一些发展，发行人的类型更加多种多样，发行规模以及发行人的数量稳步提升。然而，在一些较小的市场中，平均到期日稍微有所缩短，但在那些更发达的、保持高增长率的市场中，如马来西亚和韩国，平均到期日明显变长。

表 4.3　　　　　　　ASEAN 和部分新兴市场国家：

本币企业债券发行特性，2000—2013 年

年份	印度尼西亚	马来西亚	菲律宾	新加坡	泰国	巴西	中国	中国香港特别行政区	印度	韩国
	发行量（十亿美元）									
2000	0.6	3.0	…	1.9	2.7	2.9	1.5	0.2	3.0	37.3
2005	0.4	13.5	0.5	1.4	3.4	5.5	31.1	0.6	2.5	45.5
2009	2.1	11.3	2.2	1.9	8.0	16.6	201.6	2.4	10.7	79.4
2010	1.4	8.2	0.9	5.7	4.1	18.2	182.4	3.4	7.7	41.2
2011	0.8	10.1	1.1	2.6	6.2	21.8	240.0	1.4	5.8	52.0
2012	2.1	18.1	1.6	7.7	6.8	32.2	381.9	1.2	19.9	55.8
2013	2.3	13.0	0.6	3.7	9.7	25.3	464.5	1.3	11.1	93.9

---

① 债券发行（以及资产负债表相关信息 [总资产]）的数据涵盖 9 个亚洲国家，包括 5 个 ASEAN 国家和 4 个非 ASEAN 国家（中国、中国香港特别行政区、印度和韩国），以及作为全球新兴市场基准国家的巴西。债券发行数据包括每一个样本年（2000 年，2005 年，2009—2013 年）中所有以本币计价的、非金融私人部门的交易数据。

② 不考虑非营业金融企业和特设机构的债券发行，并且多重系列发行以及没有资产负债规模数据的发行人都排除在样本之外。因此，表 4.3 所列出的中国香港特别行政区和新加坡的数据是保守计算。此外，中国香港特别行政区、菲律宾和新加坡的样本容量对于图 4.14 所示的进一步分析（以交易为基础）太小了，中国香港特别行政区和新加坡在 2003 年到 2012 年期间债券发行总规模分别达到 4 000 亿美元和 1 000 亿美元（Le Lesle 等，2014），发行以本币为主（中国香港特别行政区 67%；新加坡 77%）。中国香港特别行政区的债券市场以私人部门债券为主（64%），而在新加坡债券市场，国债和私人部门债券几乎平分市场总发行量（分别为 47% 和 53%）。

续表

年份	印度尼西亚	马来西亚	菲律宾	新加坡	泰国	巴西	中国	中国香港特别行政区	印度	韩国
	平均到期日（年）									
2000	5.5	4.1	…	4.6	6.0	5.7	4.7	4.1	6.7	3.1
2005	3.9	2.7	5.8	4.3	4.7	6.0	4.7	7.9	6.6	2.9
2009	4.3	1.1	5.4	5.1	4.7	4.6	3.8	9.6	6.0	2.9
2010	4.4	3.8	6.4	5.8	4.6	5.2	2.9	5.9	6.0	3.4
2011	2.9	3.9	6.7	4.7	3.9	5.1	2.9	8.6	5.8	3.8
2012	4.3	6.6	7.6	7.4	5.8	5.4	3.4	9.2	5.5	4.1
2013	4.8	7.1	8.3	4.8	4.6	5.1	2.9	6.1	6.0	5.0

注：国家数据是基于登记发行人所居住的国家，因此，为进入更有效的市场等原因而发生在其他管辖地区的交易均不计入该发行人国家的数据中，这对于中国大陆的企业在香港特别行政区发行债券的情况尤为重要，这些"点心债券"主要以人民币而非港元计价。

数据来源：Bloomberg, L. P.；穆迪公司的信用度量模型；Worldscope；作者计算。

将债券市场演进的描述性方法与相关度量方法结合，以获得亚洲更广泛的经验观测值。图4.14和图4.15用二维图的形式对每一个样本国家的企业数据从发行人资产（相较其他发行人的资产而言）和发行

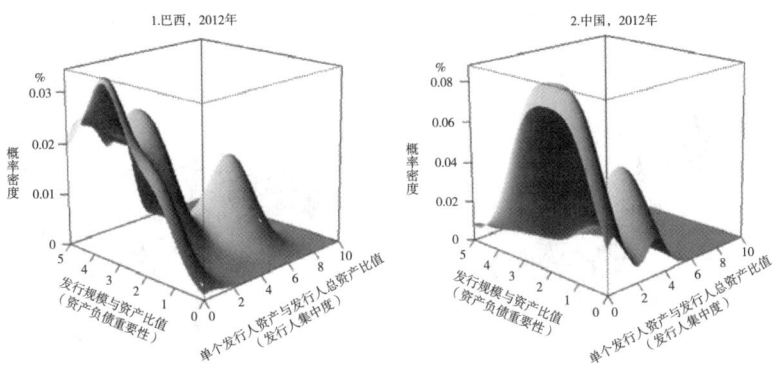

注：根据Jobst（2013），每个国家的二元密度函数描绘了发行规模与单个发行人总资产的比值（X轴）（"资产负债重要性"）和单个发行人的资产相对所有发行人总资产的市场份额（Y轴）（"发行人集中度"），该函数跨越了联合概率分布的两个维度（解释为单位平方 [0, 1] 的积分，Z轴）。每个发行人的市场份额基于一个重新调节的、标准化的赫芬达尔—赫尔希曼指数（HHI）。

数据来源：Bloomberg L. P.；穆迪公司的信用度量模型；Worldscope；作者计算。

图4-14　ASEAN和部分新兴市场国家：企业债券发行与总资产比较，2012年

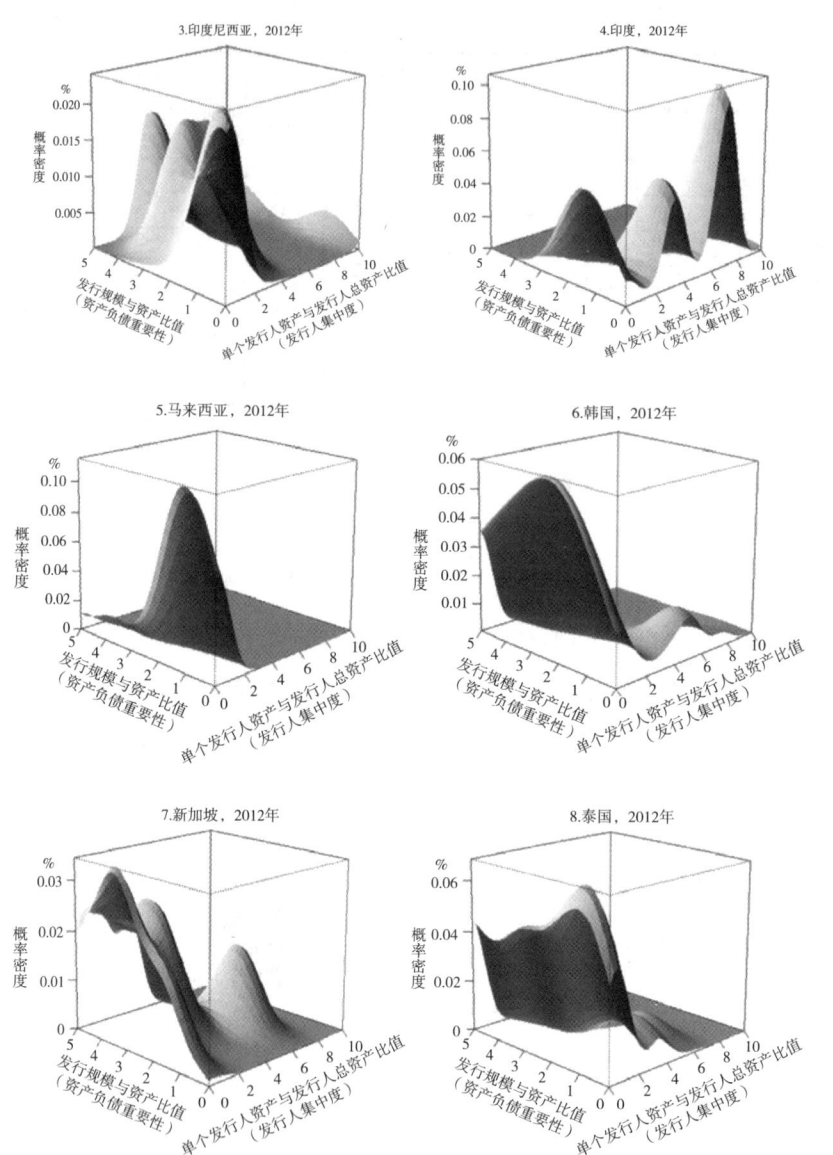

注：根据 Jobst（2013），每个国家的二元密度函数描绘了发行规模与单个发行人总资产的比值（X轴）（"资产负债重要性"）和单个发行人的资产相对所有发行人总资产的市场份额（Y轴）（"发行人集中度"），该函数跨越了联合概率分布的两个维度（解释为单位平方［0，1］的积分，Z轴）。每个发行人的市场份额基于一个重新调节的、标准化的赫芬达尔—赫尔希曼指数（HHI）。

数据来源：Bloomberg L. P.；穆迪公司的信用度量模型；Worldscope；作者计算。

图 4 - 14　ASEAN 和部分新兴市场国家：企业债券发行与总资产比较，2012 年（续）

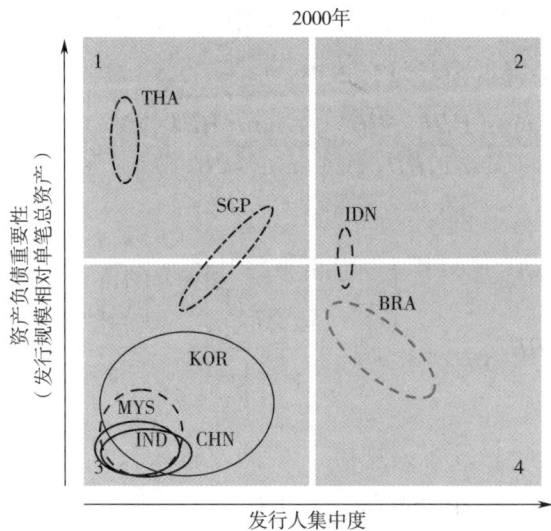

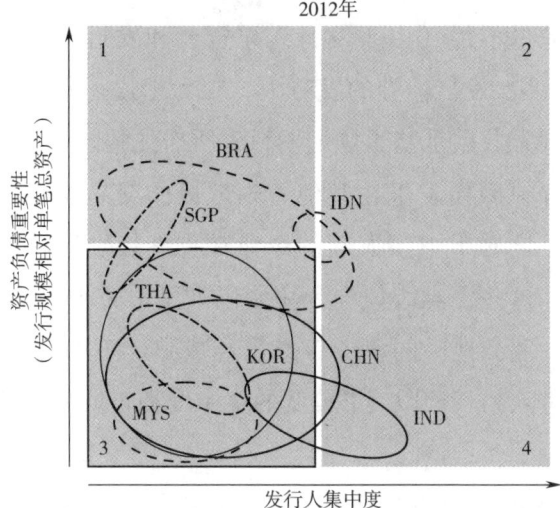

注：基于图 4.14 和附图 4.1.1（印度尼西亚、马来西亚和泰国）所展示的二元密度函数，椭圆展示了每个国家发行人集中度和资产负债重要性的最高联合概率情况，椭圆的大小表示相较其他国家该国债券发行的规模。ASEAN = 东南亚国家联盟；BRA = 巴西；CHN = 中国；HKG = 中国香港特别行政区；IND = 印度；IDN = 印度尼西亚；KOR = 韩国；MYS = 马来西亚；PHL = 菲律宾；SGP = 新加坡；THA = 泰国。

数据来源：Bloomberg L. P.；穆迪公司的信用度量模型；Worldscope；作者计算。

图 4 – 15　ASEAN 和部分新兴市场国家：程式化的发行人集中度和

发行重要性，2000 年和 2012 年

占资产负债重要程度这两方面进行了阐述，以此有可能评估新发行人的出现是否也会降低债券发行成本。

$$\frac{\min(HHI_{i,t}, HHI_{i,t} - \min(HHI_{i,t}))}{\max(HHI_{N,t}) - \min(HHI_{N,t})} \in 0.1 \qquad (4.3)$$

其中：

$$HHI_{发行人} = \frac{\left\{\dfrac{总资产_{i,t}}{\sum_{N}^{i} 总资产_{i,t}}\right\}^2 - \left\{\dfrac{1}{N_t}\right\}}{1 - \left\{\dfrac{1}{N_t}\right\}} \times 100 \qquad (4.4)$$

对于给定 t 年总发行人规模 N 中的发行人 i，该值越接近零，基于发行人规模的市场集中度就越低。正如表 4.3 所示，单个发行人资产的市场份额表示"发行人资产集中度"。对于中国香港特别行政区和菲律宾，观测值的数量不足（由于发行人总资产和发行规模的数据获得较为有限）。对于多次发行债券的发行人，二元密度函数展示了同一发行人的集中度。国家数据是基于登记发行人所居住的国家，因此，为进入更有效的市场等原因而发生在其他管辖地区的交易均不计入该发行人国家的数据中，这对于中国大陆的企业在香港特别行政区发行债券的情况尤为重要，这些"点心债券"主要以人民币而非港元计价。

整体而言，亚洲地区的债券市场已经成熟。正如图 4.13 所示，大多数国家已经进入第三象限（"较低的集中度和较低的比例"）。具体而言，我们发现：

● 债券市场的发行更多样。在大多数市场中，供给集中度随着新发行人的流入逐渐降低，尤其是在那些本地债券市场经历了快速扩张的国家，如中国和印度，无论是通过发行（比如一些大面额的债券）还是通过发行人（比如一些大型企业）衡量的集中度都下降到中国香港特别行政区和韩国的水平，而中国香港特别行政区和韩国正是亚洲大多数成熟债券市场的中心（见表 4.3 和表 4.4）。此外，截至 2012 年底，中国市场的集中度下降到巴西水平，而巴西是所有新兴市场国家的最主要债券市场之一。但是菲律宾的市场集中度［以及马来西亚和泰国（若是只考虑发行人集中度的话）］仍保持较高水平。

● 随着融资渠道变得更多样化，更广泛且深化的债券市场还降低了新发行（相较每个发行人资产负债规模）的重要性。在许多国家（除印度尼西亚和泰国），债券发行占资产负债的重要性自 2000 年后大幅下降，但这一重要性在新加坡市场上的下降有所减缓，原因在于在一个已经非常成熟的市场中，新的发行人（资产负债规模低于平均水平）所带来多样性的边际增长。在图 4.15（以及展现了印度尼西亚、马来西亚和泰国市场演进的历史回顾的附图 4.1.1）中，椭圆的中心代表了在 2000 年和 2012 年，每个国家集中度和重要性的联合概率分布的最大密度，每个椭圆的大小代表了相对发行量（因为 2000 年印度尼西亚的概率分布出现了两个不同的峰值，所以印度尼西亚有两个椭圆）。在对发行人集中度进行管控后，马来西亚和韩国仅对于许多小型发行人出现了较高的重要性，而在印度尼西亚（在某种程度上包含新加坡），发行规模甚至对大型发行人而言都变得更加重要（图 4.13），因而正如理论中所预估的，在债券市场并不发达且拥有极少大型发行人的国家，平均发行量相较发行人的资产负债规模趋向于更高。然而，如果许多发行量较小的小型发行人在集中度计量中提高了大型发行人的相对重要性，那么这一结论也可能在更成熟的市场上出现（表 4.4）。

如今，许多亚洲新兴国家的发展现状非常振奋人心，且一点都不比韩国和巴西落后——至少从发行人集中度和发行的经济相关性方面看。十年前，只有大型的著名企业才能够发行债券，从而这些债券的发行主导了本土市场。渐渐地，越来越多的企业能够发行证券，从而扩大了市场规模。东盟五国中的两个国家——马来西亚和泰国——毫无疑问地进入了第三象限。然而，印度尼西亚和菲律宾则需要在发行人规模的多样性上采取更多的措施，以确保债券发行能够成为更加日常的融资方式。

表 4.4   ASEAN 和部分新兴市场国家：
本币企业债券发行的演进特性，2000—2012 年

年份	印度尼西亚	马来西亚	菲律宾	新加坡	泰国	巴西	中国	中国香港特别行政区	印度	韩国
发行规模集中度										
2000	9.4	4.4	…	…	8.5	7.9	4.9	8.0	7.1	0.3
2005	11.9	7.2	24.8	9.8	3.9	1.8	10.9	1.2	12.1	0.3
2010	7.2	6.8	31.5	5.0	1.8	2.3	11.1	0.4	5.1	0.2
2012	2.6	13.1	20.4	2.7	3.1	1.1	5.9	0.2	7.0	0.2
发行人资产集中度										
2000	10.9	22.0	…	…	2.2	5.4	9.9	43.8	9.7	0.7
2005	21.5	9.7	7.1	7.7	7.4	1.9	84.8	8.1	8.1	0.7
2010	15.8	29.5	11.5	6.7	9.0	2.7	38.9	1.6	3.4	0.7
2012	4.7	34.6	22.9	8.8	11.7	2.4	26.8	0.6	3.0	0.6

注：国家数据是基于登记发行人所居住的国家，因此，为进入更有效的市场等原因而发生在其他管辖地区的交易均不计入该发行人国家的数据中，这对于中国大陆的企业在香港特别行政区发行债券的情况尤为重要，这些"点心债券"主要以人民币而非港元计价。在每个国家全部发行人 N 中，每个发行人 i 的集中度计量基于发行规模和发行时期所发布的总资产，并通过赫芬达尔—赫尔希曼指数（HHI）的标准形式将其确定为"市场份额"，具体形式分别如下：

$$HHI_{发行人} = \frac{\sum_N^i \left(\dfrac{总资产_i}{\sum_N^i 总资产_i} \right)^2 - \left(\dfrac{1}{\sum_N^i 总资产_i} \right)}{\left(\dfrac{1}{\sum_N^i 总资产_i} \right)} \times 100, \qquad (1)$$

以及

$$HHI_{发行人} = \frac{\sum_N^i \left(\dfrac{发行规模_i}{\sum_N^i 发行规模_i} \right)^2 - \left(\dfrac{1}{\sum_N^i 发行规模_i} \right)}{\left(\dfrac{1}{\sum_N^i 发行规模_i} \right)} \times 100, \qquad (2)$$

HHI 值越高，市场越集中。

数据来源：Bloomberg, L. P.；穆迪公司的信用度量模型；国家股票交易；Worldscope；作者计算。

新备胎

在全球金融危机期间，国内的企业债券发行迅速增加。多年来，相较亚洲经济增速而言，亚洲新兴市场企业债券的未清偿存量处于停滞状态，但是从 2009 年第二季度开始，东盟五国企业债券存量的季度增长率达到 10%，除中国之外的亚洲新兴市场季度增长率超过 20%，2009 年第三季度和第四季度的增长率又有了很大的提升。截至 2009 年底，东盟五国和亚洲新兴市场的本币企业债券发行相较 2007 年所达到的峰值更高，大约达到了正常水平的两倍。

债券发行的高增长有许多原因。首先，正如本章之前所论述的，东盟五国的企业通常并不十分依赖于通过债券发行筹集资金。此外，高增长开始于经济严重衰退的中期，此时私人部门投资大幅缩减，从而企业无需发行债券来对其投资项目进行融资；企业不会开创新的投资项目，并且对已进行的项目也会延缓进程。企业不会仅仅为了维持自身发展而被迫发行债券，在衰退时期，企业自身的盈利事实上就完全能够支持自身发展。

如何解释债券发行的高增长？主要原因在于对银行行为变动的反应。一般而言，以银行为核心的金融体系会维持与客户的借贷关系，甚至是在危机时期。但是这次并不是寻常的衰退。即便亚洲银行体系拥有充足的流动性，并且资本充足率根本不成问题，但是亚洲银行还是相仿西方银行，在雷曼兄弟破产后变得十分谨慎，他们缩紧了贷款标准，并且相较政策和债券利率的下降，亚洲银行优惠贷款利率的下降更缓慢且局部性更明显。即便主权和企业债券收益率有所提高，但是在许多市场上，这两个收益率仍低于优惠贷款利率（图 4.16），这就使得许多企业不停为新的投资项目、到期负债再融资，甚至是为一些借款需求的先行融资进行集资活动，相对较低的债券收益以及持续不断的企业债券发行推动企业转向资本市场融资，降低银行信贷融资（图 4.17）。事实

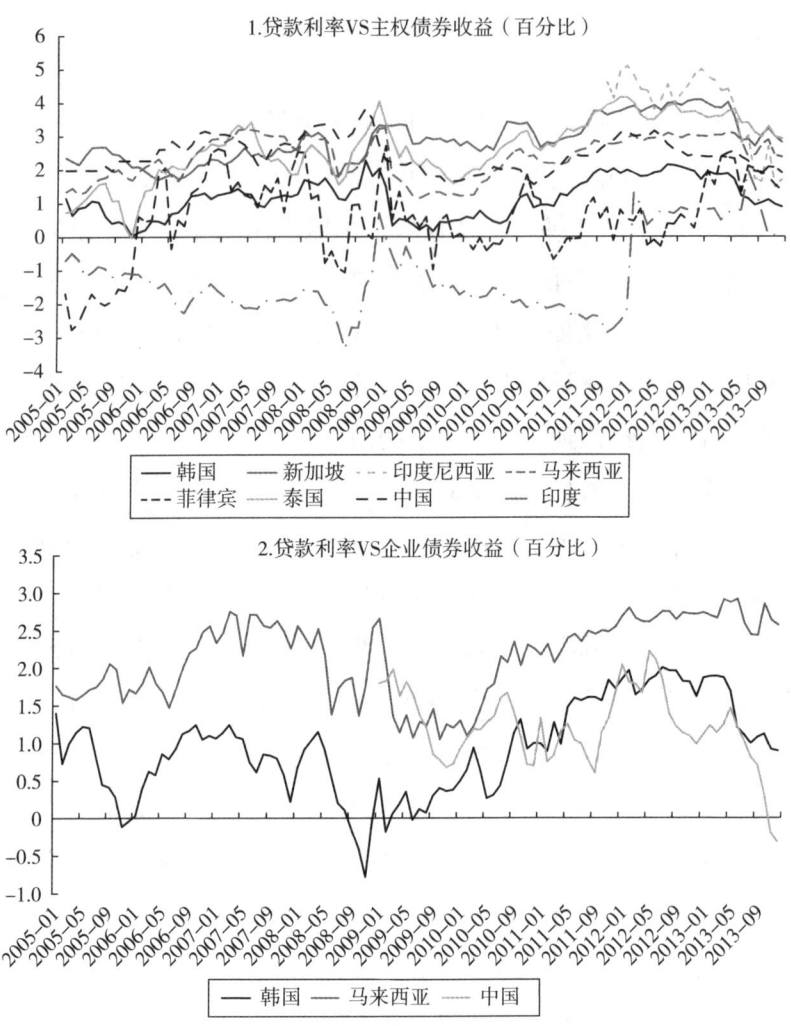

数据来源：亚洲开发银行，亚洲债券线上数据库；Bloomberg，L. P；环亚经济数据有限公司；Haver 分析；IMF 员工计算。

图 4.16　贷款利率和收益率价差

上，在东盟五国中，银行信贷和企业债券发行加起来对企业层面的总信贷在 2009 年上半年有所降低，因此债券发行并不是"额外的"——企业由一种融资方式转变成另一种融资方式，换句话说，国内债券市场恰恰符合了改革者最初的愿景，就是当银行融资渠道发生问题时企业能够利用这个"备胎"进行融资。

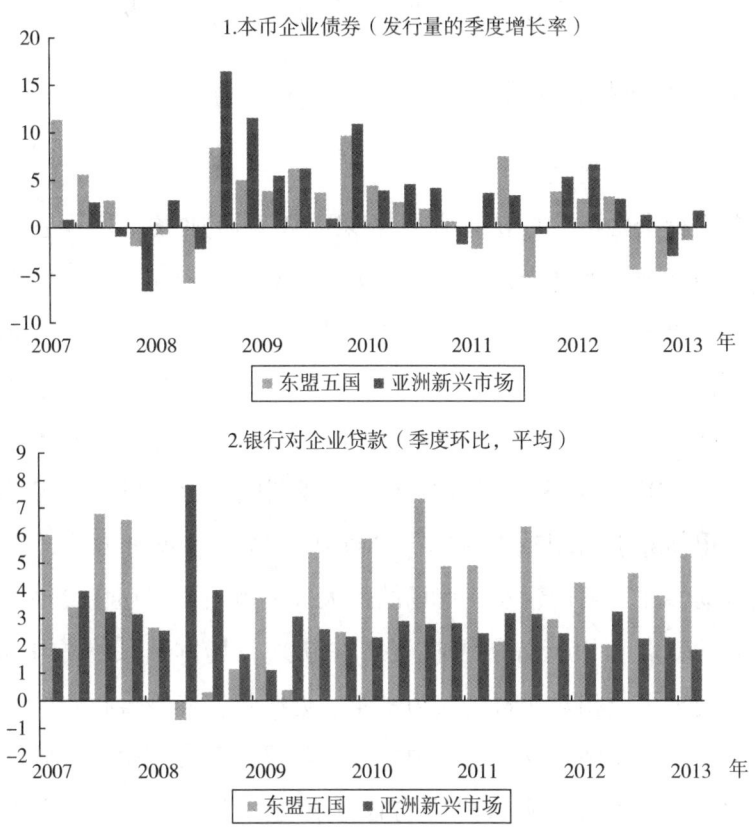

注：东盟五国包括印度尼西亚、马来西亚、菲律宾、新加坡和泰国。

数据来源：亚洲开发银行，亚洲债券线上数据库；Bloomberg, L. P；环亚经济数据有限公司；Haver 分析；IMF 员工计算。

图 4.17　东盟五国和亚洲新兴市场：本币企业债券发行和企业借贷

对这些债券的需求何来？大部分的需求似乎源于海外，随着美联储购买资产以及发达经济体金融系统逐渐稳定，全球风险承受能力开始复苏，并且对新兴市场的预期要高于对西方国家的预期。因此，对新兴市场的债务资金开始在 2009 年 5 月流入，并迅速接近 2005 年到 2007 年全球经济繁荣时期的峰值。总之，东盟五国和亚洲新兴国家的国内债券市场在大萧条时期成为了备胎——在20世纪90年代后期的亚洲金融危机后，发展债券市场成为亚洲政策制定者的重要目标之一。

债券市场发展的挑战

机构投资者规模

非银行金融机构的法律监管框架应该有所加强，尤其是对保险公司、共同基金和养老金计划。对养老金计划的融资全部或至少部分——与量入为出方法截然相反——将会增加额外的金融资本，有可能会扩展或丰富投资者规模。[1] 甚至对于公共主导的养老金制度，正如印度论证的那样，将一部分或者一份基金外包给私募基金管理者会取得积极效果。在 ADB（2013a）所研究的一些亚洲国家中，投资者规模的集中使得本币债券中出现较大规模的"购买并持有"投资方式，这反而对市场流动性产生负面影响，市场的最大投资者阻碍了市场交易。尽管特别是对冲基金和银行等外国投资者在新兴市场本币债券中十分活跃，但是总交易规模相对而言仍较为平庸。近些年，养老金投资的多样性有所提高，但是在许多亚洲国家中，资产配置仍高度集中于政府债券。养老金的资产配置需要服从法律或监管限制的严格限定，而这些限定能够逐渐放松。市场特定部分的已存在的风险集中会对市场流动性造成消极影响。共同基金的发展能够提高市场流动性，并降低以银行为主导的金融中介所占的比例。然而，亚洲共同基金市场逐渐受制于投资文化的缺乏、欺诈行为、缺乏效率或不足的监管框架、不当或不精确的定价机制以及薄弱的投资者保护（ADB，2013a）。从监管的角度来讲，投资管理行业必须具备良好的监管框架、投资策略以及监测体系。

国外投资者在进入亚洲债券市场时始终存在阻碍。基于 ADB（2013b）的调查，国外投资者发现新加坡、韩国和马来西亚的投资市

---

[1] 对多重养老金制度的整合以及关注基金构成将更适合中国。

场最容易进入，其次是泰国，而进入新加坡和印度尼西亚的本土债券市场则有一定困难，最难进的市场是中国和印度。比如，在中国，国外银行通过合资企业能够在两个规定的债券交易所进行交易和承销，但是这些银行大多数是不能进入银行间市场的，而银行间市场规模非常大且更接近个人投资者（Noble，2013）。亚洲新兴国家的市场进入门槛部分解释了为什么亚洲对全球 GDP 的贡献率远高于其所拥有的全球投资份额，这个差异暗示了在全球机构投资者的投资组合中，亚洲资产占比非常小，一个粗略的数据可以更直观地说明这一点：例如，全球机构投资者对亚洲的资产配置每提高 1%，就相当于有大约 6 000 亿美元的资本流入，尽管并不是所有的资本都进入本币债券市场。

国外投资者面临的主要阻碍包括资本管控、税收和薄弱的体制建设（表4.5），最直接影响国外投资者的阻碍包括资本管控、投资者登记规定、外汇交易的限制和管理程序、外汇对冲工具的有效性、扣缴税款以及跨境清算与结算体系。尽管采取了一些资本账户自由化的措施，但是如中国和印度等国仍仅允许获得许可的外国机构投资者持有和交易本国证券，非常严苛地限制非居民的市场参与。除了马来西亚和新加坡，大多数的亚洲新兴市场都会对国外投资者获得的本地债券盈利进行预扣税款。对印度政府债券将会纳入类似摩根大通政府债券指数——多元化全球新兴市场债券指数等基准指数的预期会为国债市场注入重要的流入资本，从而降低国债收益率。与此同时，由于基准的限制和税收问题，将菲律宾排除在外会阻碍菲律宾债券在二级市场上的流动性。在企业债券市场上，较低的国外参与度也源于国外投资者的一些忧虑，如薄弱的企业监管所导致定价机制不完善、透明度问题以及不明确的破产和决议框架。例如，市场参与者将近期在中国市场上出现的第一笔企业债券违约甚至是信托贷款的公共违约看作是解决道德风险的重要一步。有效的风险定价需要对附息金融工具的或有损失或估值折扣具备一定的承受力，比如企业债券或者财富管理产品，且对本金并没有担保。一般而言，纵观亚洲新兴市场，违约需要通过破产程序更具预测性的解决，而非将其看作是偶然事件，从而通过股东按照与借款者资本结构无甚相关的方式分摊损失来解决。

表 4.5　　　　　　　　　　可及性、税收、融资和对冲

	中国	中国香港特别行政区	韩国	印度	印度尼西亚	马来西亚	菲律宾	新加坡	泰国
持有并购买本地证券	有限	是	是	有限	是	是	保管人	是	有限
非居民进入	通过 OFII	是	是	通过 OFII	是	是	是	是	是
外汇限制	是	否	否	是	是	非常少	是	否	是
代扣所得税（非居民）	仅按收成	否	是	是	是	否	是	否	仅按收成
资本所得税（非居民）	否	否	是	是	仅按收成	否	仅按收成	否	仅按收成
融资和对冲工具									
发达的再回购市场	是	是	是	是	有限	是	否	是	有限
OTC 工具									
IR 互换	是	是	是	是	是	是	是	是	是
外汇互换	是	是	是	是	是	是	是	是	是
外汇远期	是	是	是	是	是	是	是	是	是
交易所交易工具									
IR 期货	否	是	是	否	否	是	否	是	否
外汇期货	否	否	是	否	否	否	否	否	否
流动 NDF 市场	是	否	是	是	中等	中等	中等	否	否
最长 12 个月	是	—	是	是	中等	—	中等	—	—
最长 5 个月	有限	—	是	中等	无流动资金	—	有限	—	—

注：IR = 利率；NDF = 不交割远期合约；OTC = 柜台交易。

数据来源：ADB（2013b）。

金融基础设施

改革进行十余年后，亚洲新兴国家的市场基础设施与其他地区新兴市场相比较在一些方面表现较好：

• 透明度。仅除新加坡的企业债券市场外，该地区所有的 OTC 市场都具有交易后透明度，主要是因为监管机构要求的交易报告义务，从而这些市场的透明度就成为了国际上的最佳示范。

• 证券无纸化和中央证券存放。证券的无纸化（或者至少是固定化）如今越来越普遍，它推动了证券交易以及交易清算。马来西亚和菲律宾已经从证券纸片化过渡到无纸化，新加坡企业债券并没有要求无纸化，在印度尼西亚，并不是所有的企业债券都进行了无纸化，而在泰国，政府和企业债券均要求以纸币的形式发行。然而，在所有国家中，无纸化在很大程度上消除了纸质证券的风险，但政府和企业债券的账面记录系统仍分散于不同地方层面的受托者。

• 清算和结算风险。在东盟五国中，大规模的交易通常采用付款交割的方式，从而降低了对手风险，采用付款交割有助于降低结算风险，即证券出售方交割但未收到债券支付款的风险，反之亦然。

然而，东盟五国存放和清算体系的合并将会提高市场效率，中央证券存放通过减少证券账户数量和投资者或交易方所必需的联系来提高市场效率，并且还能够节约现金清算流程。① 泰国的政府和企业债券采取账面记录体系，集中于单一中央证券存放；马来西亚也采取中央证券存放制度，以记录未上市的企业和政府发行的证券。因此，一些国家进一步地探索对账面记录体系的整合。另外，除了马来西亚对已上市的企业债券的交易，政府和企业债券的交易清算和结算并不涉及中央清算体系。虽然还未曾列入国际标准，但合并可以通过中央清算体系在清算固定收益市场实施，从而将清算风险降至最低。考虑到那些依赖于最低

———————————

① 例如，如果一名投资者想要出售政府债券并购买企业债券，单一的中央证券存放就意味着现金只需以净值流动。

交易量的主体的可行性，东盟五国可能希望在区域范围内探讨中央清算体系的便捷性。

跨境投资者面临额外的清算风险。国内证券的清算一般涉及本币支付，购买或出售国内证券的非居民投资者一般将需要购买或出售本币，因此跨境投资者除了面临债券自身交易所带来的清算风险外，还面临外汇交易的清算风险。因此，国外投资者的重要问题在于证券和现金流动的时间差异，由于东盟五国大多数的外汇交易都以美元进行，而这需要在亚洲营业时间后清算，这就进一步加剧了时间差异，因此跨境清算和结算安排就势在必行。

东盟五国市场基础设施的标准化以及 2013 年亚洲地区各个财政部部长参加的第十七届东盟财长会议发布的部长联合声明都有助于推动区域内金融中介的实现。如今，每个国家都有自己的市场基础设施，但缺乏对交易、清算、保管或结算的跨境基础设施联动。此外，只有马来西亚和新加坡的国内中央证券存放与国际中央证券存放有关联。[①] 相互协调的市场准入和交易流程的缺乏对亚洲地区而言是一个挑战，因为这样会增加交易成本，且可能会抑制跨境投资。[②] 2013 年 4 月第十七届东盟财政部部长会议推动了东盟金融监管和东盟交易所的发展，以继续为一个综合的东盟资本市场的发展努力，会议还同意建立一个跨境委员会以推动亚洲清算、结算和存放关联的建立（东盟秘书处，2013），但是众所周知，这对于包含欧盟在内的许多渴望实现更高一体化的区域而言都是一个共同的挑战。

亚洲债券市场专家倡议组的最终报告（ADB，2010）讨论了为解决跨境债券交易的外汇风险而采取的跨境安排的发展，报告对区域安排

---

① 由印度尼西亚、马来西亚和泰国中央银行、中国香港金融管理局和欧洲银行票据交换所组成的特别小组于 2010 年 6 月成立，致力于以一个通用平台为基础探究逐步的协调发展。

② 对于单一国家的中央证券存放体系而言，不同国家之间中央证券存放体系的联动（或者引入一个国际中央证券存放体系）会降低对多重债券账户的需要并能够简化现金管理。

的不同选择的优点进行了比较分析，尤其评估了相较中央证券存放联动而言亚洲国际中央证券存放的优点，报告还涵盖了对这两种选择的可行性研究，研究发现无论是哪一种可行的措施，多重法律监管门槛都需要放开，而今需要一份结合政府和市场努力的发展计划。

在东盟五国，中央证券存放体系是在市场由交易所操作的情况下而存在，然而在大多数亚太地区，债券交易主要是柜台交易，由双边的方式结算，其中并没有中央清算体系的介入。中央清算体系在管控交易对手风险中的优势显而易见，但是实施成本却相当高，中央清算体系具有高昂的固定成本，因此需要确定最小清算数额以使该体系在经济上可行。对于任一东盟五国的国内市场而言，这样的成本可能超过它所带来的好处，但是对于区域市场也许存在更好的商业模式，当考虑一个区域中央证券存放体系时，亚洲国家可能发现区域中央清算体系的建立会更加具有可行性。

现金和衍生品市场的关联

推动本币主权债券市场流动性和国外参与的发展支持了企业债券和衍生品工具市场的互补作用，深入的、流动的现金主权债券市场是所有其他资产价格的基石，包括企业债券和各种类型的衍生品工具。例如，深入的本币主权债券市场使得基于发行人信用对企业债券定价变得更加容易，一旦建立了高容量的现金债券市场，注册的利息和本金安全以及利率互换的分开交易更易实施。随后，在二级市场不断发展的情况下，金融引擎所需的所有现金流动的条件都能够获得，因此，对新兴亚洲国家的基础设施融资十分重要的结构化金融产品也会唾手可得。最终，在具备两个流动性很高的利率互换市场的情况下，对不同货币的利率进行基准互换就存在实现的空间。外汇和利率衍生品工具的总流通量在亚洲新兴市场大幅增加，但与发达经济体相比仍处于较低水平。

对衍生品市场的法律和监管有待修改。尽管成熟市场的衍生品合约是根据可靠的、已经过考验的市场准则制定并由发展程度较高的法律机制管控，但是对衍生品工具创造、交易和实施的法定阻碍以及不确定的相关法律和会计要求阻碍了亚太地区衍生品市场的发展。在许多情况下，法律规范和会计标准对全部或特定类型的衍生品并未发挥作用，无法识别衍生品的监督管理权限，或者使得衍生品合约无法执行。并且，限制性的现金市场监管也会阻碍衍生品交易，如对卖空的限制，类似印度尼西亚、菲律宾和泰国曾发生的对证券借贷的限制。

东盟五国在发展本地衍生品市场和确保其与本地债券市场共同发展方面面临诸多挑战。尽管一些国家在发展适合的法律体系方面取得了很大的进步，但是在其他国家中，监管障碍仍阻碍着资本市场的发展，这些障碍包括交易税以及对各种工具、卖空和交易方的限制。对活跃于衍生品市场的机构进行适当的管制与监督降低了交易对手风险，减少了有损于市场诚信的活动并使得对金融稳定的威胁最小化。另外，有限的资产供应产生了由流动性引发的市场风险，如执行证券保证金要求。包括定价基准在内的流动抵押品在发展初期确保了衍生品市场的有效的价格构成，然而慢慢地，现金市场自身的深化和流动性在一定程度上将会依赖于发达的相似衍生品市场。

涉及离岸行为

国外对本地债券越来越感兴趣还导致了另一个重要的现象——不断增加的离岸行为。新兴市场货币的离岸交易自全球金融危机过后不断增长，尤其是中国人民币、印度卢比、印度尼西亚卢比和韩元。国际投资者在用新兴市场货币进行对冲和投机方面的需求不断提升（Ehlers和Packer，2013）。在一些国家，离岸主权债券的发行十分重要，菲律宾就是如此，在菲律宾，全球比索票据甚至是本币债券都会离岸发行。国外投资者经常通过使用各种"可使用的产品"在新兴市场上交易，这些产品包括OTC衍生品、结构化证券或离岸特殊工具，进入该市场的形式包括创新型金融工具，如不交割远期和包括外汇货币互换和期权在内的其他衍生品工具，这些行为在一定程度上使得新兴市场资产作为基本参考的衍生品交易从 2010 年后激增。

除了能够确保交易对手风险集中于一些相似的、发达的市场金融机构所获得的显而易见的好处外，投资者进行离岸活动主要原因还在于进入的阻碍或成本，这些阻碍包括：①

- 对通过国内市场进行融资行为的限制。
- 清算和结算协议和托管安排，例如，托管限制、直接清算和托管替代规定。②
- 持有最短期限。

这些重要吗？是的，有一些原因使得它们很重要。对离岸行为的管控和赋税会降低在岸市场的流动性，损害价格发现机制，换句话说，这些会降低效率，也会降低透明度。例如，国家主管当局将会发现相较不透明的 OTC 市场，对其管辖权之外的市场行为进行监管十分困难。事实上，国内金融部门所拥有的相当一部分债券可能都是国外投资者持有——尤其是通过在岸银行——通过衍生品工具。

对离岸行为的转变可能会引起审慎问题。对离岸市场的监管可能较弱，任何情况下，离岸市场对监管都无法通过本国政府执行。此外，即便存在致力于将国内市场与这些离岸市场分离的措施，无可避免的是，企业总会找到途径在两个市场进行套利，从而离岸市场的发展将会传导到在岸市场。在此情况下，补偿性政策行为可能失效，因为国家主管当局可能无法获得足够的关于潜在危机的起源或特征的信息。

对于所有这些原因，随着时间的发展，尝试将离岸市场交易转移到在岸市场是有利的，要做到这个，一种方法就是降低或消除预扣所得税，然而这个举措将会引起公平与效率的问题。例如，如果非居民免除

---

① 这些阻碍的特点和范围在不同的国家有所差异。例如，在马来西亚，并不存在正文中所列举的阻碍，事实上，马来西亚通过国际中央证券存放体系使得其债券市场通向全球（欧洲银行票据交换所和明讯银行），从而国外投资者无需拥有本地保管人账户就能够进行证券交易的清算。

② 指定本地保管人的成本降低了跨境投资的吸引力。

预扣所得税，那么将会出现"息票清洗"，即债券在息票支付阶段出售——可能通过债券回购或证券借贷——给支付很低或没支付预扣所得税的投资者，同样，本地投资者可能也开始通过离岸市场直接购买证券以规避或降低预扣所得税成本。然而，对所有居民和非居民投资者取消债券预扣所得税可能会扭曲投资者对债券市场和股票市场的偏好。

结论

亚洲新兴国家的本地债券市场自 2000 年后取得了十分显著的发展，市场体制改革和对国外投资者的市场开放有助于克服"原罪"问题，延长债券到期日，增加市场深度和流动性。更重要的是，在全球金融危机中，当银行体系遭受困境时，企业债券市场意料之中地成为"备胎"。与此同时，如今企业债券发行的激增表明"双引擎"金融体系的发展。然而，在大多数亚洲新兴经济体中，由于国外参与度较低以及企业监管和决议框架的不完善，企业债券市场的流动性落后于主权市场。

然而，较高的国外参与度不仅提升了主权债务市场的流动性，还使得债券收益率更易受全球风险规避的影响。新兴市场资产——尤其是本地债务市场——在 2013 年 6 月美联储宣布紧缩货币计划时面临巨大的卖空风险。以中国和印度为首，对高利率、更低的全球流动性以及亚洲新兴市场增长率的放缓的预期使得资本净流出，从而损害了市场的交易和流动性，这样的担忧集中于存在相对较高的外部（经常账户逆差）和内部（通货膨胀）不均衡的新兴市场经济体中。在拥有更灵活的汇率体制的情况下，政策制定者允许汇率在更大的范围内波动。研究还表明，国内投资者规模（本地养老金、共同基金和保险公司）在缓冲冲击方面扮演着至关重要的角色，强调了进一步金融深化的重要性。

亚洲资本市场自全球金融危机后得到了扩展和深化，但仍需要在以下几个方面有所提高。

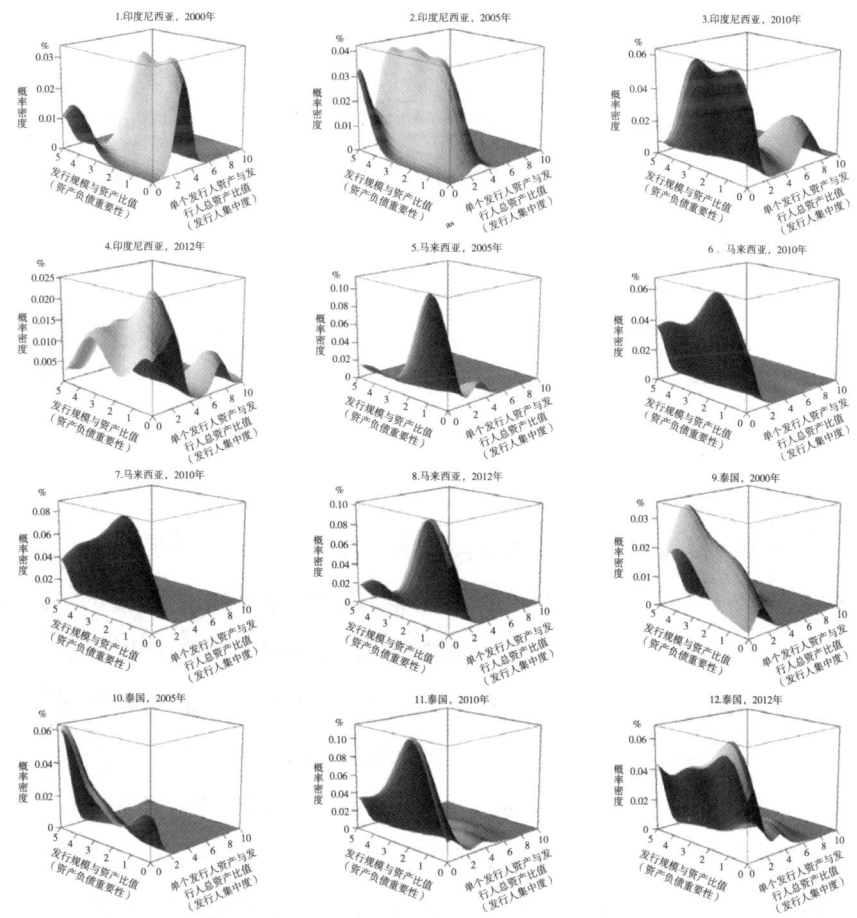

注：根据 Jobst（2013），每个国家的二元密度函数描绘了发行规模与单个发行人总资产的比值（X 轴）（"资产负债重要性"）和单个发行人的资产相对所有发行人总资产的市场份额（Y 轴）（"发行人集中度"），该函数跨越了联合概率分布的两个维度（解释为单位平方 [0，1] 的积分，Z 轴）。发行人的集中度被定义为市场份额，它是基于一个重新调节的、标准化的赫芬达尔—赫尔希曼指数（HHI）计算的，具体形式为：

$$\frac{\min(\text{发行人}_{i,t},\text{发行人}_{i,t}-\min(HHI_{N,t}))}{\max(HHI_{N,t})-\min(HHI_{N,t})}\in[0,1],\tag{A1}$$

其中：

$$\text{发行人}_{i,t}=\frac{\left(\dfrac{\text{总资产}_{i,t}}{\sum_{N}^{i}\text{总资产}_{i,t}}\right)^{2}-\left(\dfrac{1}{N_{t}}\right)}{1-\left(\dfrac{1}{N_{t}}\right)}\times100,\tag{A2}$$

数据来源：Bloomberg L. P.；穆迪公司的信用度量模型；国家股票交易所；Worldscope；作者计算。

附图 **4.1.1**　印度尼西亚、马来西亚和泰国：
企业债券发行相较以发行人集中度为条件的总资产规模，2000—2012 年

● 对于定价基准，大多数的政府大力发展本币政府收益率曲线（以及信用曲线），但是在整个偿还期限内，流动性还是分裂的。

● 随着投资者规模更加多样化以及本币债券市场中国外投资者比例显著增加，市场流动性得以提升，如果做市商能够在市场上更加活跃，市场甚至还会进一步深化。在大多数本币债券市场中，二级市场的流动性受制于基金市场的有限发展，如回购和证券借贷市场的发展。

● 通过提升资本账户自由化，市场准入有所放开，但是仍存在例如税收和资本管控等方面的阻碍。

● 支持亚洲本土债券市场的实体市场基础设施（清算、结算和存放）发展较为迅猛，但主要发生在较大的市场中，基础设施能够从区域联动的规模经济中受益，其他阻碍基础设施提升的因素包括对非银行金融机构初期的法律和监管框架、薄弱的企业监管、不完善的信息披露（包括定价透明度）、对冲工具的缺乏以及强健的资产担保证券框架的缺失，影响国内外投资者的其他阻碍包括有限的外汇和利率对冲工具，这些工具要求对于衍生品市场监管和法律框架的建立。

对于给定 t 年总发行人规模 N 中的发行人 i。该值越接近零，发行人规模的集中度就越低。国家数据是基于登记发行人所居住的国家，因此，为进入更有效的市场等原因而发生在其他管辖地区的交易均不计入该发行人国家的数据中。

第二部分　亚洲何去何从

第5章 "亚洲还有恢复力吗"

法卡瓦·珍塞克，林成勋，埃里克·兰德拜克

本章主要观点

- 相较其他地区，亚洲受全球金融危机的影响较弱，主要原因是其外部脆弱性和金融脆弱性较低。亚洲在其20世纪90年代末期所经历的亚洲金融危机中获得了重要经验：良好的经济管理是十分必要的，但是并不足以抵御金融危机。

- 2013年中旬，美联储宣布削减量化宽松所带来的市场波动导致全球风险溢价的重新计量，这对探究亚洲在面临全球金融危机之后更加波动的外部环境时是否仍保持恢复力这一问题提供了第一个机会。

- 在极大程度上，亚洲经济并不依赖于全球金融危机后宽松的全球融资环境，正因为这样，"削减量化宽松恐慌"对其经济的影响相对较弱。相反，那些进行再杠杆化并拥有更高国内失衡的国家受量化宽松突然削减及资产价格大幅修正的影响较强。

- 虽然如此，金融和经济基本面自全球金融危机后出现变化。对全球金融危机前后的基本情况进行比较的定量分析表明亚洲的恢复力变弱了，原因包括信贷快速增长与房价上升引起的国内失衡的加剧、家庭和企业部门更高的杠杆率以及恶劣的外部环境。

- 为保持其全球增长引擎的地位，亚洲必须采取积极的政策措施以抵御脆弱性，并推动结构化改革。

全球金融危机中的恢复力

亚洲在面对全球金融危机时展现出了引人注目的恢复力。2008 年年末,资本流出的规模以及现实活动的衰落重复着 20 世纪 90 年代亚洲金融危机所经历的景象,然而不同的是,亚洲的表现在这两次危机中截然相反,金融危机并未全面爆发,或者消极的外部环境并未出现极端变动,亚洲相对其他地区具有弹性,甚至在当欧元区经历其历史上最严重的经济和金融危机,以及包括英国和美国在内的其他主要发达经济体在为重获其国际地位所奋斗时,亚洲仍能够维持其经济和金融的稳定。例如中国和印度尼西亚等一些亚洲国家的经济在全球金融危机中仍保持增长,而经历了产出初始大幅缩减的那些亚洲国家的经济随后出现反转,经济开始强劲复苏,例如韩国、马来西亚和新加坡。

亚洲金融危机后,亚洲进行了长达十年的金融和结构性改革(附表 5.1.1),从而使其具有相对较低的金融脆弱性和外部脆弱性,最终使得亚洲具有恢复力。尤其是,亚洲金融危机的经历促使亚洲的许多国家开始着手宏大的金融部门改革,包括那些受此危机直接影响较小的国家,引入新的法律和制度以填补规范和监督框架的不足,关闭经营差的机构,调整正在经营的银行的资本结构并为恢复盈利能力而移除和出售遗留的未清偿贷款,包括企业监管和破产规定在内的风险管理条例对不安全和不可靠的银行业务提出了更严厉的处罚措施,监管机构在介入和指导定期检测方面拥有了更多的权限。亚洲的政策制定者还是现在所说的"宏观审慎工具"最初的采用者,这些工具包括对贷款价值、债务收入比、贷款增长、货币和到期日错配的限制,所有的工具均致力于降低由过高的金融失衡所带来的系统风险。[①]

---

① 对宏观审慎工具和用途的分析,详见 IMF (2013b),Lim 等 (2011) 对各国的经历进行了全面的概述,包括亚洲国家。

与此同时，包括银行和企业在内的私人部门降低其金融杠杆，并强化其资产负债。[①] 迅速的资产负债重组表现在银行对私人部门信贷的大幅下降，尤其是在印度尼西亚、马来西亚和泰国。金融机构逐渐调整了其资产负债表，提高了风险管控能力，并更加谨慎地对待风险承担和风险借贷。同样地，私人企业也降低了杠杆率，强化了企业管理，并对投资更加保守，从而恢复了企业的盈利能力，增加了透明度和竞争能力。

另一个重要的改革则是对有关外部脆弱性的相关规定的变动。在亚洲金融危机之前，货币挂钩推动了利于外币借贷的单向投机，尤其是在韩国和其他东盟（ASEAN）国家。随着资本快速流出亚洲，货币挂钩无法再维持，随后尤其严重的货币贬值导致了大规模银行和企业资产负债的不匹配。亚洲金融危机之后，亚洲对外部借贷进行了更紧密的监控，保持了正向的外汇敞口并增加了外汇储备，从而降低了对资本流动的蔓延和突然停止的脆弱性，[②] 这些措施使得外汇更具灵活性。

这些结构化改革降低了亚洲金融和外部脆弱性，使亚洲经济能够快速复苏，并在全球金融危机中保持良好的产出。从加权平均来看，Jeasakul，Lim 和 Lundback（2014）发现在全球金融危机后的一段时期中，亚洲产出下降率相较欧洲和西半球的产出下降率分别低 3.8% 和 1.4%；他们还发现亚洲的经济复苏期分别比欧洲和西半球缩短了 5.4 个和 5 个季度，因此，亚洲的累计产出损失比其他两个地区分别低于 2008 年第三季度年化 GDP 的 21% 和 16%。该研究表明在全球金融危机期间，初始的金融和外部环境对经济体复苏的不同具有很强的解释能力，

---

① Gourinchas 和 Obstfeld（2012）指出新兴市场和发达经济体的杠杆率的大幅上升是金融危机的一个重要前兆。

② Aizenman，Pinto 和 Sushko（2012）探究了金融部门的繁荣和衰退，并得出外汇储备可以缓解急速的金融收缩对实体经济的影响的结论。

尤其是描述金融和外部脆弱性程度的指标对产出表现的解释在计量和经济学上都十分显著。[①]

结论表明金融因素（适度的信贷增长、对非核心融资的有限依赖以及提高银行的资产质量和资本化）以及外部因素（降低的外部债务、强化的经常账户均衡以及外汇储备的大幅累积）的综合能够在60%到84%的程度上解释亚洲和欧洲累计产出损失的不同，在49%到65%的程度上解释亚洲和西半球的不同（图5.1）。标准的宏观经济变量也涵盖在分析中，例如通货膨胀、公共债务和财政收支平衡，但分析发现这些变量对解释跨国之间的不同并不显著，这并不是说宏观经济基本因素对解释产出表现并不重要，[②] 亚洲的宏观经济基本面在全球金融危机前表现不错，但是许多国家在经历金融危机时宏观经济基本面仍保持较好。亚洲和许多发达经济体具备相同的经济特征：低通胀率、财政盈余或者较小的赤字以及通常低于 GDP 60% 的公共债务（除了日本以外），这些指标在除亚洲以外的其他地区也表现较好。因此，尽管可靠的、连续的宏观经济政策对稳定经济十分必要，但却不足以解释各国在全球金融危机中经济复苏程度的不同。

亚洲经济复苏的又一重要因素是区域活力，尤其是中国强劲的经济表现。亚洲是世界上最具经济活力且发展最为迅猛的区域之一，贸易和供给链使得单个经济体维持了各自的增长势头。中国迅猛的增长以及对产品的需求为区域增长以及像澳大利亚、印度尼西亚和马来西亚

---

① 产出表现被定义为 2010 年第四季度到 2013 年第三季度累计实际 GDP 损失或增加的水平，经济复苏使得单个国家的产出损失最小化，该结论是通过一系列二元回归方程 $y = \alpha + \beta x + \varepsilon$ 所得，其中 y 表示国家 i 的产出表现，x 表示描述国家 i 在全球金融危机前金融或外部脆弱性程度的指标。无论是通过度量从危机前高峰到低谷时期产出下降的深度，还是通过度量产出恢复到 2008 年第三季度水平所需时间的长度来对产出表现进行衡量，定性来讲结论都十分相似。

② 在相关的研究中，Park，Ramayandi 和 Shin（2013）针对经历过货币危机的国家，分析了影响这些国家产出表现的变量，他们发现例如通货膨胀和 GDP 增长率等基本宏观经济条件在危机前能够解释产出变量，但是他们着重于比较受亚洲和全球金融危机冲击最大的五个亚洲经济体之间的经历，而非亚洲和其他国家或地区在产出表现上的差异。

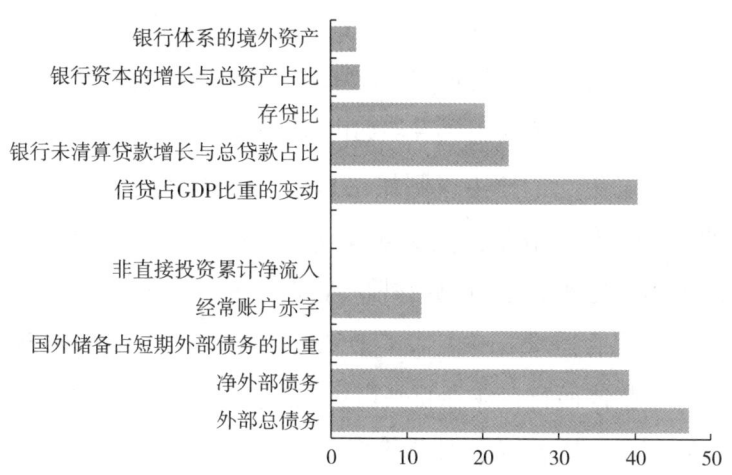

注：对于每一个地区，累计产出损失（相对亚洲）占初始产出的比重是通过用预估的产出损失（相对亚洲）除以实际产出损失（相对亚洲）计算的，之后将单个地区的比重以区域 GDP 为权重相加，预估产出损失是基于二元回归方程分析所得。

数据来源：IMF 员工计算。

图 5.1　金融和外部脆弱性对解释亚洲和其他地区的产出表现差异的相对重要性
（累计产出损失占初始产出的比重）

这些产品出口国带来了福利，据大致估算，亚洲经济体的合伙人每次额外增长 1%，该经济体平均能够获益 1.2%。

2013 年和 2014 年初新兴市场的压力

在经历了全球金融危机随后带来的宽松货币和金融环境的几年后，新兴市场在 2013 年中旬和 2014 年初再次面临压力（图 5.2）。在 2013 年 5 月经国会同意，美联储主席伯南克提高了美联储缩减购买国债和机构债券的可能性，这一宣告对许多新兴市场带来了金融波动，且引起了新兴市场资产价格和汇率的大幅调整，以及资本的逆向流动（Sahay 等，2014）。[1] 由于美联储比预期更早地采取紧缩性货币政策，投资者突

---

　① IMF（2014c）和 Sahay 等（2014）分析了美联储削减量化宽松的布告对新兴市场资产价格和资本流动的影响，以及不同国家市场反馈的差异。

然对未来加息预期的调整带来波动率的变动，而在最初的几周中，市场反馈是毫无差异的，[①] 随后的市场反馈却十分迥异，拥有更多外部融资需求和宏观金融失衡的国家——例如巴西、印度、印度尼西亚、南非和土耳其——面临更大的压力，例如在 2013 年 5 月到 9 月期间，印度和印度尼西亚的债券收益率分别增长了 140 个和 280 个基点，汇率下降15%，由于印度尼西亚最初使用外汇储备（主要为满足石油和天然气国有公司对外币的需求）来控制卢比贬值，其外汇储备还出现了大幅缩减。然而，整体而言，亚洲新兴市场比其他新兴市场受金融危机冲击较小，长期利率的增长以及股票价格的下降都稍微放缓，在 2013 年 9 月美联储宣布减缓对削减量化宽松措施的实施后，市场开始稳定，美联储还保证削减量化宽松会依据美国经济复苏的情况而定。

　　然而，在 2014 年 1 月到 2 月期间，全球市场波动性再次出现，主要的原因在于对削减量化宽松政策、国别失衡和特殊因素（例如阿根廷的债务诉讼和中国经济减缓的征兆）的余悸，这一次，市场反馈最初就有所差异。自 2013 年开始削减量化宽松，印度和印度尼西亚针对国内失衡采取了更全面的政策措施，从而相较其他新兴市场未受到太多的冲击，印度和印度尼西亚的长期债券收益率维持稳定、汇率强劲且股票价格快速恢复。相较而言，包括阿根廷、哈萨克斯坦和乌克兰在内的一些其他新兴市场经历了外汇储备的大幅缩减和更大的外汇压力。巴西、土耳其和南非在面对初期市场波动性提高时采取了紧缩性货币政策，使得债券收益率提高，但未到之前水平。市场动荡在发达经济体——尤其是英国和美国——出现经济复苏迹象时有所缓解，信贷风险下降且风险偏好回升。发达经济体的金融市场复苏，资产价格回升且缩减了与新兴市场高收益率债券和股票的价差，2014 年 4 月，流向新

---

　　① 系统流动性的不匹配使价格反馈更加明显，非居民持有本币债券的大幅上升与二级市场流动性的下降相一致，从而加大了在资本外流（即便资本流动规模较小）期间市场价格的波动性，详见 IMF 在 2014 年 10 月的《全球金融稳定报告》（IMF，2014a）。

兴市场的资本开始恢复。

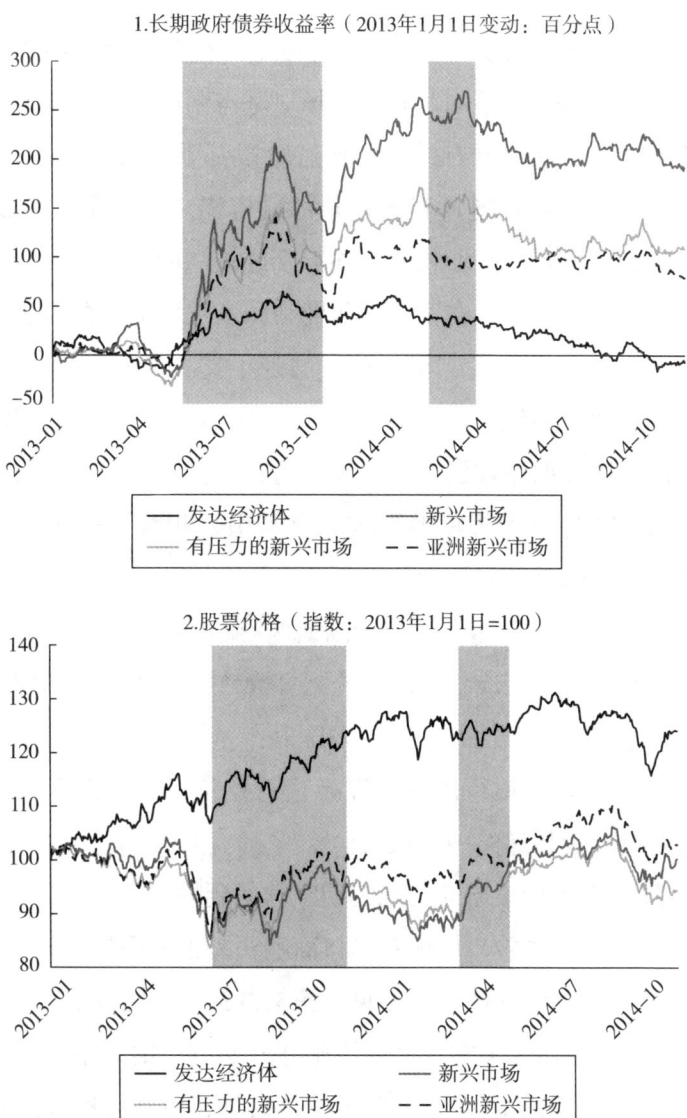

1.长期政府债券收益率（2013年1月1日变动：百分点）

发达经济体　　　　　新兴市场
有压力的新兴市场　　亚洲新兴市场

2.股票价格（指数：2013年1月1日=100）

发达经济体　　　　　新兴市场
有压力的新兴市场　　亚洲新兴市场

数据来源：Bloomberg L. P. ；IMF 员工计算。

图5.2　部分经济体：金融市场的差异发展

基本面很重要

2013 年到 2014 年的压力再一次表明经济和金融基本面在经济复苏中的重要地位，由于在不同时间中市场对基本面的着重点不同，没有任何一个单一的基本面对所有国家的所有阶段都重要（Sahay 等，2014）。然而，通常而言，若一国具有大量外部融资需求、较低的经济增长前景、较高的金融脆弱性和增长的公共赤字或较高的通货膨胀，则该国更易受到冲击（图 5.3）。① 在亚洲，印度和印度尼西亚在削减量化宽松恐慌中都面临经常账户赤字、相对较低的外汇储备以及持续通货膨胀的困扰，印度尼西亚还经历了一段信贷增长率与存贷比持续上升的时期。在印度，信贷增长始终较弱，但是大量的企业债务、不断增长的未清偿和重组债务以及持续大规模的财政赤字却引发担忧——在潜在增长由于结构因素开始降低的时候。

两个国家都在 2013 年夏季开始采取措施来解决国内失衡问题，印度尼西亚提高利率、相应缩减政府介入并允许卢比进行市场调节，还采取以下措施来提高流动性并缓解汇率压力：

- 每两周对本地银行的外汇互换进行竞价，并允许银行所持的衍生品通过互换竞价传递给中央银行。
- 扩展中央银行推出的美元定期存款的到期日。
- 为鼓励缩减风险，放松对出口商购买外汇的限制。
- 为增加市场流动性，缩短央行票据的最小持有期。

印度尼西亚还加强了宏观审慎措施并开始进行财政整顿，包括取消能源补助。印度提高了利率并采取了其他措施，包括放松对国外直接投资和外部借贷的限制、引入资本流动管控、增加黄金进口并紧缩财政政策。

---

① 探究 2013 年到 2014 年初各国经历的因素分析仍在不断发展中，但是能够达成一致的是外部脆弱性和宏观失衡（尤其是经常账户赤字、高通胀以及财政失衡）在国家分类中至关重要，详见 IMF（2014b）和 Mishra, Moriyama 和 N'Diaye（2014）。

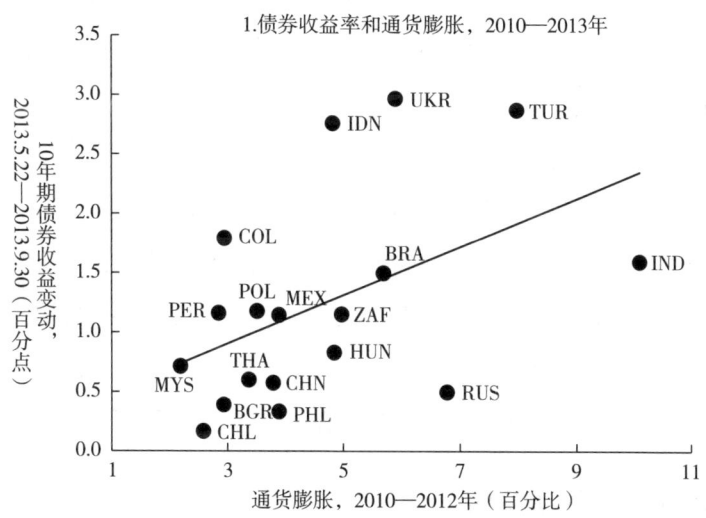

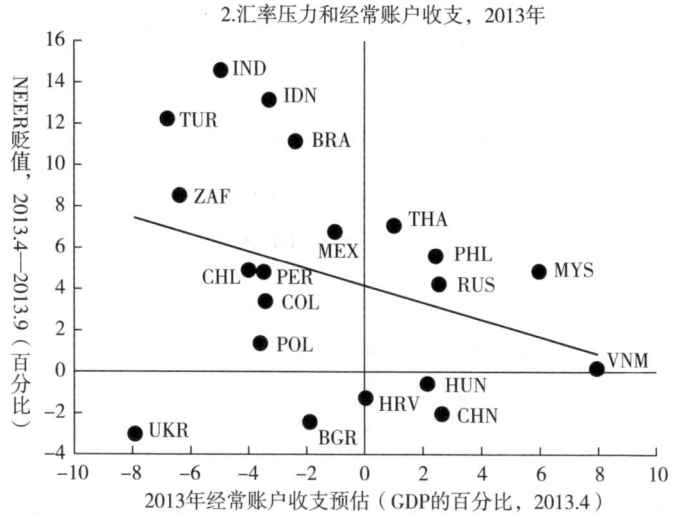

注：BRA = 巴西；BGR = 保加利亚；CHL = 智利；CHN = 中国；COL = 哥伦比亚；HRV = 克罗地
亚；HUN = 匈牙利；IND = 印度；IDN = 印度尼西亚；MYS = 马来西亚；MEX = 墨西哥；PER = 秘鲁；
PHL = 菲律宾；POL = 波兰；RUS = 俄罗斯；ZAF = 南非；THA = 泰国；TUR = 土耳其；UKR = 乌克
兰；VNM = 越南；NEER = 名义有效汇率。

数据来源：IMF，信息通知系统和全球经济展望数据库；IMF 员工计算。

图 5.3　新兴市场经济体：市场反馈和宏观经济基本面

这些措施取得了成功，随着政策开始发挥作用，印度卢比和印度尼西亚卢比升值，印度的股票市场在 2013 年末达到了前所未有的新高度，这一上升势头持续到了 2014 年。事实上，正如国际金融协会（2015）所阐述得那样，尽管亚洲经历了由全球风险偏好和石油价格下滑所引起的市场动荡，但是 2014 年持续流入亚洲新兴市场的资本仍加强了该地区的基本面，这些持续的资本流入主要因为强劲的地区增长、修正的政策、印度和印度尼西亚支持改革的政府上台以及泰国政府恢复正常运作——所有的这些都稳定了市场气氛。[①] 但是，对亚洲的积极观点在一定程度上是出于比较而言，而非其潜在基本面和政策的绝对优势。

脆弱性上升及新挑战

尽管亚洲轻易地抵抗住了 2013 年和 2014 年的市场动荡，但是亚洲的脆弱性不断增加，《全球金融稳定报告》的全球金融稳定性图对此进行了概述，它展现出尽管发达经济体的信贷风险自 2008 年有所下降，但是新兴市场风险随着全球风险偏好的增加而有所上升，相较 2008 年，货币和金融环境在 2014 年有所放松，但是却比 2013 年的环境更加紧缩，这与对亚洲更深入的观察一致，自 2008 年后，金融、外部和宏观经济发展开始将亚洲推向一个更易受冲击的处境。

金融发展

- 信贷增长——相较全球金融危机前，信贷增长自 2008 年后有了显著提升，此时几个国家的未清偿信贷占 GDP 的比重有所下降（图 5.5）。尤其是中国、中国香港特别行政区、马来西亚、新加坡和泰国的信贷增长越发强劲，在一定程度上，信贷的增长反映出在这些国家中的金融深化和市场发展是令人满意的。然而，快速的信贷增长还引起了

[①] 详见国际金融协会（2015），结论是基于对整个 2014 年的预估。

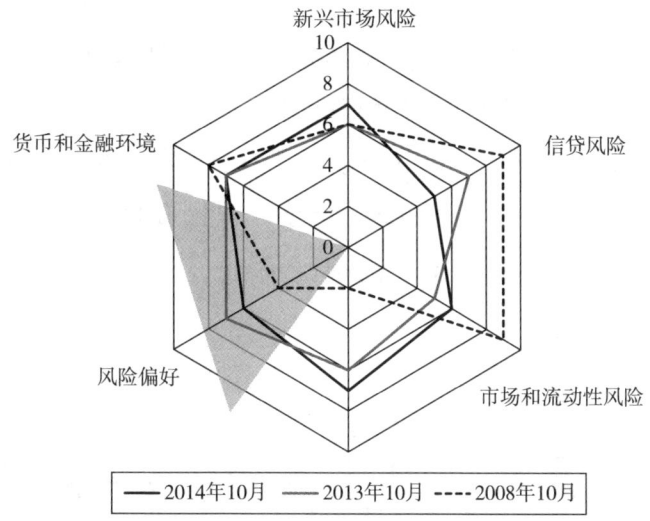

注：距离中心越远风险越高，货币和金融环境越宽松，或者说拥有更高的风险偏好。

数据来源：IMF，全球金融稳定报告（2008，2013a，2014a）。

图 5.4 全球金融稳定性图，2008—2014 年

担忧——尤其是低收入家庭和中小企业——如果大多数信贷都投向了房地产行业，那么家庭和企业的负债记录将会越来越长。

• 家庭债务——中国、印度尼西亚、新加坡和泰国的家庭债务迅猛增加，2008 年后，这些国家的家庭债务占 GDP 比值上升了 50% 甚至更多，马来西亚和泰国的负债水平超过了 GDP 的 60%。尽管家庭财富的增加降低了一些风险，但是负有杠杆的家庭相比没有杠杆的家庭更易受到未预料或更紧缩的全球货币和金融环境、房价的大幅调整或者国内经济发展迟缓的冲击。

• 企业负债——自 2008 年后，中国、中国香港特别行政区、印度尼西亚和新加坡的企业负债上升超过 40%，但这一增长率相较 20 世纪90 年代中期杠杆率而言却属于较为温和的，尽管如此，如印度和印度尼西亚等国，高杠杆和缺乏竞争力的企业越来越易受冲击，这仍需引起注意（IMF，2014c；2014d）。在中国，债务的攀升集中在具有高杠杆的大型企业的"肥尾"中，这些企业大部分处于房地产和建筑行业，国有企业的杠杆率也逐渐提升。在韩国，由于盈利压力、流动性风险和高杠杆，风险集中在建筑业、造船业和交通业等几个易受冲击的行业中。

● 银行资产负债表——亚洲银行是一个亮点，亚洲银行资本逐渐完善，且更具流动性，监管也越发健全（详见第11章）。尽管许多国

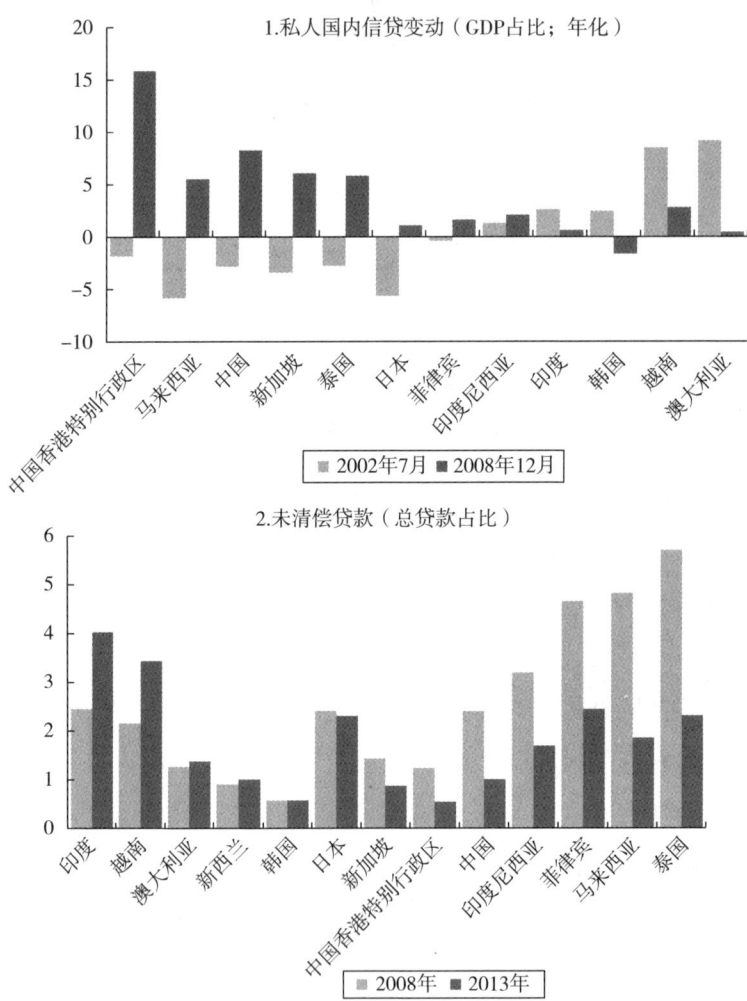

数据来源：国际清算银行，私人信贷数据；IMF，国际金融数据，金融健全指标数据库，全球经济展望数据库；IMF员工计算。

图5.5　亚洲：金融发展，2002—2013年

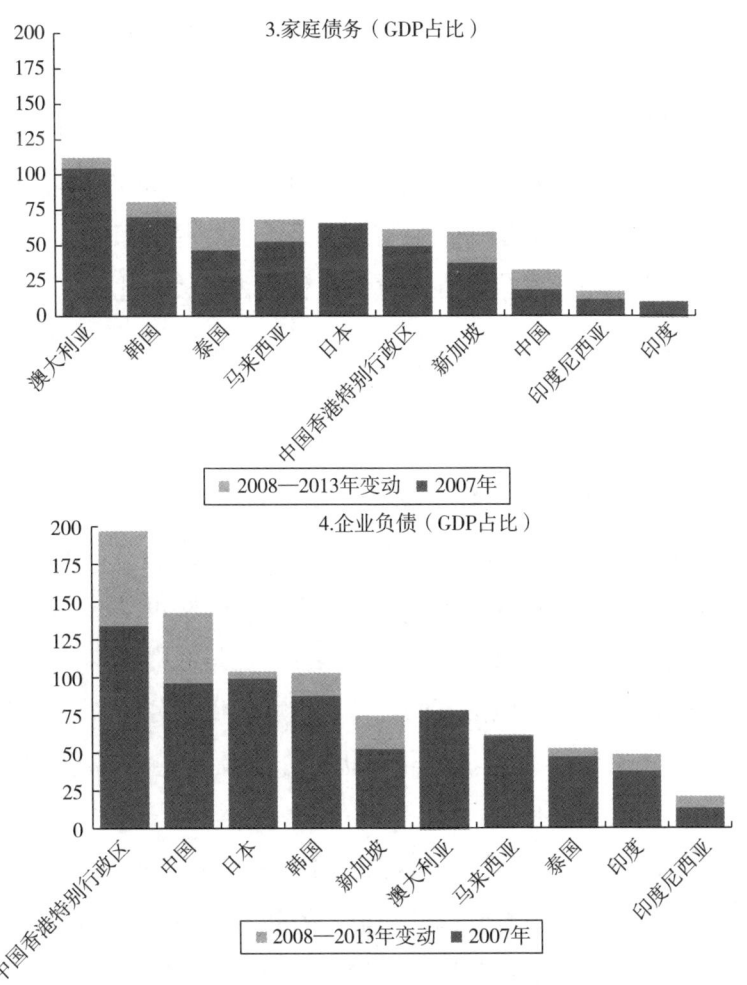

数据来源：国际清算银行，私人信贷数据；IMF，国际金融数据，金融健全指标数据库，全球经济展望数据库；IMF 员工计算。

图 5.5　亚洲：金融发展，2002—2013 年（续）

家的总资本水平仍落后于其他地区，但是却保持了上升态势。银行主要通过小额存款融资，自全球金融危机前，事实上存贷比就开始小幅下滑，从而缓解了对潜在的不太稳定的非核心融资过度依赖的担忧。总体来说，未清偿债务占总债务的比值相较全球金融危机前有所下降，许多亚洲国家开始调整银行资产负债，银行的盈利性随着非利息收入的增加而有所提高，但是过去几年信贷增长率的提高使得资产质量问题再次出现。

● 非银行借贷——纵观亚洲，监管较弱的非银行借贷大幅增长，中国尤其明显，在中国，非银行金融中介在 2010 年到 2013 年数量翻倍，推动了主要城市房地产市场的繁荣（详见第 2 章）。非银行借贷还在韩国、马来西亚和泰国等国家有所上升，在这些国家中，专业金融机构和非银行金融机构的借贷在家庭总负债中占据较大比重。

对外发展

● 经常账户——自全球金融危机后，经常账户盈余的规模缩减，一些国家还出现了经常账户赤字（图 5.6）。尽管较弱的国内需求和更具竞争力的汇率水平对国际贸易有一定促进，但是印度尼西亚的经常账户仍从盈余变为赤字，部分原因在于出现了重大的贸易条件冲击。在印度，经常账户赤字规模缩小，主要原因在于针对黄金进口采取的直接措施、国内需求缩减以及出口的少许恢复，但是经常账户仍处于赤字状态。总的来说，亚洲其他国家的经常账户表现仍十分好，盈余缩减在一定程度上反映出该区域经济的相对优势，以及其从出口导向转向基于消费的增长模型的进步。

● 外部债务——然而，经常账户赤字的缩减还伴随着外部债务的增加，尤其是中国、印度和马来西亚。另外，一些增加的借贷具有更短的到期日，使得国家更易受资金突然撤回的影响，特别是中国、印度尼西亚和菲律宾。印度还开始增加了为经常账户赤字的融资活动，融资方式包括非居民存款以及举债经营的印度企业所采取的外部商业借贷。在印度尼西亚，由于国内借贷利率持续增加且与外部借贷价差缩小，企业对外部借贷十分依赖，这使得印度尼西亚的私人外部债务（包括国有企业）规模快速增加。

● 储备——亚洲国家还拥有较大规模的外汇储备以缓冲资本流动的波动。幸亏近期采取了诸多针对脆弱性的政策措施，印度、印度尼西亚和其他亚洲新兴市场只通过使用一定规模的外汇储备来缓解货币压

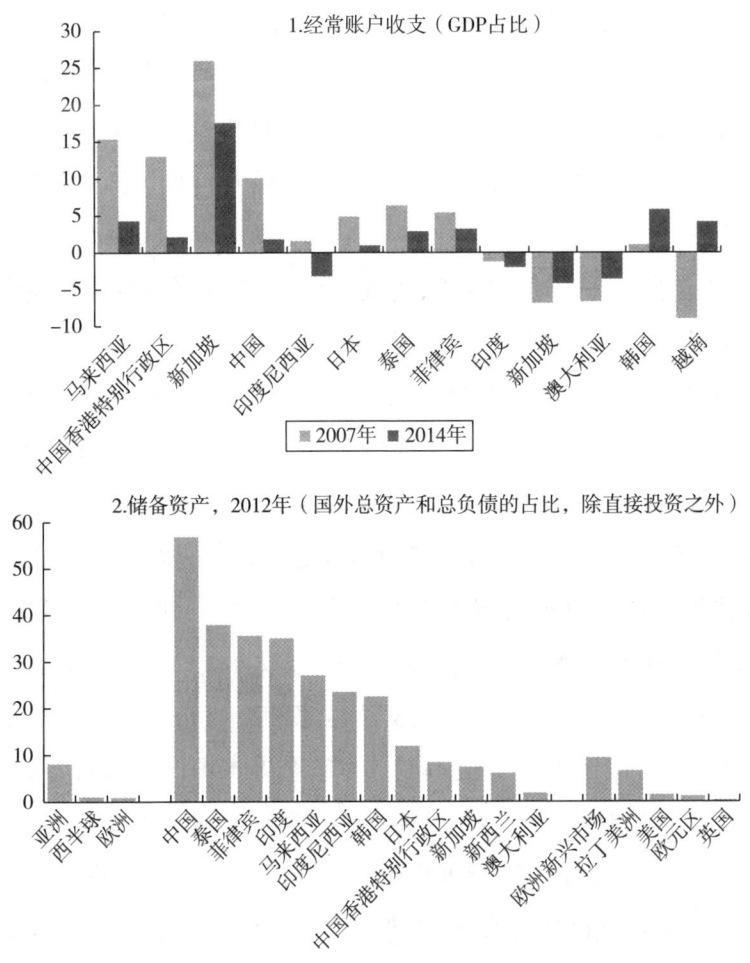

1.经常账户收支（GDP占比）

2007年　2014年

2.储备资产，2012年（国外总资产和总负债的占比，除直接投资之外）

数据来源：IMF，国际金融数据和全球金融展望数据库；IMF 员工计算。

图5.6　亚洲：对外发展，2007—2014 年

力就抵抗住了 2014 年 1 月的全球金融动荡。事实上，除了印度尼西亚和泰国，大多数亚洲国家的储备规模在 2014 年停止了增长（IMF，2014d），并且，短期对外债务的外汇储备覆盖实际上低于全球金融危机前的水平。

宏观经济发展

- 财政状况——由于全球金融危机对财政政策的影响，除了极个别例外，亚洲国家的财政状况相对历史情况而言变差了（图5.7），由于以贷款担保、保障存款和其他债务形式的联邦或有负债的存在，中期财政风险变大。尽管印度和越南的财政赤字规模较大，但是亚洲新兴市场整体而言，财政收支良好，且债务水平保持在可控范围内，短期内不会出现问题。

- 通货膨胀——通货膨胀一般较低，控制通胀预期可以为货币政策的实施提供空间，印度和印度尼西亚（在较小程度上）却是个例外，印度持续处于高位的通货膨胀始终是政府关注的问题，且预计只会逐渐下降，而在印度尼西亚，尽管补贴的燃油价格的上涨带来近期价格的上升，通胀预期仍很温和。

- 经济展望——亚洲的发展观是固定的，但是显而易见的下行风险以及供给侧约束开始使潜在产出下降。2014年10月《全球经济展望》（IMF，2014b）和《区域经济展望：亚太》（IMF，2014d）均指出金融错位、更高的全球利率以及发达国家和新兴市场经济体较弱的经济增长是主要的下行风险，尤其是，尽管金融市场低利率和增长的风险偏好持续了很长时间，但是需求增长并没有很令人鼓舞，发达经济体可能面临潜在产出低增长和长期性经济停滞的问题。包括中东动荡以及俄罗斯和乌克兰之间国际紧张局势在内的地缘政治问题还对贸易和金融流动产生了消极影响，这些问题对市场信心和经济增长存在负面作用。在短期内，中国的低增长被看作良性的发展，但是如果经济下行程度超过预期或者日本的支持经济增长政策不如预想得有效，那么这会对亚洲产生负面影响。总而言之，亚洲仍被看作是全球经济增长的引擎，但是该引擎的转速可能会变慢。《全球经济展望》预测尽管亚洲地区的潜在增长率高于其他地区，但是新兴市场的实际GDP增长自2011年开始逐渐降低。[1] 增长预期较低的原因对于不同国家有所差异，包括

---

[1]　基于全球经济展望数据库2009年和2014年4月的预测比较。

主要亚洲国家（除菲律宾之外的东盟）中全要素生产率增长趋缓或趋平；不依赖投资的经济增长再平衡；经济对信贷依赖度的降低（中国）；以及基础设施、能源和采矿业供给瓶颈（印度）。

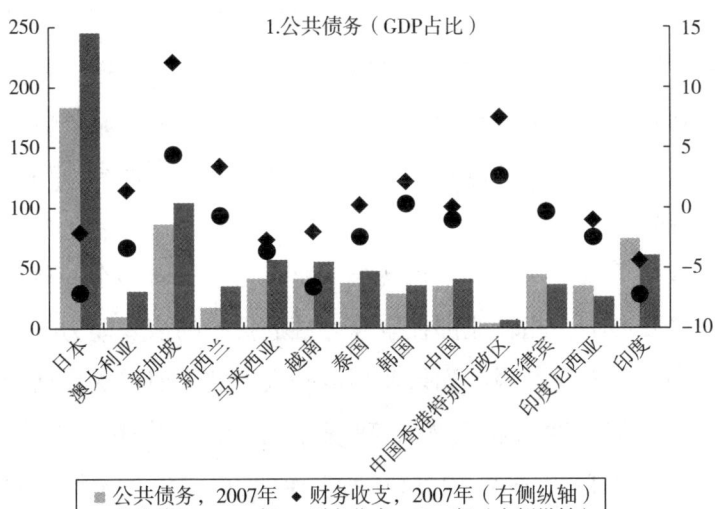

注：每张年份图展现出高于前一年和随后推测的实际数额。

数据来源：IMF，全球经济展望数据库；IMF 员工计算。

图 5.7 亚洲：宏观经济脆弱性，2006—2018 年

这些发展反映出相较全球金融危机前，亚洲的经济恢复能力变弱了。从金融层面而言，尽管银行的资产负债表依旧较好，但是由于信贷的不断增长，风险持续加大，信贷的增长主要源自非银行借贷以及家庭和企业债务水平的快速提升。对外关系仍相对有利，大规模的外汇储备具备良好的缓冲作用。然而，经常账户开始恶化，并且涵盖到期日非常短的债务在内的对外债务在一些国家中有所增加。另外，尽管经济展望仍较为积极，但是宏观经济脆弱性由于财政收支失衡而有所增加，增长预期有所降低。

复苏：在类似全球金融危机规模的冲击下，亚洲如今如何应对

在这些发展下，相较亚洲在全球金融危机中的恢复能力，亚洲如今经济复苏如何？换句话说，如果亚洲再一次受到类似上次全球金融危机的冲击，那么这次冲击将会对亚洲现今的产出有何影响？通过运用Jeasakul，Lim 和 Lundback（2014）所采用的方法对 2013 年底的金融和对外环境进行分析，研究发现如今的亚洲看起来恢复能力不如其在全球金融危机中的表现（表 5.1），如果再遇到类似的冲击，亚洲的产出损失将会比其在全球金融危机中多出 GDP 的 $6^{1/2}\%$ 到 $8^{1/2}\%$（表 5.1）。

表 5.1   产出表现的预计影响

（利用 2013 年末的初始状态以及与全球金融危机等同的冲击）

	初始状态				对产出表现的预计影响[①]
	亚洲金融危机国家	亚洲			累计产出增益（GDP 占比）
	亚洲金融危机前	亚洲金融危机前（译者认为此处原文应为亚洲金融危机后）	亚洲金融危机前	年末	
信贷占 GDP 比值变动	4.6	1.9	−1.6	4.4	−7.0
银行未清偿贷款增长	…	…	−7.0	−0.6	−1.3
银行体系国外净资产	−7.3	−0.4	7.8	3.6	−0.6
银行资本占总资产比重增长	…	…	1.1	0.8	−0.1

续表

	初始状态				对产出表现的预计影响[1]
	亚洲金融危机国家	亚洲			累计产出增益（GDP 占比）
	亚洲金融危机前	亚洲金融危机前（译者认为此处原文应为亚洲金融危机后）	亚洲金融危机前	年末	
存贷比	142.5	105.5	88.2	86.0	0.3
间接投资累计净流入	4.2	0.5	0.9	4.5	−2.7
对外总债务	40.8	23.3	16.2	23.3	−2.5
对外净债务	…	…	5.4	5.5	−2.0
经常账户赤字	4.5	0.4	5.4	1.3	−1.5
外汇储备与短期债务比率	72.6	109.4	440.9	385.7	−1.0
多元模型[2]					
对外净债务					−8.3
外汇储备与短期债务比率					−7.4
对外总债务					−6.7

①全球金融危机和 2013 年年末的预计产出累计增益的差异。

②多元回归是基于信贷占 GDP 比值变动、银行未清偿贷款相较总贷款的增长、存贷比和下列其中一个对外脆弱性指标：对外总债务、对外净债务以及外汇储备与短期债务比率。

数据来源：IMF 员工预计。

对经济恢复能力降低的预期主要因为亚洲金融和外部脆弱性的增加，私人部门信贷的快速膨胀很大程度上解释了产出损失的累计下降，大约为 GDP 的 7%[1]，更大规模的外部债务和更低的经常账户盈余（或者更高的赤字）的预计累计影响达到 GDP 的 1% 到 $2^{1/2}$%。虽然如此，亚洲宏观金融状况的恶化也不如其在 1997 年到 1998 年亚洲金融危机中的严重。此外，亚洲国家如今的情况仍使得亚洲在经历全球金融危机时

---

① 预计影响来源于二元回归方程，2008 年第三季度年化实际 GDP（见表 5.1）。

比其他地区表现更好。分析结果表明亚洲仍处于一个较强的发展态势中，但是自全球金融危机起，由廉价而丰富的货币所引发的脆弱性使得亚洲更易受到冲击的影响，2013年和2014年的经历是全球金融危机后对亚洲经济复苏能力的第一次考验。

结论

在全球金融危机期间，全球许多发达经济体的金融和经济增长被迫暴跌，而亚洲却非常具有恢复力，这要归功于20世纪90年代末期亚洲金融危机所得到的经验，那次危机推动了亚洲地区进行了广泛领域的金融和结构性改革，从而强化了银行业、提高了企业监管、推动经常账户收支更加可持续以及增大外汇储备规模以缓冲资本流入的突然反转。在宏观审慎政策被看作是金融稳定工具的重要组成部分和亚洲金融规范与监督框架的重大改进之前，亚洲就积极适当地实施了宏观审慎政策，有力改变了家庭和企业的风险承担。另外，亚洲作为一个快速发展地区，亚洲经济体还因交易对手的经济发展而受益。这些因素使得亚洲能够从经历全球金融危机时最开始的产出下降中快速恢复。

2013年到2014年的金融市场动荡是自全球金融危机后对亚洲经济复苏能力的第一次考验。尽管此次动荡并不是源于能够激发全球金融危机的大范围全球冲击，但是亚洲经济体的反馈仍能够再次证明经济和金融基本面十分重要，并且强势的政策——无论是预防性还是补救性——都会取得成功。从全球来看，拥有更大对外融资需求以及宏观金融失衡的国家面临更大的压力。亚洲在这次检验中表现不错，但是显而易见自2008年后，增加的脆弱性第一次影响了市场气氛。本章通过对如今的宏观金融状况与全球金融危机前的状况进行了定量比较，分析发现亚洲的国内失衡加重。廉价货币从国外的涌入鼓励了信贷的快速增长，反过来导致了家庭和企业部分杠杆率的增加、房价上升以及更高的对外债务。由于基础设施瓶颈等原因产生的供给侧制约同样也对增长预期产生消极影响。

　　亚洲仍是全球经济增长的引擎，但是在未来，亚洲地区的经济增长率可能会低于全球金融危机前繁荣时期的增长率，向"新常态"的转换将会成为亚洲政策制定者的一个挑战。然而，政策制定者将需要鼓动政策意愿，推动结构性改革以维持可持续经济增长，并同时加强财政和宏观审慎政策以控制系统风险，为逆周期措施提供实施空间。

　　附表 5.1.1　　　　　　　　亚洲金融危机后的金融业改革

印度尼西亚
修正银行业法律
• 修改对银行机密的要求
• 取消对银行国外所有权的限制
• 允许印度尼西亚银行重组机构进行资产转移以及取消未清偿债务人的赎回权
加强审慎和监管框架
• 对贷款分类、贷款准备金和债务重组建立新规定
• 新流动性管理报告要求：银行必须一月两次上交流动性报告，包括外币流动性概述以及银行尝试抵消所有流动性短缺或吸收所有流动性盈余的行为
• 缩紧关联借贷的新规定
• 财务报告披露：自 1999 年 4 月起，银行必须每季度披露其财务报表
银行决议框架
2004 年存款保险公司（Lembaga Penjamin Simpanan）法律建立了协调委员会，成员包括财政部、印度尼西亚银行和存款保险公司，对具有系统影响的倒闭银行的重组和破产处理制定相关政策
韩国
制度安排改革，基于 1997 年金融改革总统委员会
• 大力强化韩国银行的独立性
• 通过单一金融监督委员会统一金融业监管，统一监管机构（金融监管服务）并从政府分离
• 通过立法保障金融监管委员会向金融机构发放或撤销执照的权力，以及对专业和发展银行监督的权力
• 将存款保险保护机构并入到新韩国存款保险公司中，新韩国存款保险公司旨在为破产机构偿还存款提供支持和融资，并在必要的时候为银行调整资本结构融资
• 在金融监管委员会中建立一个金融重组机构以监督和调整金融业的重组事项

续表

韩国
加强审慎标准和监督程序
• 建立新贷款分类标准和准备金规定，过期超过三个月的贷款被认为是次级贷款；增加了一般准备金要求
• 要求为证券损失提供准备金，并将二级资本从未清偿贷款的全部准备金中剥离
• 贷款分类和保证金指引将借方未来偿还分类和准备金贷款的能力考虑进来
• 加强审慎监管和对商业银行和投资银行外汇操作的管理，包括对短期资本要求至少覆盖 70% 的短期债务、长期借贷要求最多涵盖 50% 的长期资本
• 银行要对单个对手的外汇总暴露进行限制，包括外汇贷款、保证、证券投资和离岸融资
• 到期日梯形表方法要求银行报告不同时间分段的到期日错配以及错配限制
• 对单个借贷者和群体进行风险暴露限制，对关联借贷采取严格监管
• 允许外国持有商业银行完全所有权

马来西亚
1998 年引入的强化金融业的措施
• 更严格的贷款分类和准备金标准：分类标准成为最佳的实践标准；对次级贷款的无担保部分进行 20% 的准备金要求；贷款分类和准备金体系涵盖了资产负债表外项目
• 对未决利息采取严格规定，银行必须将未支付的利息从收入中剥离并将其计入未决利息中
• 完善资本充足框架：金融机构的风险权重资本充足要求增加 8% 到 10%；金融机构的最小资本增加 500 万到 3 亿林吉特；每个财季都必须满足资本充足要求
• 对单个借贷者资本基金的限制降低 30% 到 25%
• 所有金融机构的未清算贷款、准备金和资本状况的统计必须每月通过马来西亚国家银行公布
• 所有机构必须每季度报告和公布财务稳健性重要指标；银行要求报告未清偿贷款转为次级贷款、可疑贷款和损失的比率；每季度报告对各个部门的贷款
• 马来西亚国家银行通过每月的压力测试以及根据其所制定的参数集对单个机构进行相似行为的要求，对银行进行更集中和严格的监管
• 引入评估银行流动性风险的审慎框架，1998 年 8 月 2 日有效实施
• 马来西亚国家银行推动了金融企业以市场化标准为基础的合并
2001 年到 2010 年十年金融业总体规划
• 银行合并项目旨在利用规模经济并制定破产银行的退出策略；给予国内银行充分的自由去建立自身的重组团队
• 基于最佳实践对规范和监督进行修正，包括实施基于风险的监管，将监管重点集中于薄弱的机构，改善资本充足的风险权重计算，实施强制执行体系和早期预警体系

菲律宾
广泛的金融业改革
• 增加银行最低资本要求，逐渐停止对特定全能银行更低的资本要求
• 银行要求2%的一般贷款损失准备金，对特定提到的贷款采取5%的特定贷款损失准备金，对有担保的次级贷款采取25%的准备金
• 菲律宾央行要求银行对其交易的证券投资组合进行逐日盯市
• 在菲律宾股票交易所上市的所有银行要求每季度公开披露详细的信息，包括未清偿贷款规模和未清偿贷款与总贷款比率
• 金融集团统一监管
• 对已成立的银行进行更严格的营业指引，着重于损益表；资产所有权证明以及对于外资银行而言，母国监管机构同意投资的证明
• 监管行为从以合规为基础、以清单为主的银行评估转向基于有远见的、以风险为基础的框架
• 提高评级方法，修订了以资本充足、资本质量、管理水平、盈利状况和流动性为主的市场风险（CAMELS骆驼）评级体系，确保综合评分不会比银行对资本充足的单因素评级更好
• 银行的外部审计者要求向菲律宾央行报告所有会对其客户的财政状况产生不利影响的行为、所有可能损害存款者和债权方利益的重大非常规行为以及所有会使银行资本大幅降低的损失
对问题银行的识别和处理
• 强化对选定银行的银行监控
• 提高菲律宾存款保险公司作为银行接管人的能力，措施包括出售问题银行的资产以支付破产管理相关的管理费用、货币政策委员会更快批准预期的资产清算
• 规定银行资本短缺的及时补充行为并明确相应规章
后续措施
• 证券交易委员会和菲律宾央行议定书（2001）
• 反洗钱法案（2001）
泰国
完善审慎框架
• 严格的贷款分类，贷款分为五大类别
• 对应计利息制定严格的规定
• 逐渐紧缩准备金要求，使其与国际的最优方法一致
• 明确重组贷款的分类标准和准备金规定，推动银行和金融公司积极进行未清偿贷款重组
• 新的监管规定要求贷款抵押品必须大于能够单独鉴定的一定尺寸

续表

泰国
重构和完善金融体系的方法
• 建立金融业重建机构以处理暂停营业的金融公司，暂时替代泰国银行和财政部对所有金融业重组相关事项做决定
• 修订商业银行法案和金融公司法案，赋予泰国银行要求问题商业银行和金融公司缩减资本、增加资本或变更管理方式的权力
• 建立资产管理公司对暂停营业的金融公司的资产，或者金融机构发展基金持有股份（介入）和承担经营控制的所有金融机构的受损资产进行处理
• 修订泰国银行法案，赋予金融机构发展基金向这些机构提供有担保或无担保借贷、提高存款人和债权人受保护的金融机构的收费的权力，并明确泰国银行的政府金融支持

数据来源：IMF（1999）；各个国家金融业评估项目中的金融业稳定评估报告。

第6章 亚洲金融的未来

本章主要内容

- 随着亚洲地区收入持续快速增长，该地区金融部门的加速深化。
- 人口结构在其中起到重要作用，因为如果一国赡养比例快速增加，则储蓄率会下降；反之亦然。
- 亚洲金融系统主要是银行业占主导，并且大部分都不是复杂结构。但是净利息率将会在大部分地区下降，这与银行通过非传统活动的盈利增长相关，并且日益紧张的揽储竞争将会导致金融创新。
- 亚洲金融市场也将与世界更加融合，其内部市场的统一性也会增强。

介绍

在接下来的几十年，亚洲经济增长将一如既往地引领全球经济增长，这对于未来该地区金融部门将产生何种影响呢？金融系统高度分散的地区将如何发展？基于他国的经验，我们将如何评价亚洲金融的未来？

正如第2章讨论的，亚洲金融系统规模较大，但复杂度不高，与其他国家一体化程度不高。本章讨论影响要素禀赋改变的因素是什么以及亚洲金融系统的未来走势如何。

规模

亚洲目前较庞大的金融系统将会继续扩张。随着时间的推移，金融市场的发展和经济增长将共同影响并互相支持。一个完善的金融部门对于促进和维持经济增长起到重要作用（比如，参见庄等人的调查研究［2009］）。比如，金融部门以不同方式来推进潜在增长的投资，通过刺激储蓄降低交易成本（Bencivenga 和 Smith，1991；De Gregorio 和 Guidotti，1995；Aziz 和 Duenwald，2002）。一个有效的金融市场能够促进投资效率和投资质量（如 Greenwood 和 Jovanovich，1990；Ansari，2002）。但是也有其他途径，随着亚洲消费者的财富积累以及公司不断扩张，结构变得复杂，对金融服务的需求也会日益增加，像抵押债券、信用卡、对冲久期、利率和汇率风险的工具。跨国面板数据模型（专栏 6.1）讨论了宏观经济因素、人口结构和法律制度发展和金融部门发展的关系。表 6.1 对主要结果进行总结，并在本章进行了讨论。

专栏6.1 金融规模的模型

金融部门的规模（占 GDP 的比重）是根据整个银行部门资产加股票市值再加上国内私人和公共债券存量来定义的。根据 Chinn 和 Ito（2006）以及 Ayadi 等人（2013），计量模型是

$$FS_{i,t} - FS_{i,t-1} = \beta_0 + \beta_1 FS_{i,t-1} + \beta_2 \times X S_{i,t} + \varepsilon_{i,t} \tag{6.1}$$

其中，FS 是金融部门的规模（占 GDP 的百分比），X 是控制变量①。为避免内生性问题并别除短期周期性的影响，该模型被认为是无重叠的增长率回归模型。

尤其是，金融部门规模的滞后项也包括在回归方程中。模型中人均 GDP 的指数被用来控制财富效应，通胀指标作为反映 GDP 平减指数的年均增长率。

---

① 公式（6.1）的因变量是金融部门增长率，以当期 GDP 占比来衡量。解释变量 X 包括 PPP 计算下的人均 GDP（指数形式）、衡量资本开放程度、通胀以及二者的交互关系、贸易开放度、政府债务增速、赡养比例、法制发展、资本账户开放度和法制发展的交互关系。

衡量资本账户开放度有三种不同方式，一种方式是在 Lane 和 Milesi - Ferretti（2006，2007）中提出的指标，其中包括境外资产和负债的总量（国际收支平衡表中国际投资头寸一栏）以占美元计价的名义 GDP 的百分比来衡量。其他两种方法考虑了 Chinn - Ito 和 Quinn 指数。根据 Chinn 和 Ito（2006）以及 Ayadi 等人（2013），其分析包括贸易开放度，由全部贸易占 GDP 百分比来衡量，以及政府负债增长率（占 GDP 百分比），这两个指标分别反映贸易流动以及金融发展中财政政策的影响。

数据仅限于 2003 年至 2011 年。最初的地区样本是 S - 29① 加上其他名义 GDP 达到 1500 亿美元及以上的亚洲国家。但是两个经济体——卢森堡和中国香港特别行政区——不在该样本中②，最终的样本包括 38 个经济体。

资料来源于多个资源，对于金融部门规模、银行业总资产③、股票市值和国内私人和政府部门债券的数据分别来自于 IMF 国际金融数据库、彭博和国际清算银行数据库，宏观经济数据购买力平价计算的人均 GDP，以及 GDP 平价指数、贸易开放度和政府债务增长率是来自于 IMF 世界经济展望数据库。资本账户开放度的衡量，也就是 Lane 和 Milesi - Ferretti 指数、Chinn - Ito 指数和 Quinn 指数是分别来自于 Lane 和 Milesi - Ferretti（2006，2007）以及 Chinn 和 Ito（2002）与 Quinn（1997）的文章中。最后，赡养比例是从联合国世界人口展望数据库中获取的，法律和制度发展则是从政治风险服务集团公布的国际风险数据库得到的。

---

① S - 29 包括澳大利亚、奥地利、比利时、巴西、加拿大、中国、丹麦、芬兰、法国、德国、中国香港特别行政区、印度、爱尔兰、意大利、日本、韩国、卢森堡、墨西哥、荷兰、挪威、波兰、俄罗斯、新加坡、西班牙、瑞典、瑞士、土耳其、英国和美国。

② 同期，卢森堡和中国香港特别行政区的金融规模远大于 GDP 的 15 倍，发展水平远远超出样本中的其他国家。

③ 银行总资产包括中央银行债权，加政府债权，加国内个人贷款，加外国资产。

根据 Chinn 和 Ito（2006）以及 Ayadi 等人（2013），公式（6.1）通过固定效应面板回归进行估计。时间固定效应被用来控制特定时间段外生冲击的影响。

趋同化

一般来说，落后国家的收入增长超过富裕国家。落后国家能够通过从富裕国家学习技术和引入资本的方式快速增长，使得其收入水平向富裕国家看齐（图6.1，模型2）。一般来看，富裕国家的金融系统的规模相比于其经济规模来说较大，而落后国家的金融系统则偏初始化，我们认为如果其金融系统能够更快速地发展，则落后国家会变得更富裕，也就是说，它们将经历金融深化。

实证模型的结果为趋同性提供了基础。滞后一期的购买力平价人均 GDP 与金融部门增长呈显著负相关，说明一个国家越富有，金融系统的发展速度则越缓慢（图6.1）。类似地，一国的金融系统规模越大，金融部门的发展速度就越慢，即使在控制人均收入的情况下。金融系统在低收入国家的增长十分快速，但是即使在控制该变量的情况下，相对较小的金融系统也会向大型化发展。因此，亚洲中低收入经济体的金融系统，比如菲律宾和印度的中期增长速度快于该地区较富裕的国家，尤其是发达经济体。

表6.1 金融部门规模增长的决定因素

因变量：金融部门规模的增长（GDP 的百分比）			
2003—2011 年的样本国家			
	I	II	III
金融部门规模的滞后项	−0.3***	−0.4**	−0.4**
	(0.1)	(0.2)	(2.5)
GDP 指数化（基于人均购买力平价）	−46.1*	−52.0*	−97.2**
	(21.9)	(29.1)	(42.9)
通胀水平	0.9	0.2	2.6**
	(0.8)	(0.5)	(1.3)

续表

因变量：金融部门规模的增长（GDP 的百分比）			
2003—2011 年的样本国家			
	Ⅰ	Ⅱ	Ⅲ
资本账户开放度（Milesi – Ferretti 指数）	0.3*		
	(0.2)		
资本账户开放度（Chinn – It 指数）		– 19.7	
		(20.0)	
资本账户开放度（Quinn 指数）			1.0
			(1.0)
关联度（通胀×资本账户开放度）	– 0.0*	– 0.6**	– 0.0**
	(0.0)	(0.3)	(0.0)
赡养比例	– 3.8***	– 5.3***	– 5.9***
	(1.0)	(1.4)	(1.7)
贸易开放度（贸易额/GDP）	0.4	0.4*	0.4*
	(0.3)	(0.2)	(0.2)
官僚体系质量（BQ）	37.2***	3.1	5.3
	(13.6)	(13.0)	(19.4)
法律制度	– 7.0	5.4***	– 6.6
	(4.7)	(1.2)	(18.9)
关联度（资本账户开放度 * BQ）	– 0.1**	13.4**	– 0.2
	(0.1)	(6.4)	(0.3)
常数项	642.5**	797.7**	1279.2**
	(280.8)	(364.2)	(576.8)
截面固定效应	是	是	是
时间固定效应	是	是	是
界面单元个数	38	36	34
面板观测值	326	308	286
调整后的拟合优度	0.7	0.7	0.7

注：样本国家包括澳大利亚、奥地利、比利时、巴西、加拿大、中国、智利、哥伦比亚、捷克共和国、丹麦、芬兰、法国、德国、匈牙利、印度、印度尼西亚、爱尔兰、以色列、意大利、日本、韩国、马来西亚、墨西哥、荷兰、挪威、菲律宾、波兰、葡萄牙、俄罗斯、新加坡、西班牙、南非、瑞典、瑞士、泰国、土耳其、英国和美国。

资料来源：Lane 和 Milesi – Ferretti（2006，2007）；Chinn 和 Ito（2002）；Quinn（1997）；IMF，世界经济展望数据库；联合国，世界人口展望数据库；IMF 员工计算整理。

异方差的标准误差在括号中，* p < 0.1；* * p < 0.05；* * * p < 0.01。

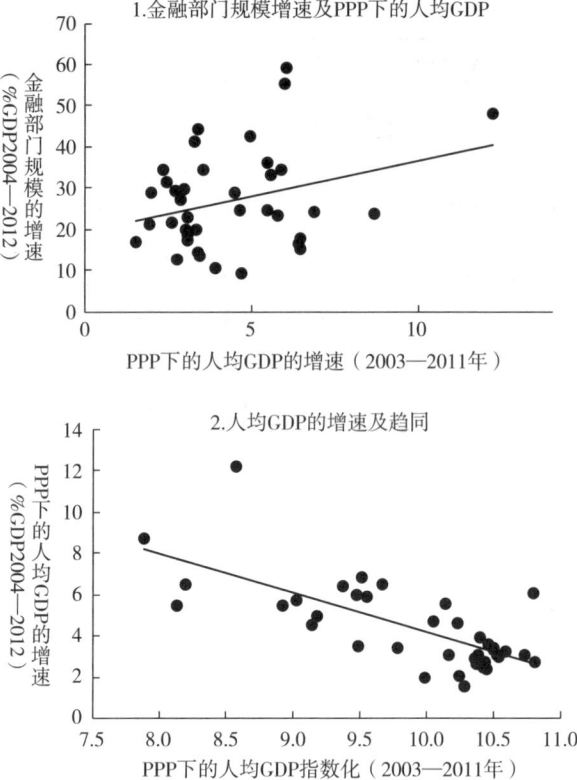

注：样本国家包括澳大利亚、奥地利、比利时、巴西、加拿大、中国、智利、哥伦比亚、捷克共和国、丹麦、芬兰、法国、德国、匈牙利、印度、印度尼西亚、爱尔兰、伊朗、意大利、日本、韩国、马来西亚、墨西哥、荷兰、挪威、波兰、菲律宾、葡萄牙、俄罗斯、新加坡、西班牙、南非、瑞典、瑞士、泰国、土耳其、英国和美国。

PPP = 购买力平价。

资料来源：国际清算银行；银行业统计数据库；彭博；IMF，国际金融统计数据库；IMF，世界经济展望。

图 6.1　金融部门规模增长和收入趋同

资本账户的开放度

如 Chinn 和 Ito（2006）中所展示的，当一国的法律体系和制度设计完善时，资本账户开放度有利于金融部门增长。因此，资本账户开放度是影响金融部门发展的因素之一。也就是说，资本账户开放度、国际投资头寸、Chinn - Ito 指数和 Quinn 指数都包括在表 6.1 中。这三个指数从不同角度反映了资本账户开放度。Chinn–Ito 指数和 Quinn 指数主要关注资本账户交易的法律框架，而国际投资头寸的重点则是海外资产的存续量以及非居民持有的负债——基于事实来反映资本账户开放度。回归结果在表 6.1 的第一列到第三列中展示了。

当使用 IIP 时，资本账户开放度对于金融部门增长速度有显著正向影响，尽管参照物不是那么确切但是大致来看，亚洲经济体的 IIP 程度相对较低。[①] 对于亚洲新兴经济体尤其如此，它们几乎处于封闭状态。但是中国和印度，与其他国家一样，也在加快开放金融账户的脚步。[②] 随着该地区公司的全球化，国内储蓄者能够更自由地投资海外，并且随着亚洲公司结构复杂化、运营全球化，大规模资本流动（第 10 章）和与外界更高的一体化程度将会出现。[③] 考虑到亚洲新兴市场对基础设施融资的需求，资本账户将进一步开放，加速金融部门发展。更多的是，实证结果显示，较高水平的贸易开放度也会推进金融账户的加速发展。

通货膨胀

众多学者发现高通胀会抑制金融中介并且反向影响银行业和股权市场的发展与增长。表 6.1 展示了在资本账户开放度一定时，高通胀与金融部门发展速度缓慢有关，高通胀且资本开放度高的国家将会经历更多的资本外流，金融发展速度放缓。像印度和印度尼西亚一类的国家，它们通胀水平较高，资本账户相对自由，如果能够降低通货膨胀则为未来金融深化提供安全网。

人口结构

影响亚洲中长期发展的另一个关键性因素是人口结构。亚洲地区

[①]　在 2011 年，日本和韩国的 IIP 都在 GDP 的 200% 以下，相比之下，美国是 GDP 的 318%，非亚洲的发达国家为 GDP 的 527%。但是中国香港特别行政区和新加坡分别达到了 GDP 的 1112% 和 1576%，远远高于任何非亚洲发达经济体。

[②]　在 Lane 和 Milesi–Ferretti 的方法中，中国是相对开放的，但一旦央行持有的巨额外汇被计算进去，该比例就会降低。

[③]　中国和印度的公司都成为海外公司的主要购买者，2013 年中国走出去的境外直接投资达到 730 亿美元，印度的直接投资达到 180 亿美元。

人口结构变化多样。亚洲地区有全球老龄化速度最快的国家，比如日本和韩国，也有国家正处在劳动人口比例增加，刺激劳动力增长的阶段。赡养比例也会影响储蓄率，对亚洲来说是个很重要的问题（Heller，2006）。如 Chamon 和 Prasad（2008）以及 Chamon、Liu 和 Prasad（2010）的家庭调查显示，较高的赡养比例与较低的储蓄率有关。另一方面，较低储蓄率就意味着较高的赡养比例，正如表 6.1 回归分析中所证明的①。因此在许多亚洲国家包括该地区最大的经济体中国，高速的老龄化趋势将成为金融深化的阻力。但是，在赡养比例较低的国家，如印度和印度尼西亚，适龄工作人口的增长将作为金融深化的推力。

制度发展

大量学者对金融部门的发展与法律制度发展之间的关系进行研究。La Porta 等人（1997）发现金融部门发展越充分，保护投资者的制度框架越完善。Chinn 和 Ito（2006）发现当法律系统发展到一定层次时，较高的金融开放度促进资本市场发展。其他文献发现当完善的法律制度、合理的民主管理以及充分的金融改革同时存在将会对金融发展产生正向影响。

根据 Chinn 和 Ito（2006），表 6.1 中的反映法律及制度的指标包括：腐败程度，官僚系统制度的质量以及法律制度，这三个指标分别与资本账户开放程度之间的相互作用也是讨论潜在互补性的控制因素。

基于资本账户自由化所需要的指标，官僚制度和法律秩序的质量对金融部门发展有显著的积极影响，这些因素与其他研究相符合。制度发展与资本市场发展之间的相关性尤其显著。不考虑金融部门的发展阶段，如果一国拥有完善的法律制度和评级安排，资本市场的发展一般会更快，这样的关系在资本账户自由化下再次被加强。因此一个国家如果有良好的治理以及更开放的资本账户，将会在资本市场发展得更快，因为境外投资者将会更愿意进入该市场。

---

① 回归分析中需要说明的是，全部赡养比例是指年龄在 15 岁以下和 64 岁以上的人群除以年龄在 15 岁到 64 岁之间的人群。

其他因素

最后，一些其他可能与金融发展相关的变量与金融深化之间的关系不那么明显，尤其是加上模型中的变量后。Chinn 和 Ito（2006）等人认为商品市场的自由化是金融市场自由化的前提，因为贸易开放度是大部分新兴市场做得比较好的板块，但是回归结果并不支持原假设，其中的原因仍不明晰，尽管一个原因是大多数国家金融管制较严格，阻碍了商品贸易的相对自由化。

类似地，政府债务增长率看起来似乎也和金融发展整体的关联性不强（表6.1）。财政压力导致政府债券增长可能会对金融部门有负面影响，因为债务的快速增长将挤出私人投资或者提高通货膨胀率。一国若是有大规模的公共债务，其金融部门的效率相比之下也会低一些（Ayadi 等人，2013）。这些假设与印度的经历相印证。在其他情况下，审慎财政政策意味着政府债务市场规模相对小，很难去分散国内资产市场，建立基准利率。

复杂性与国内连通性

亚洲金融系统的复杂性反映其规模，金融中心中国香港特别行政区和新加坡，以及其他发达经济体如澳大利亚、日本、韩国和新西兰的金融系统复杂性不亚于欧洲和北美地区，但是新兴市场的金融体系则相对简单，这在亚洲都成立（第2章）。

在亚洲新兴市场中，银行主导着金融部门，银行借贷中大部分期限较短，资本市场相对庞大，但是正如第4章讨论的，其波动性也较剧烈。但是尽管公司债市场在近几年快速增长，长期债的期权发行也相对有限。在许多国家，债券市场即使是公共债务的流动性也开始相对较差，发行者主要是高评级公司，尤其是上市公司。除了供应端的问题，需求段也有困难。与发达经济体相比，亚洲新兴市场当地的长期持有投资者相对较少，这是由于养老基金和保险公司相对较小。除此之外，在许多亚洲新兴国家，养老金和保险公司是国有企业，参与私人部门债券市场有复杂的监管要求，尤其是高风险产品。许多亚洲新兴市场缺乏搜集金融数据的基础设施、信贷经验以及刺激对小企业和创新企业的信贷（Sheng，Ng 和 Edelmann，2013），这一局面是否会改变亚洲新兴市场将取决于银行贷款与其他投资之间的相对回报率的高低。在过去几十年，亚洲的净息差持续增加，尽管速度缓慢（图6.2），但这将抑制

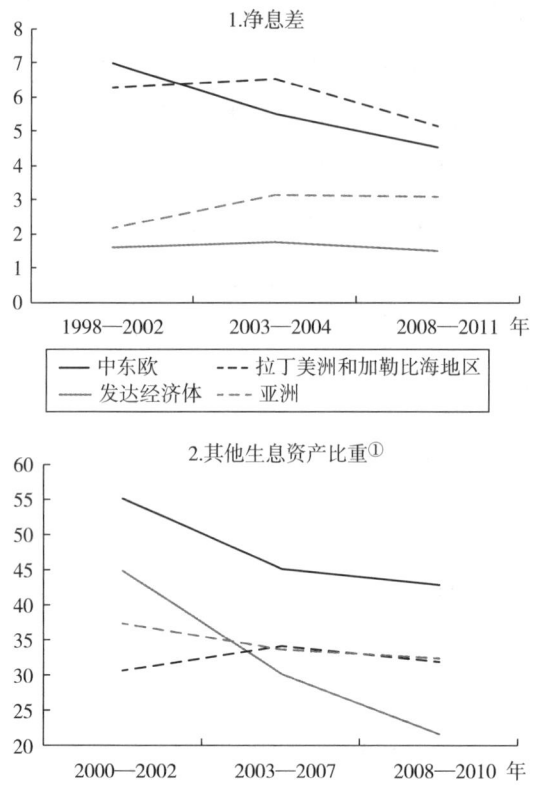

注：中东欧包括波斯尼亚和黑塞哥维那、克罗地亚、马其顿、罗马尼亚和土耳其。拉丁美洲和加勒比海地区包括巴西、智利、哥伦比亚、哥斯达黎加、墨西哥、巴拉圭。发达经济体包括奥地利、比利时、芬兰、法国、德国、希腊、爱尔兰、意大利、荷兰、葡萄牙、西班牙和美国。亚洲包括澳大利亚、中国、中国香港特别行政区、印度、印度尼西亚、日本、马来西亚、菲律宾、韩国、新加坡、斯里兰卡和泰国。

① 不包括澳大利亚、中国香港、菲律宾、新加坡、斯里兰卡，其数据不可得。

资料来源：世界银行，全球金融发展数据库。

图6.2　净息差和银行资产构成

银行分散资产，成为从非传统银行业务中寻求高收益的动力。传统借贷的增长在银行收入来源中十分突出，其他非传统活动的银行收入比例在近些年呈下降趋势（图6.2）。

但是这些情况在中期会发生变化。随着全球经济复苏和发达经济体采取宽松货币政策，利率将会升高。全球资本成本的上涨将会对净息差产生压力，改善非传统性更具复杂结构的产品收益。

境外投资者也是多元化的另一个潜在资源。但是境外参与度一般在开放的流动性高的市场最高，亚洲市场不如其他新兴市场一样对境外投资者那么开放（第2章），较差的流动性和其他因素阻碍了境外参与度（第4章和第5章）。

国内因素的重要性不容小觑。在许多亚洲国家，由于储蓄和借贷的竞争加剧，净息差也在下行区间。在马来西亚和印度尼西亚等国家，大部分贷款都是浮动率，对高质量的借款人竞争尤其激烈。资本市场的继续深化以及本币债券市场的发展同样为大规模和高质量借贷者提供更多样化的选择，在大部分国家，这些借款人组成了银行贷款最稳定的部分。由于银行也开始竞争这一业务，借款率也在下降。资产负债表的负债端也很重要。在亚洲新兴市场以零售存款为融资主力军的市场中，揽储竞争逐渐侵蚀了净息差，推动银行在处置风险时加大创新，追求新生产线，为储蓄者设计新产品。

监管变化也会产生影响。比如《巴塞尔协议Ⅲ》中对流动性覆盖率的要求，将会加剧对于稳定零售存款的竞争，此类竞争将会加剧在澳大利亚一类的国家净息差压力——即使考虑到澳大利亚由四家银行主导，集中度相对较低，理论上竞争程度相对较低。在中国，存款利率一般低于替代品的回报率，如个人投资者购买的财富管理产品。随着存款利率自由化，银行存款利率将朝着替代品的回报率发展，对净息差产生潜在压力。新加坡和中国香港特别行政区作为地区的安全湾是该地区一个特例，这是由于两个经济体的全球战略，以及在新兴市场扩张借贷活动的机会。

　　在该地区，净息差的收窄或稳定将对亚洲银行战略转型产生巨大刺激，从传统银行模式转向更复杂、风险更高的商业活动和金融产品。的确，净息差与非生息资产占全部资产比例之间有显著负相关（图6.3），来自42个国家从2000年到2011年的面板年度数据展示了这一相关性，更多的是，以及净息差和其他生息资产比重的相关性，以及净息差和其他生息负债比重的相关性也都在统计上显著（图6.2）。

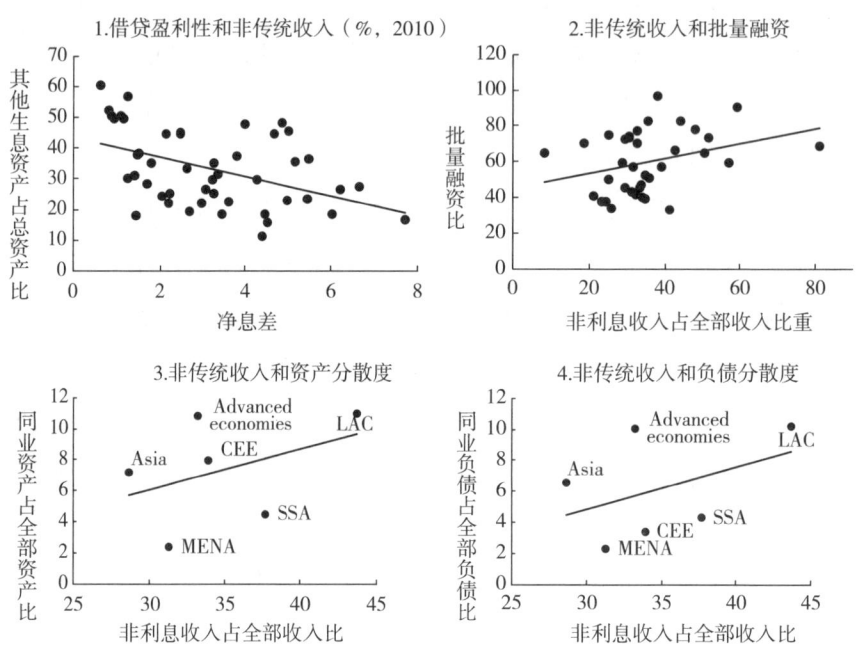

　　注：中欧和东欧（CEE）包括波斯尼亚和黑塞哥维那、保加利亚、克罗地亚、匈牙利、拉脱维亚、立陶宛、马其顿、波兰、罗马尼亚和土耳其。拉丁美洲和加勒比海地区（LAC）包括巴西、智利、哥伦比亚、哥斯达黎加、萨尔瓦多、墨西哥和巴拉圭。发达经济体包括奥地利、比利时、塞浦路斯、爱沙尼亚、芬兰、法国、德国、希腊、爱尔兰、意大利、卢森堡、马耳他、荷兰、葡萄牙、斯洛伐克、斯洛文尼亚、西班牙和美国。中东和北非地区（MENA）包括阿尔及利亚和巴基斯坦。撒哈拉以南非洲地区（SSA）包括肯尼亚、毛里求斯、南非和乌干达。亚洲包括印度尼西亚、日本、马来西亚、菲律宾和泰国。

　　资料来源：Bankscope；全球金融发展数据库；IMF，国际金融统计数据库；IMF数据整理。

图6.3　银行借贷盈利性和非传统收入

但是，该过程中一个关键的结果将成为高风险贷款的推动力，要求
监管者有更高的风控标准，这在第 11 章将会讨论。随着银行对非利息
收入的依赖性逐渐增加（随着其商业模式日趋复杂），银行对批发银行
业务也将更加依赖，同业银行的重要性也会增加（图 6.3）。对于储蓄
率的竞争加剧，可能会促进非银行金融机构的快速增长以及影子银行
的崛起，这将会对监管者提出更高的要求，需要对更加分散的金融机构
进行监督。

表 6.2　　　　　　　　　　　　　净息差相关系数

变量	相关系数
其他生息资产占总资产比	-0.3 $(-3.9)^{***}$
其他生息负债占总负债比	-0.5 $(-8.2)^{***}$
样本区间：2000—2011	
观察值个数：210	

注：*，＊＊，＊＊＊分别表示相关系数在统计上不同于零的 10%，5% 和 1% 的重要性
水平。

资料来源：Bankscope；世界银行、全球金融发展数据库；国际货币基金组织的工作人员计算。

表 6.3　　　　　　　　　　　　非利息收入与总收入相关系数

变量	相关系数
批量融资比	0.4 $(4.6)^{***}$
同业资产占全部资产比	0.3 $(3.8)^{***}$
同业负债占全部负债比	0.1 $(2.1)^{***}$
样本区间：2000—2011	
观察值个数：210	

注：*，＊＊，＊＊＊分别表示相关系数在统计上不同于零的 10%，5% 和 1% 的重要性
水平。

资料来源：国际货币基金组织、国际金融统计数据库；世界银行、全球金融发展数据库；国际
货币基金组织的工作人员计算。

相同的因素将会推进亚洲金融系统朝着更复杂的结构发展，也会增强当地的关联性。随着银行向非传统活动转型，它们将需要融资市场上更便宜的替代品。面板数据说明在非利息收入占全部收入比与批量融资占全部负债比重呈显著正相关，与同业资产（或负债）占全部资产（或负债）比呈显著正相关。市场融资可能有一部分来自于其他金融机构。因此随着亚洲金融系统结构日趋复杂，国内金融机构将会加强连通性。更多的是，在长期，《巴塞尔协议Ⅲ》的流动性要求，尤其是关于满足净稳定融资比例的要求，可能会促使借款者更多地转向机构投资者，比如养老基金和保险公司为长期项目融资。

全球互通性

正如第 2 章所陈述的，亚洲金融系统与全球其他地区的互通性相对较弱。随着亚洲金融系统的扩张以及复杂化，全球互通性将会增加。事实上，多个文献证明许多推动亚洲金融深化的因素同样也与更高的全球互通性相关，这些因素中最重要的是收入，Aizenman 和 Noy（2009）发现人均 GDP 每 1000 美元的增长就会带来 IIP 占 GDP 比重的 0.1 个到 0.3 个百分点增长。庞大的金融系统同样更倾向于加强全球联系。[①]

商品贸易开放度更高的国家一般会有更高的金融互通性。Aizenman 和 Noy（2009）发现贸易开放度指数增长一个标准差，金融开放度指标增长 9.5%，原因之一是，更高的贸易开放度必将深化与其他地区的金融互通性。这类互通性将会增加金融抑制的成本，进而降低金融抑制的有效性。在未来随着人均 GDP 和贸易开放度继续在亚洲增加，尤其是亚洲新兴地区，比如像中国和印度这样的经济体，将会经历更高程度的金融开放，因为它们很难再维持金融抑制的现状了。

股票市场自由化、国有企业私有化和其他金融自由化的措施同样

---

① 然而，较高的 IIP 必然意味着更庞大的金融系统，可能部分是由于统计问题，因为外国资产和负债将会由金融机构发行并持有。

也与更高的全球互通性相关联。在 20 世纪 90 年代，在中东欧和其他地区的国有企业私有化导致了资本流入的骤降。在东亚经济不景气时，当地银行的海外投资者购买量比外资银行资产占比高出两倍，从 1994 年的 2% 到 1999 年的 6%。若一国的股票市场规模较大，也会有较高的全球互通性，可能是由于接收国的资产市场流动性高，且分散化，从而吸引海外投资者。机构投资者也与全球互通性密不可分。[①] 同样，这里的金融自由化和资本账户自由化通过降低金融抑制有效性来互相加强，减少市场扭曲现象，促进更好的资本分配。

除此之外，影响储蓄率的人口结构变化，尤其是赡养率的变动，在发达和新兴市场都与更高的全球互通性有关联。在亚洲，赡养比例平均都低于其他地区的发达市场，赡养比例的升高可能会促使储蓄率走高，在国内投资较大的储蓄资产池将会拉低资本回报率，尤其是相比于较低资本水平的新兴市场。最终的结果是，资本流入高收益国家。

这些资本流入被认为是有益于亚洲快速发展的人口年轻化经济体，如印度尼西亚和印度。相比于该地区增长放缓的发达地区和新兴市场经济体，这些经济体的快速增长为投资者创造更多潜在的机遇。在重力效应的作用下，该地区快速发展经济体的一体化将会加快步伐。总的来说，跨境投资将会流入邻国，资本流入国的信息和交易成本都相对较低。因此，亚洲的储蓄将寻找更高的回报，一般来说，这一类资产将会更集中在该地区而不是世界其他地区，尤其是考虑到年轻人口快速增长的经济体对大型基础设施的巨大需求。

未来走向将如何

亚洲金融部门将如何发展？在本章其他地方的讨论可知，许多因素都影响未来亚洲金融市场的规模和结构。表 6.1 展示的模型针对这些因

---

① 但是对于机构投资者，内生性问题尤其明显，因为这些投资者主要关注流动性好的、透明的市场，而这些市场已经发展完善且足够开放了。

素将如何影响亚洲金融部门以及未来走向提供了一些思路。首先是与经济发展的关系。随着亚洲新兴国家的收入不断上升，追赶这一过程使他们能够继续保持高速增长。但是较高的收入将会带来较低的增长率，因此趋同的步伐应该会放缓。亚洲新兴市场的增长将会逐渐缩小与发达经济体的差距，比如说，到了 2030 年，仅增长率一项就可以提升越南金融部门规模占 GDP 的比重这一指标 13.5 个百分点。但是增长率对亚洲的富裕经济体有较小的影响力，比如日本只能从经济增长中获益较少的金融部门深化，银行部门资产占 GDP 比重仅仅提高 3 个到 4 个百分点，这是由于日本已经形成了成熟的金融市场，并且它的人均收入增长基数高，增速慢。图 6.4 将这些结果进行了展示，第一张图展示了四个国家的案例：中国、印度、英国和美国，第二张图展示了新兴和发达亚洲国家以及非亚洲经济体的区域平均水平。但是其效果对于新兴市场相对较弱，由于新兴市场银行部门近几年的快速增长，未来增长相对不尽如人意也是有些意外。低水平预期的一个原因是历史上爆发较高频率的金融危机。20 世纪 90 年代的新兴市场危机拉低或逆转了新兴市场银行业的发展，降低增长率的历史平均值，影响预测。因为监督和管理的质量都在改善，宏观基本面在亚洲新兴市场经济体中越来越好，我们认为未来内生的危机将会减少。除此之外，其他宏观和社会因素都会有显著影响，其中重要的因素是不断走高的赡养比例。金融部门增长将会进一步被日益增加的退休人口比例以及随之而来的储蓄率下行所影响。根据联合国的预测，世界人口前景数据库（2012 年修订）和国际货币基金组织世界经济展望数据库（2014 年 4 月更新），大部分亚洲国家的赡养比例将会在 2012—2020 年增长（图 6.5）[1]，并且所有国家的以购买力平价衡量的人均 GDP 都将上升。负面效应在许多国家也很显著，尤其是日本和韩国。但是越南将会面临老龄人口比例增加的局面。

---

[1]　除了印度、印度尼西亚、马来西亚、菲律宾，这些地区的赡养比率预计将在这段时间稍微下降。

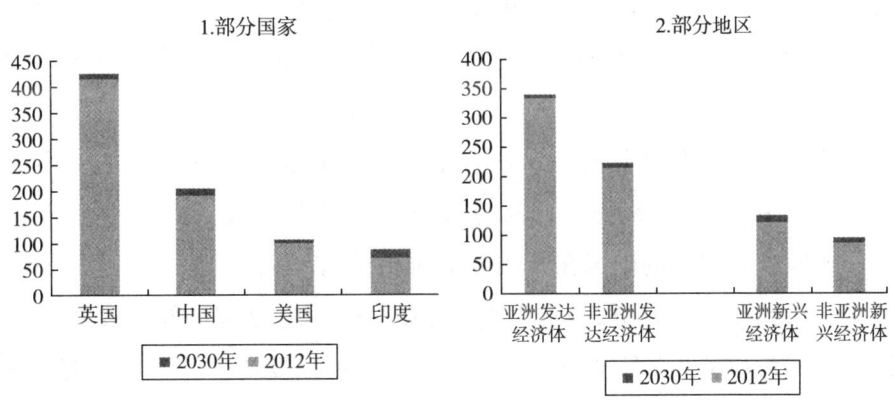

资料来源：IMF 数据整理。

图 6.4　收入增长对金融部门规模的影响（金融部门规模是以占 GDP 比重计算）

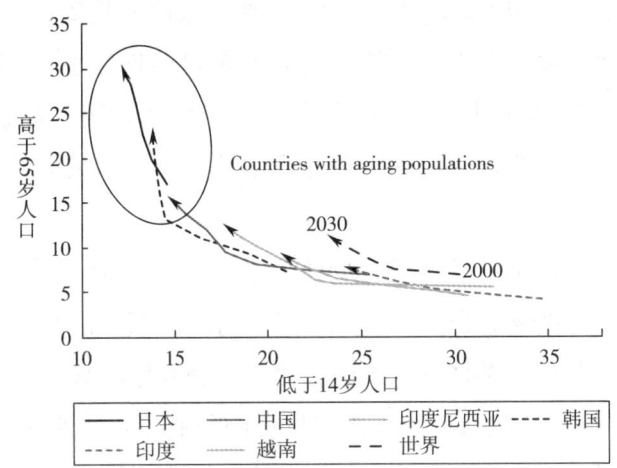

资料来源：，联合国，IMF 数据整理。

图 6.5　亚洲人口结构变化（总人口的百分比，2000—2030 年）

　　从宏观经济和社会原因来看，中国都是与众不同的案例，银行资产占 GDP 的比重远远高于美国，其水平可与德国相比。这部分反映了在危机后时代，信贷增长在接下来几年都会稳定处于上升区间，未来人均收入依然保持快速上升态势，预计金融部门规模面临大幅度增长，老龄化因素会对其产生反向作用。由于这些因素的相对重要性不是很明晰，中国金融部门的整体方向也不确定，但是它依然是亚洲规模最大的金融部门。

资本账户开放度是另一个决定亚洲金融版图的关键因素。资本账户在本章由 IIP 指数来衡量，其与人均 GDP 相关（图 6.6）。在亚洲地区，相同收入水平的国家在开放度上大相径庭，因此未来开放度的发展水平很难预测。但是通过利用澳大利亚——一个相对开放的发达经济体——作为模型，基于表 6.1 的回归结果，可以发现进一步自由化对亚洲金融部门规模的影响。如果相对开放的亚洲经济体，如马来西亚，在 2020 年达到澳大利亚今天的开放程度，那么金融部门规模在 GDP 中的比例将增长 13 个百分点。对于欠开放国家，效应则更显著。比如说，印度尼西亚目前的 IIP 是 GDP 的 80%，而马来西亚是 230%，如果印度尼西亚也发展到澳大利亚的水平（在短时期可能性较小），金融部门规模占 GDP 比重将会增长 46 个百分点。对于更加封闭的经济体，如印度，效果可能远远超出上面两类。尽管如此，快速增长的 IIP 在短时间内难以达到。

中国再一次成为特殊案例。中国的资本账户相对开放，在 2011 年大概是 GDP 的 109%，但是部分原因是央行的巨额外汇储备。除去这些外汇储备则是另外一番情景。中国相比于亚洲其他新兴市场，其开放度位于较低水平。[1] 中国取消流入流出投资的限制不仅带来更多的投资流入，因为海外投资者有机会购买更多的中国资产，另一方面也会带来大规模资本外流，因为中国国内储蓄将能够投资海外，资本外流规模将是巨大的（Bayoumi 和 Ohnsorge，2013）。因此，中国资本账户开放度将为国内金融部门提供更多机会来分散并扩张海外投资，同时也允许国内储户的投资范围更广。

---

[1] 在中国，除去官方储备，IIP 的资产和负债在 2013 年年底约占 GDP 的 64%，在印度尼西亚，该比例为 75%，而在马来西亚和泰国，超过 120%。

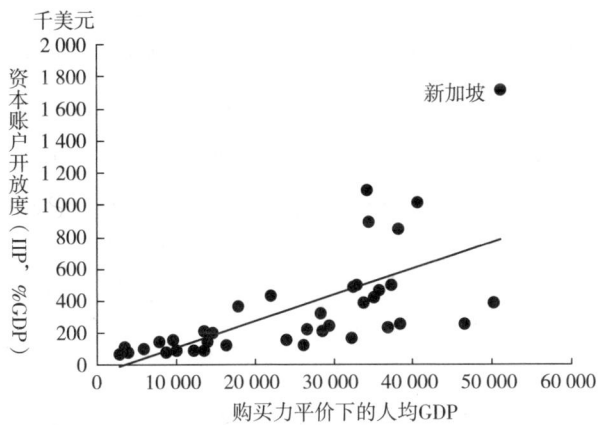

注：样本国家包括澳大利亚、奥地利、比利时、巴西、加拿大、中国、智利、哥伦比亚、捷克共和国、丹麦、芬兰、法国、德国、匈牙利、印度、印度尼西亚、爱尔兰、以色列、意大利、日本、韩国、马来西亚、墨西哥、荷兰、挪威、菲律宾、波兰、葡萄牙、俄罗斯、新加坡、南非、西班牙、瑞典、瑞士、泰国、土耳其、英国和美国。

IIP = 国际投资头寸。

资料来源：Lane 和 Milesi - Ferretti（2006，2007）；国际货币基金组织，世界经济前景展望。

图 6.6 资本账户开放度与购买力平价下的人均 GDP（2003—2011 年平均值）

其他变量将更加难以预测。治理指标如资本账户开放，与收入高度相关。随着亚洲国家的收入增加，可以预期到未来的官僚质量和公共秩序的指标也将提高，进一步促进亚洲金融市场的发展。事实上，这些改进有助于亚洲股市深化，改善治理结构，更高的收入与资本账户自由化的持续是相辅相成的。

如前所述，亚洲金融部门的快速增长将伴随着复杂性和互联性的增加。最终全球利率正常化也是全球监管改革带来的影响（见第 11章），这会导致净息差下降，并且其他因素应该会刺激金融机构更多的创新，包括非银行机构，使得在亚洲金融系统更加复杂，这一过程随着净息差的下降可能会进一步深化，如马来西亚和韩国。在竞争相对温和的国家，储蓄增长势头迅猛，但是在金融抑制主导的国家由于相对封闭的资本账户，这一过程将相对缓慢。

最后，亚洲大规模且结构复杂的金融系统将会与世界其他地区逐步一体化。尽管目前关联度较弱，但是亚洲大规模储蓄资金的分散化，国内债券市场和股票市场的进一步自由化，尤其是亚洲日益增长的收入水平，都将加强亚洲之间、亚洲与其他地区的金融关联度。随着关联度的升高，该地区的内外部贸易关系会更加紧密。随着贸易的发展，一体化将会提升跨区域的关联度。

结论

亚洲金融部门增长受到许多宏观经济和社会因素的影响，尤其是收入和人口结构，该地区的收入增长伴随着自 2002 年以来金融部门的快速发展。在该地区，中低收入国家的金融部门规模在中期也会接近富裕国家尤其是发达经济体的规模水平。另一个影响中长期亚洲金融部门的关键因素是人口结构，许多亚洲经济体尤其是在发达经济体，较高的赡养比例可能与较低的储蓄相关联，进而推迟金融深化。其他影响亚洲金融增长的因素，如通货膨胀、资本账户开放度以及法律和制度发展，都与收入有关。

亚洲金融部门主要是银行业为主导。香港特别行政区和新加坡两个金融中心和该地区其他发达经济体的金融体系的复杂程度不亚于欧洲和北美地区，但是该地区新兴市场的金融体系相对简单且主要是银行为主导。由于该地区的净息差收窄，亚洲银行将有更大的动力从传统银行向复杂商业活动及金融产品转型，为该地区带来更复杂且互通性更高的金融部门。

未来亚洲金融部门将会与全球其他地区的一体化程度更高，尤其是其内部的一体化。除此之外，当亚洲大规模储蓄资金分散程度更高、国内股权和债券市场自由化程度更高以及最重要的是收入水平继续上升时，这一进程将会加快。

第7章　香港特别行政区与新加坡作为亚洲金融中心

——互补性与稳定性

瓦内萨·菜·赖思丽，弗兰奇斯卡·奥恩佐格，

明萨克·金姆和斯里坎特·瑟哈德里

本章主要观点

- 香港特别行政区（香港特区）和新加坡逐渐发展成为亚洲新兴的全球金融中心（IFC）。

- 他们的发展路径很大程度上可以互相弥补，他们各自专注于不同的资本市场和金融部门，在亚洲的不同地区发展。

- 如果这种互补性的发展路径能够继续保持下去，地区和全球金融稳定可能都会因此而受益。

- 两个经济体中都有大型金融机构，且机构内部结构复杂、流动性大，因此需要两国之间维持在加强监管方面的合作，无论是从地区还是全球角度，这样的合作可能会对加强亚洲金融一体化进程起着重要的作用。

介绍

长久以来，亚洲金融中心都是通过"争夺第一"的视角来看的，他们中有几个是发展完备的城市，比如香港特区、新加坡和东京，也有潜在竞争者，如首尔和上海，当然很多文献都是从这个角度来观察金融

中心的发展的。但是本章提出了新的视角，在考虑亚洲金融中心发展时，地区与全球金融稳定也同样很重要。本章内容并未关注各个金融中心需要以何种方式来增强自身实力或占有优势，而是探索亚洲金融中心在共存的环境下能否保证地区和全球的金融稳定。为了解答这一问题，本文采取著名的网络分析方法，探索了全球危机传输模型（Global Shock Propagation Model）下不同的情景。在研究中，假定新加坡和香港特区为两个亚洲的主要金融中心，探索二者的共存会如何影响地区和世界的金融稳定，因为它们两个比其他相似的亚洲城市更加国际化，该研究并没有将其他可能出现的金融中心排除在外。在如今的世界，我们不仅仅研究这两个中心如何在区域和产品专业化方面互相弥补，更要说明这样的制度安排可能更好地服务于全球金融系统的稳定。

　　以全球和地区稳定为关注点，两个城市都有许多全球性重要银行，需要建立适当的行政许可、监督，管制和解决机制。监督和管制全球金融市场中的大型金融机构是极其困难的，本章随后会讲到。比如说，这两个金融中心需要与国内监督者达成最大程度的合作，也需要保证国内管理系统符合最严格的国际标准，并且它们必须要在不影响全球合作和不造成监管套利的情况下完成这些。

香港特区和新加坡作为全球金融市场的背景

相似点与不同点

　　从贸易中心到金融中心。新加坡和香港特区历史性的相似点和不同点已经被其他文献详细介绍过，其发展可以从两个经济体作为贸易中心开始介绍（Ng Beoy Kui，1998；Huan，Lim 和 Chen，2004；Pauly，2011）。两个城市都位于重要的贸易关卡，新加坡位于南海和印度洋之间，香港特区位于东北亚优越的地理位置，是通往中国的一扇大门。直到 20 世纪 70 年代，两个城市都是传统大型贸易和航运枢纽的中心。伴随着贸易方面的持续增长，基础设施建设和银行服务也在加速改善着。

两个金融系统互补性发展，也有部分重叠和竞争。

亚洲美元市场（ADM）。亚洲美元市场的创立对新加坡的发展至关重要。欧洲美元市场的快速扩张对亚洲地区形成了巨大的压力，要为美元提供市场，并且拓展其覆盖的时区。新加坡在 1968 年开启了此类市场，当亚洲美元市场刚刚成立时，政府为推动其发展，出台了激励措施并且提供优惠的税收政策，以支持亚洲美元市场发展亚洲货币。起初，香港特区暂缓发放银行牌照，并且要求对外汇存款利息收取 15% 的税收。但是，自 1978 年重新开始发放银行牌照，香港特区便开始活跃在债券市场。两个城市都通过一系列的自由化措施来对外资银行和其他金融机构开放金融部门。

中国。香港特区的优势在于可以扩展到中国国内的广阔市场。许多中国金融机构的变革都是以香港作为试点开始的，比如资产流入流出中国的各种配额制度以及人民币国际化的尝试。在这一方面，香港特区和其他国际金融中心类似，如纽约，都拥有着庞大的国内市场①。H 股的引入帮助中国大陆和香港特区建立更紧密的金融联系，H 股允许中国大陆的企业来港交所进行交易。

发展亚洲债券市场。香港特区和新加坡的发展都得益于亚洲信贷市场的发展，在金融危机前，亚洲债券市场相对规模较小，流动性差，并且分散度较低，主要是面对国家和金融发行者。从 2008 年开始，市场规模翻了两番（从 2000 亿美元发展到 4800 亿美元），亚洲地区大量盈余（内外部盈余和超额储蓄）流入到市场中，消费和投资都带来了相应的转变②。亚洲地区借贷人的一级发行量在增长，并且大部分信贷债券由亚洲投资者持有，反映出该地区投资者的回归。

政府政策。新加坡在积极的政府政策支持下发展成为国际金融中

---

① 中国对于香港特区的重要性将会在本章其他部分进行讨论。

② 亚洲地区一级发行量在增长，大部分信贷债券由亚洲投资者持有，反映出该地区投资者的回归。

心（IFC）。政府通过国际上有竞争力的税收结构，并且促进监管完善的金融系统发展来推动支持新加坡在全球金融市场的地位。新加坡的金融管理局（the Monetary Authority of Singapore，"MAS"）有多项政策角色，负责监管金融系统，从全球来看，其监督与治理都名列前茅。[①]相比之下，香港特区发展成为 IFC 多归功于"自由放任"的制度，金融部门的发展主要由市场推动（Ng Beoy Kui，1998；Huan，Lim 和 Chen，2004；Pauly，2011）。比如说，2000 年公共养老基金（强制性公积金）是由私人部门管理的。相反，在新加坡，公积金是主要由政府管理的。

政府支持。两个城市的司法部门都采取措施推进债券市场的发展，他们改善清算基础设施，比如中央清算系统和保管业务（比如香港特区的中央货币单位）；推动零售市场资金票据交换；扩大税收优惠范围；对债权发行和发放的监管流程化。香港特区和新加坡都采取措施建立一个基准收益率曲线，开放从政府债到企业债市场。并且，新加坡和马来西亚、泰国共同加入了东南亚国家联盟（东盟）跨境债券发行标准的实施中，[②] 发行者在东盟地区发行债券和股票只需要符合一种披露制度就可以，为发行者降低成本，提高效率。香港特区和新加坡都没有市场准入要求、汇款限制、发行股票的资本利得税以及对非居民征收固定收益债券的资本利得税。

竞争性还是互补性

新加坡和香港特区看似是互相补充的，因为他们为两个不同地区的客户提供金融服务。香港特区倾向于关注中国大陆和台湾地区以及韩国的市场，而新加坡的客户则主要但不局限于印度和东南亚。

---

① 参见 IMF（2013）、"新加坡金融系统稳定性评估报告"（FSSA），MAS 有如下职责：货币政策和稳定的经济增长；外汇储备管理；维护金融稳定以及发展成为健康的金融中心。除此之外，MAS 负责所有金融中介的宏微观审慎监管。

② 东南亚国家联盟披露标准计划致力于推动融资服务，同样也开拓东南亚联盟资本市场更多的投资机会。

　　市场差异化。这类差异反映在产品方面，两个国际金融中心都有各
自擅长的产品领域。除了外汇交易和资金管理，两者在其他领域如衍生
品市场和离岸借贷市场的竞争是十分有限的。香港特区和新加坡提供
不同类别的衍生品，并且在离岸借贷市场的地域分布也有很大不同
（图 7.1 和图 7.2）。

　　重要的外汇交易市场。香港特区和新加坡都是重要的外汇交易市
场（图 7.1），尽管没有自己的货币（与伦敦、纽约和东京不同），他们
的金融专业性以及强大的基础设施建设帮助货币的交易以推动该地区
的贸易增长。香港特区从 1983 年 10 月开始实行货币发行局制度，货币
美元化推动香港货币在期货和期权市场扮演着美元的替代品的角色。
然而从全球范围看，新加坡和香港的外汇交易市场规模仍然很小。

　　香港特区和新加坡是该地区重要的股票和债券市场，但是从全球
中等规模的服务者中，香港特区在股票发行市场中规模较大，新加坡在
债券发行市场中发展突出。

　　人民币。人民币业务的发展推动了香港特区的繁荣，香港特区成为
人民币交易、结算、融资和资产管理的离岸区。根据香港金融管理局
（HKMA）统计，香港特区在 2013 年人民币交易量达到 38 410 亿元，截
至 2013 年底，人民币债券的存货量已到达 3 100 亿元。[1] 人民币主权债
券的发行量从 2009 年首次发行后急速增长，2010 年达到 80 亿元，2013
年达到 116 亿元。人民币金融工具和产品的范围已经拓展到货币远期，
与 A 股市场相互流通，这些交易都有助于维持流动性稳定，在 2013 年，
人民币存款和银行发行的存款单共计 10 530 亿元。

　　人民币业务的竞争。目前香港特区是人民币业务的主要离岸场所。
新加坡努力扩大其市场份额，尤其是人民币市场持续扩张。2013 年 2
月，中国人民银行授权中国工商银行新加坡分行作为新加坡的人民币

---

　　① HKMA 国际金融中心部分，《2013 年度报告》。

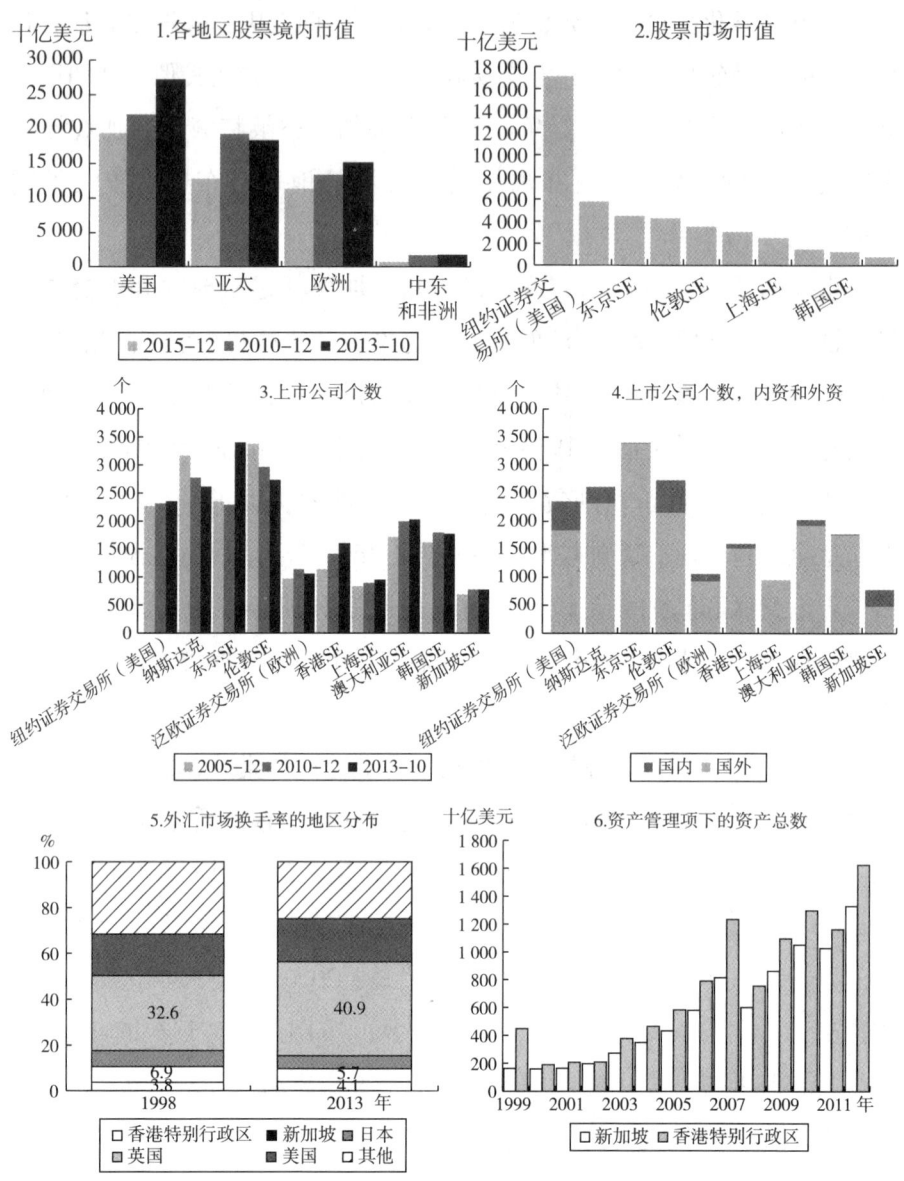

注：SE = 股票交易所。

资料来源：国际清算银行；香港特区债券及期货协会；新加坡货币局 World Federal of Exchange (2011)。

图 7.1　业务产品情况

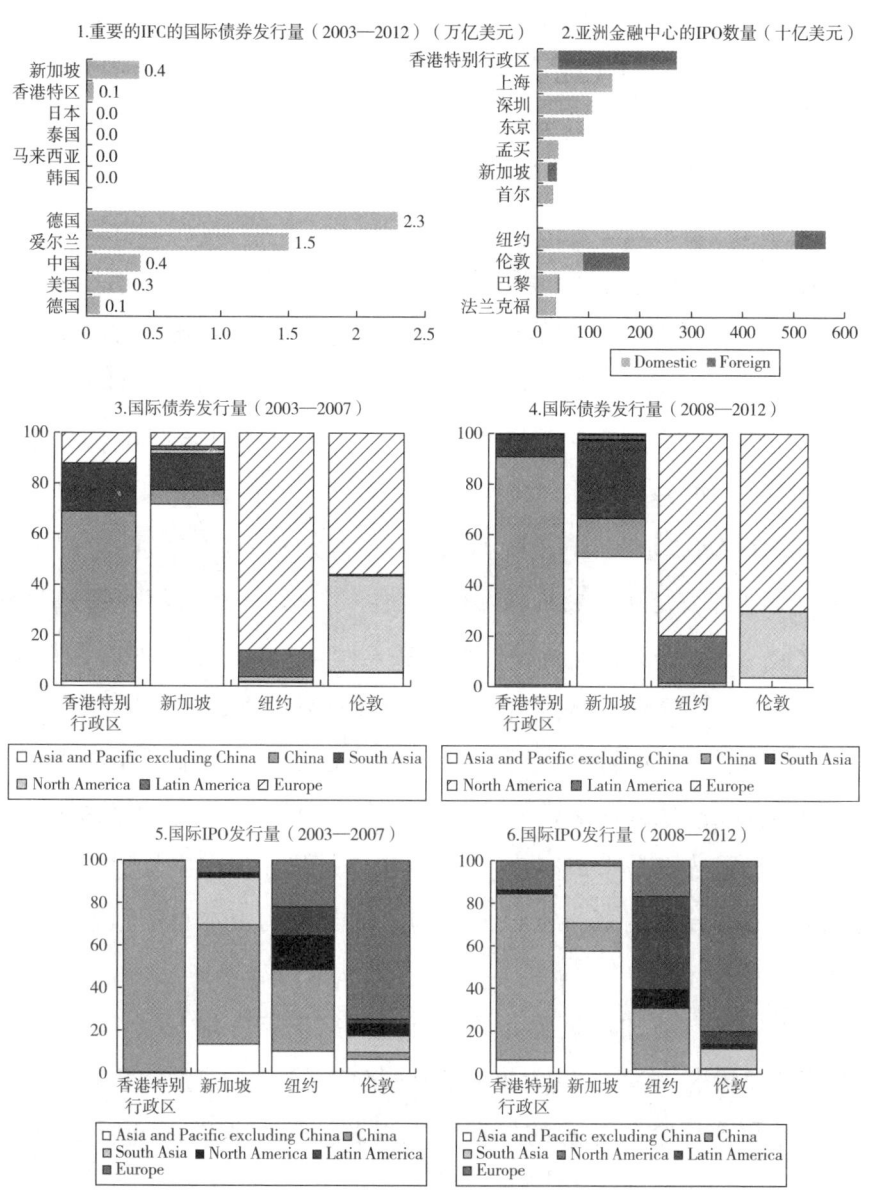

注：CHE = 瑞士；DEU = 德国；GBR = 英国；HKG = 香港特区；IFC = 全球金融中心；IPO = 首次公开发行；IRL = 爱尔兰；JPN = 日本；KOR = 韩国；MYS = 马来西亚；SGP = 新加坡；THA = 泰国；USA = 美国。

资料来源：Dealogic；IMF（2014）；World Federal of Exchange（2011）；作者整理。

图 7.2　发行者的地区分布情况

清算银行，自此新加坡的人民币市场有了突飞猛进的发展，这种催化式增长。[①] 在金融交易方面尤其突出[②]。在 2013 年 12 月，新加坡交易中心和香港交易及清算中心签署协议，共同发展优势，推动亚洲更快发展，这一合作包括新技术、监管制度和共同产品的发展，人民币计价产品将会包括债券、商品、股票或者货币。

债券市场。香港特区和新加坡都是中等规模的国际债券市场，尽管从 2009 年开始香港特区的债权发行量已经翻五番，而新加坡则是有十倍的增长，但是这两个地区和国家仍然比爱尔兰、伦敦、卢森堡和美国市场都要小。其发行量主要是以当地货币为主（香港特区中 67% 是当地货币，新加坡是 77%）。在香港特区，私人部门的债券占主导地位（64%），在新加坡，国债和私人债券平分秋色（分别是 47% 和53%）。[③] 新加坡是亚洲最具国际化的债券市场之一，每年有超过 25%的发行量是来自外资，外资发行者主要是跨国机构、公司和金融机构。从 2005 年开始，新加坡成为主要基准债券指数构成的一部分。

股权市场。香港特区和新加坡的股票交易与同类市场相比规模较小，但是在亚洲地区规模算是比较大的了，两地国内资本总额占全球股权市场的比重分别是 4.8% 和 1.2%（如果是与亚洲国家相比股权市场资本额占有率分别是 16.4% 和 4.8%），港交所的资本总额是新交所的四倍。

飞速增长。新加坡证券市场的市值在 20 年内增长了 20 倍（从1990 年的 340 亿美元到 2013 年的 7700 亿美元），飞速的增长是由离岸银行业务和公积金放开后的外资涌入以及注册要求的放开所推动的。

---

① 根据 2014 年 4 月 28 日 SWIFT 报社披露，新加坡超过伦敦成为除香港特区外最大的离岸人民币清算中心。

② 根据 2013 年 12 月 3 日全球银行家金融通信报社报道，除中国大陆和香港特区以外，新加坡成为使用人民币进行金融交易量最大的国家。

③ 在新加坡，资产相关的公司是发行公司债的主要部门，其次是政府相关公司（航线、电信、交通和银行）。香港特区相应的数据不可得。

香港股票交易市场资本额更大，在 2013 年 11 月达到了 3 万亿美元，排名仅次于欧洲、日本和美国股票交易所。在香港特区注册的一半公司是来自于中国大陆，说明香港特区的经济发展与中国大陆紧密相连，在 2013 年 10 月，有 1 602 家注册公司，市值达到了 234 亿港元。

发展中的投资基金管理。亚洲及太平洋地区尤其是中国的发展，支持了香港特区和新加坡的投资基金管理业务发展。两个国际金融中心在存款和为境外投资者管理离岸货币方面都起到积极作用，因此，从 1999 年开始，新加坡和香港特区的资产管理规模大幅增长（分别是六倍和四倍），包括共同基金、对冲基金、私募股权和房地产信托基金。

资产管理枢纽。前 50 位的国际基金管理公司有三分之二都在香港特区和新加坡开展业务。香港特区的基金经理人数最多并且有巨额的对冲基金资产（870 亿美元，而新加坡则是 630 亿美元），其中包括投资到亚洲的资产。香港特区是最早的人民币离岸中心，管理的资产主要是投资海外，在股票和债券两个领域大致平均分配。亚洲和太平洋市场是主要的投资目的地，其中香港特区有 80% 的资产，新加坡有 70% 的资产。

开放度。投资基金管理行业在两个城市的国际化程度很高。新加坡主要是作为资金通道，外资进入，再投向海外。新加坡国内的 600 家基金管理公司有 80% 左右的资产都是来源于国外，主要是亚洲地区；其中，86% 的资产再投向其他地区。[①] 由于新加坡银行的风险敞口限制，基金经理预期的失败带来的金融稳定风险很有可能会对金融中心带来声誉风险。有利的税收制度和法律框架在为新加坡的发展保驾护航。在新加坡和香港特区，完善的市场基础设施、金融专业化、有利的税收环境、交易限制的减少以及联合信托公司和共同基金的行为准则的出台都吸引着海外资金管理人。

---

① 亚洲和太平洋市场是主要的投资目的地，其中香港特区有 80% 的资产，新加坡有 70% 的资产。

增长的驱动因素

本章节讨论自全球金融危机后，香港特区和新加坡增长背后的推动因素。比如说香港特区一直以来得益于来自中国大陆大规模的首次公开募股（IPO）和债券发行，但是其增长是由于拥有"中国通道"的优越地理位置，还是反映出其自身的竞争力增强，比如相关基础设施和机构的发展？更一般地说，香港和新加坡的发展在多大程度上得益于亚洲新兴市场经济体的外资？作为国际金融中心其内在竞争力的贡献率有多少呢？从新加坡和香港特区的发展经验来看，二者如何出现差异，以及他们和西方竞争者，如纽约和伦敦，发展差异又是什么呢？

恒定市场份额模型。分析通过固定市场占有率来回答这些问题。在初始贸易框架下，该方法假定每一个国家的出口增长是由两个不同因素决定的：（1）该国的出口地和出口产品组成变化，和（2）当出口地和产品组成不变时，该国出口量占全球份额的变化。该分析使用相同方法来分析在国际金融中心的境外 IPO 和债券发行量的增长速度。在该范式下，结构性改革影响了国际金融中心的海外发行者变化，竞争力表现在国际金融中心 IPO 发行量在全球份额变化上。[①]

不同推动力。恒定市场份额模型[②]阐明香港和新加坡的相同推动力：竞争力增长是 IPO 发行量变化的主要推动力，而结构性变化对国际债权发行更重要。

IPOs。从 1998 年以来，两个亚洲国际金融中心的全球 IPO 发行量差异显著（图 7.1）。竞争力增长在两个 IFC 中贡献突出，但是，香港特区的增长更多的是由于海外发行者的占比变化（223%），相比之下新加坡只有 93%。在香港，来自中国的 IPO 增长了六倍多，其中大部分的份额发生在 2003 年到 2007 年间。新加坡主要是得益于竞争力的增长（718%）

---

① Seade，Wei，和 Wu（2001）用了相同的方法来分析不同金融服务市场中 IFC 的增长源泉。

② 这一方法参考了 Jiminez 和 Martin（2010）。

以及首次发行者的大规模发行量（784%），他们主要来自亚洲新兴市场
经济体。危机后，新加坡和香港特区持续发展着，速度稍有放缓。香港
特区内来自中国大陆的 IPO 有巨大的下滑，降到了 26%。与之相反的是，
首次发行量为香港特区增长贡献了 15%，超额抵消了结构性变动带来的
负面影响。在香港特区，来自北美和西欧国家的首次 IPO 量说明了香港
特区的发展来源于其自身竞争力，而非"中国通道"影响。类似地，在新
加坡，主要来自亚洲新兴经济体的海外发行者对当地的贡献率为 – 12%，而
其自身竞争力增强带来的贡献能够超额抵消这一负面影响。①

表 7.1　　　　　　　　主要国际金融中心的国际 IPO 增长组成分析

百分比	真实增长率	结构性影响	竞争力	首次公开发行量
From 1998—2002 to 2003—2007				
香港特区	424	232	192	0
新加坡	1 595	93	718	784
纽约	– 113	– 23	– 89	– 1
伦敦	203	– 26	146	83
From 2003—2007 to 2008—2012				
香港特区	10	– 8	3	15
新加坡	38	– 12	49	0
纽约	0	12	– 13	1
伦敦	– 39	– 19	– 23	3

注：IPO = 首次公开募股。
资料来源：Dealogic 和 IMF 员工计算。

　　债券（危机前）。来自国际债券市场的结果展现了一个截然不同的
场面（表 7.2）。从 1998—2002 年到 2003—2007 年，新加坡的国际债券
发行量翻了两番多，相比于国际增长来说，增长率达到 44%，其中竞
争力影响的贡献率为 13%，而结构性影响为 – 22%。但是整体的增长
主要是来自于首次发行者的增长，他们主要来自亚洲地区，说明地理位

①　在后危机时代，尽管竞争力增长在香港特区和新加坡两地起到了重要作用，但在纽约和伦
敦却失去了竞争力。纽约的发展得益于该地区新兴市场经济体如巴西和墨西哥的 IPO 大幅增长。

置优势可能比竞争力的改善对整体增长影响更大。同时，香港特区的发行量降低8%，相比全球市场降低了76%，这在很大程度上都是由于竞争力的缺失（－112%）。首次发行量带来的积极影响抵消负面影响，来自部分亚洲国家和英国地区的首次发行也说明了香港特区的发展得益于当地持续增长的资金需求。

表7.2　　　　主要国际金融中心的国际债券发行增长组成分析

百分比	真实增长率	结构性影响	竞争力	首次公开发行量
From 1998—2002 to 2003—2007				
香港特区	－76	7	－112	30
新加坡	44	－22	13	53
纽约	306	94	183	30
伦敦	38	20	14	4
From 2003—2007 to 2008—2012				
香港特区	261	234	27	1
新加坡	134	65	68	1
纽约	91	8	80	3
伦敦	12	9	3	0

注：IFC＝国际金融中心。

资料来源：Dealogic 和 IMF 员工计算。

在后危机时代，结构性影响起到了重要作用。在新加坡，发行量增长了134%，其中有65个百分点是由于亚洲国家发行者的组成变化，主要是中国大陆，还有68%是新加坡自身的竞争力增长。香港特区的增长（261%）主要是结构性影响尤其是来自中国大陆的发行量的快速增长，这一部分占该地区国际发行量的90%左右[①]。

香港特区和新加坡作为国际金融中心的共存性

微观效率与金融稳定。 在本章其他部分也有提及，香港特区和新加

---

　　① 尽管"中国通道"是香港特区发展的主要推动力，而对于新加坡来说，其相较于纽约的增长可能反映出竞争力的持续增长，但是伦敦的结构性影响对其增长影响较小，一部分是来自欧洲国家大规模的发行量，比如瑞士和瑞典，这些被认为是安全港的地区。

坡的不同市场和客户在亚洲地区存在互补性。从原则上来看，差异性体现在两个方面：效率（有限的竞争、或者无法完全发挥金融服务领域规模经济的优势，导致微观上的效率低）和稳定（失稳的竞争增加金融动荡的可能性）。本章节讨论两个中心目前商业模式下的金融稳定，暂且不考虑效率问题。

动荡传播实践（shock propagation exercise）。动荡传播概率模型（probabilistic shock propagation model）（在 2012 年 IMF"溢出报告"中使用）将国家配对，模型对每一对组合的双方交易网络进行研究，该模型很适合研究这一实践。[①] 该模型是一个理想模型，通过多轮降杠杆进行。在某个市场遭受损失的投资者，可能会在其他市场降低资金杠杆。当第二轮市场融资枯竭时，其中的投资者会考虑降杠杆，包括从第三个市场等（专栏 7.1）。

专栏 7.1　动荡传播模型

动荡传播模型的机制。最初一个动荡可以随意影响网络中的任意国家。某个国家被初始动荡影响的概率取决于该国的交易连接网络：与外界连接越多，就越容易成为动荡的发源地。一旦发源国受到了动荡的影响，其反应就是切断与外界交易，降低风险敞口，而该国的金融体制更倾向于降低大型风险敞口。这种降杠杆的方式将会把风险动荡传播到其他合作国家，而这些国家面临着相同的决定，触发下一轮降杠杆和传播风险。一旦链条被隔断，就不能再搭建也不能再次使用了。每一轮的降杠杆在试验中都被称为"一步"，试验允许足够多的步骤让网络中所有国家都受到影响，这一概率试验重复了上千次。严格来说，这些步骤没有时间上的区分，如果金融系统可以同时做出

---

① 与 IMF 研究不同的是，本文只是将其用作程序化假想的网络，而不是真实的双方数据。

反应，那么多步都可以并为一步。但是实际上降杠杆需要时间，所以几步行动可能为政策制定者提供时间来做出应对决策。[①]

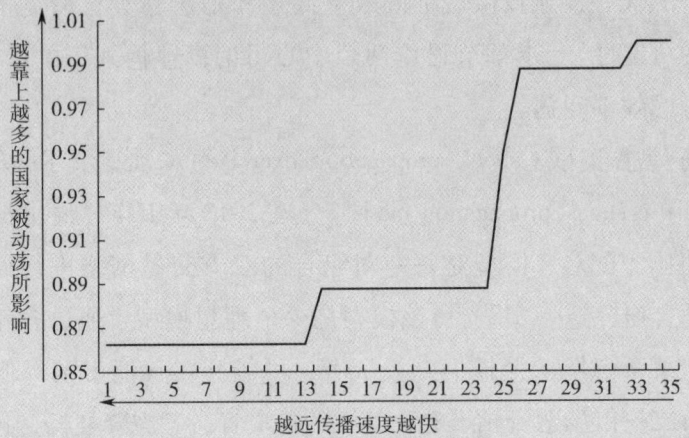

资料来源：IMF 员工计算。

图 7.1.1 动荡传播曲线

解释动荡传播结果。这一试验假设一个链条可以被隔断，理论上来说，链条可以被降低而不是隔断。但是确定降低传输的程度需要引入一系列的假设。为了保证试验的简单性和清晰性，对试验不必要的假设就不在此次考虑范围中。但是这也说明了结果只能通过传播速度来展示，而不能根据影响范围。比如，图 7.1.1 的水平轴是进行的步骤，纵轴是每一步被影响到的国家比例。[②] 这是动荡传播曲线，曲线越向右或者向下，传播速度就会越慢或者传播范围就会越小。[③]

---

① 在这一模型中，动荡通过切断链条来改变网络，而实践中可能会有更多的反应情况。

② 因为理论模型没有加权，当前所有的链条都是同等规模的。在图中，国家比例不是根据全部链条加权得到的。

③ 动荡传播曲线不是线性的，因为它包含两个不同的地区。比如说，当动荡离开亚洲到了 IFC，动荡就会跳到世界其他地区，瞬间影响众多国家。

数据和情景。为了更清晰地展现亚洲两个金融市场的作用，理想模型仅包含三个地区：亚洲（包括香港特区、新加坡、中国和八个其他亚洲国家），作为连接亚洲和世界的一个全球金融中心（英国或美国）和全球其他地区。[①] 这三个设想包括（附图 7.1.1）：

1. 香港特区和新加坡保持其差异性、互补性的商业模型：香港特区在所有与中国有关的交易中起到中介作用，而新加坡负责其他亚洲国家，这一情景是对现存地域互补性的高度理想化。

2. 香港特区和新加坡开始在亚洲就同一种业务进行竞争：两个经济体都为亚洲地区与亚洲以外地区的金融交易进行中介服务。

3. 两个其中的一个（在这里，为了方便研究，假设是香港特区）帮助另一个成为亚洲唯一的金融中心。

随机激变。图 7.3 展示出三种情况下的随机游走情况。如果香港特区和新加坡都保持差异性亚洲金融中心或者即使其中一个衰落，相比于两者共同竞争同类市场和客户的情况那么全球市场动荡程度都会较低。这是基于以下理论：由于他们广泛分散的风险交易，金融中心成为动荡传播点。如果两个金融中心为同类业务竞争，那么这两个金融中心将会建立对相同合作国家的风险交易，从而这些合作国家就会更容易受到来自香港特区或新加坡的全球动荡。

来自中国的动荡。接下来的试验假设动荡是来自中国大陆的，而不是网络中其他地区（图 7.4）。在这一试验中，香港特区和新加坡的动荡传播曲线代表以下几种情况：差异性互补的两个中心和两者分别只存在一个（黑色）。只有一个金融中心时，来自中国的动荡影响传播更快，这是因为单独的金融中心将会把来自中国的动荡直接传播到亚洲其他地区。相比之下，如果新加坡作为第二个金融中心将会缓冲动荡，

---

① 当然国际清算中心实际运用的框架更加丰富，包括众多国家之间的交易，但是其中很多交易规模较小，可能会对研究香港特区和新加坡造成干扰。因此本文分析集中在这两个地区与其他国家之间的交易的理想模型。

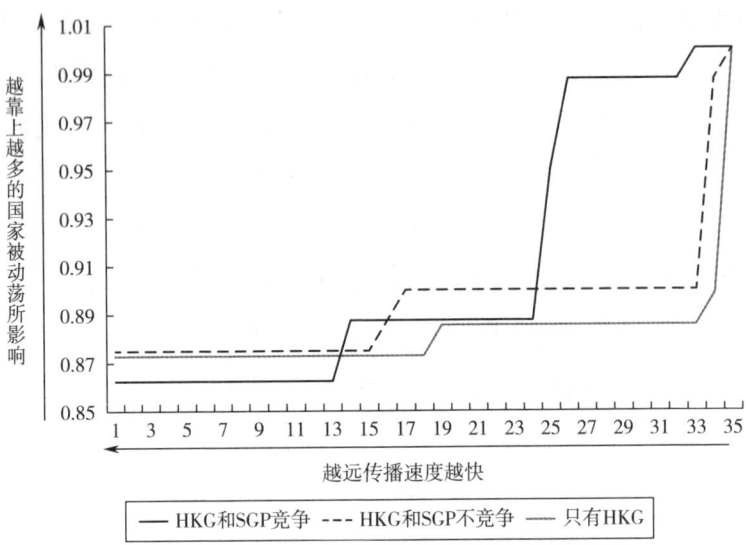

注：HKG＝香港特区；SGP＝新加坡。

资料来源：IMF 员工计算。

图7.3　动荡传播曲线：随机动荡

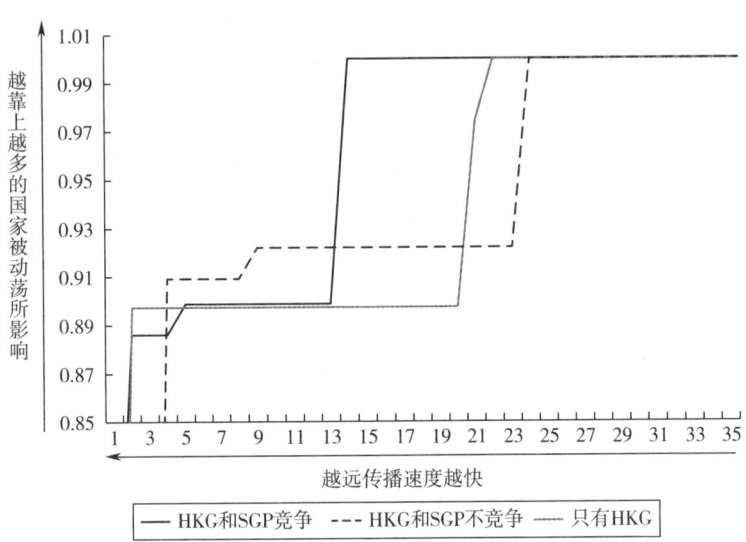

注：HKG＝香港特区；SGP＝新加坡。

资料来源：IMF 员工计算。

图7.4　动荡传播曲线：来自中国的动荡

减缓传播速度。在随意动荡的情况下也是一样，两个金融中心显示出更加缓慢的传播速度。

中国的资本账户自由化。最后的试验是考虑中国资本自由化的情况。假设香港是中国唯一的金融中心，当然随着资本限制解除，香港的吸引力在降低，上海也可能成为唯一的金融中心。在这种情况下，唯一重要的因素是，动荡的来源中国是金融中心所在的国家。为了作对比，在图 7.5 中，之前试验中的两个动荡传播曲线通过点曲线表现出来：红色点曲线是香港特区和新加坡作为差异性金融中心存在，黑色点曲线是二者只有一个城市作为金融中心存在的情况，曲线之间的距离说明第二个金融中心的存在能够减缓中国金融动荡传输速度，稳定金融网络。接下来，考虑中国大陆的资本账户开放，两条连续曲线是资本账户开放后的动荡传播曲线，二者的差距说明了新加坡的存在能够减缓传播速度的程度，后者的差距要比之前的大很多。因此，随

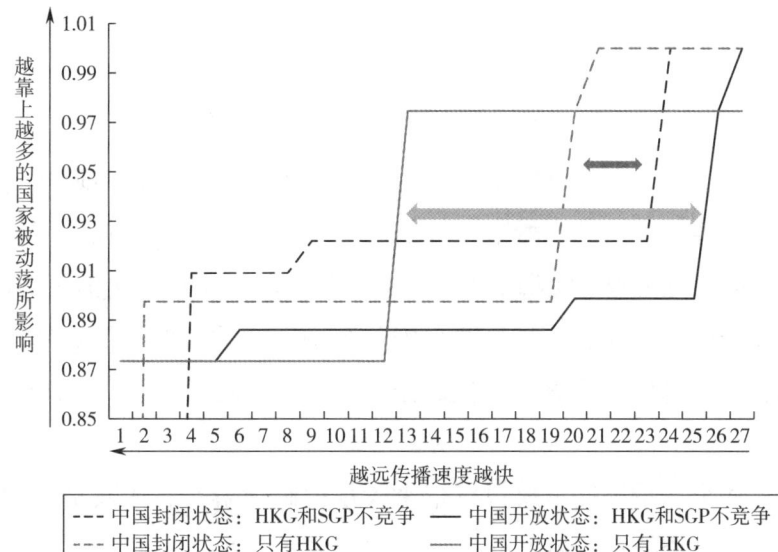

注：HKG = 中国香港；SGP = 新加坡。

资料来源：IMF 员工计算。

图 7.5　动荡传播曲线：来自中国的动荡

着中国大陆开放资本账户，融入全球金融网络，新加坡作为中国和亚洲其他地区之间的缓冲带，其存在对增强金融网络的稳定性更具意义。

这些结果说明了多个金融中心对于金融稳定的影响取决于其自身的特点。金融中心连接各国，可能会加速传播。只有当第二个金融中心不同于第一个金融中心时，其缓冲作用才可能出现。

总的来说，这些试验说明当前两个经济体的互补性对于地区和全球金融稳定都很重要，并且随着中国逐级深入全球金融体系，维持互补性的意义在增强。正如之前所说，竞争可能会提高两者的微观效率。但是在不考虑效率的情况下，也需要说明在经济体中有内在需求来与外界竞争，已达到规模经济。我们从这些动荡传播的研究中主要想说明的是，过度的竞争可能会带来金融体系的不稳定，两个"差异化"的金融中心可能会更好地平衡微观竞争与宏观稳定的关系。

监管问题

海外金融机构的存在

通道。海外金融市场参与者一般将香港和新加坡作为通往亚洲其他地区的连接点，两个城市一般是起到"港口"作用，提供丰富的经验和基础设施建设，金融主体和服务分散化，并且两个城市的法律、监管和监督框架都比较完善。两个国际金融中心共有的特征是外资银行占比较大，包括全球系统性重要银行，其中许多都是分支机构而不是子公司。

这些全球系统性重要银行带来大规模跨境资产，尤其是美国和英国，银行系统的资产超出 GDP 几倍之多（图 7.6）。

商业模式。外资银行采取多种商业策略，这取决于他们自身以及区域偏好。简单来说，主要有两种商业机制：（1）存款主导的商业和零售银行，银行先吸收当地储蓄，随之在当地放贷；（2）投资主导的模

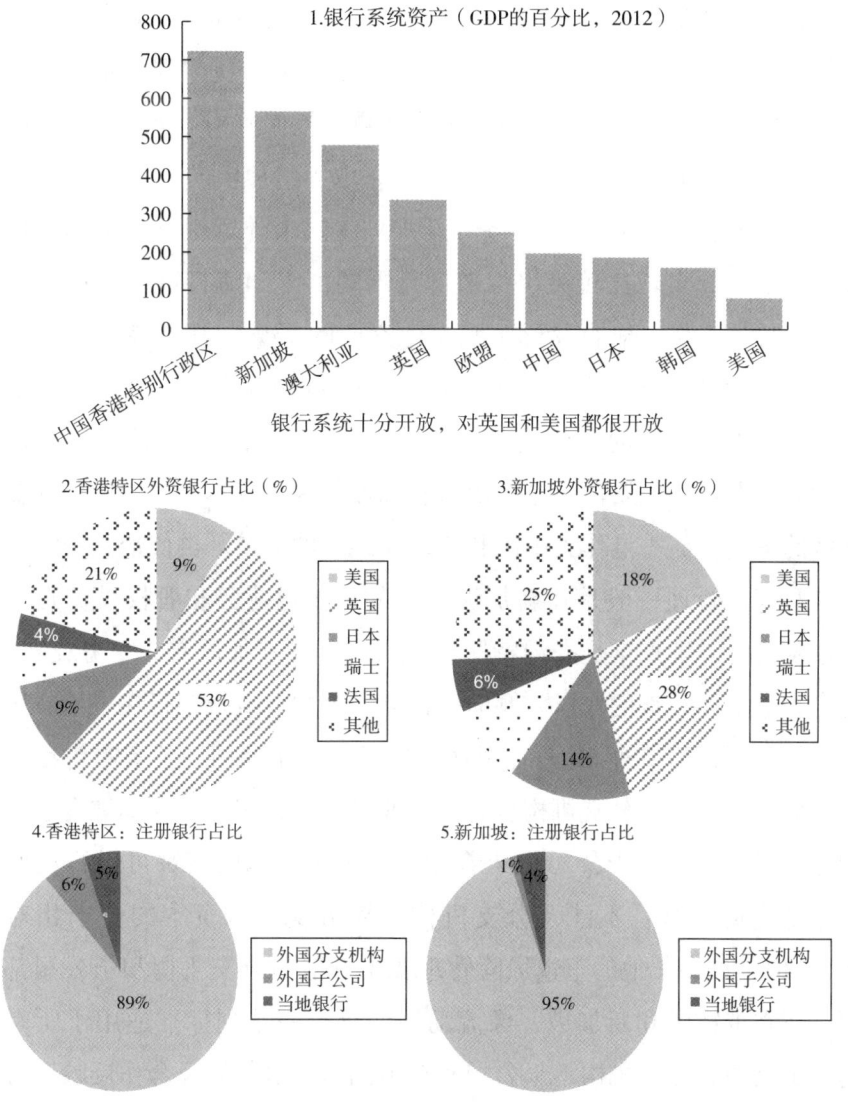

注：最大的四家外资银行占银行体系资产的一半，商业银行金融体系中占77.8%的资产。大约一半的外资银行接受零售存款并提供零售服务。

资料来源：2012 年 10 月澳大利亚金融部门评估计划；国际清算银行，国际银行业初步统计（巩固对外宣称终极风险）2013 年第二季度；欧洲银行业联盟；哈佛分析；香港金融管理局；韩国金融统计信息系统月报；新加坡金融管理局；the CityUK。

图 7.6　银行系统

型，银行一般是大型外资银行的分支机构，主要对母公司融资的项目进行投资，或者直接在资本市场投资。在亚洲地区，尤其是香港特区和新加坡，汇丰、渣打和花旗银行成为当地重要揽储机构，类似第一个商业模式。许多欧洲和其他的美国 G–SIB 采取第二种模式。

海外 G–SIB。在中国香港和新加坡，三个外资银行在他们的规模和重要性方面表现比较突出：来自英国的汇丰和渣打以及来自美国的花旗。总体来说，他们占新加坡银行资产的 23%，在香港，加上中国银行的这四家银行占比达到 53%。这三个机构说明了一个现象，全球性银行在安排他们的全球战略计划时主要考虑到其地理位置方便性以及业务专业性，主要但不是全部将新加坡作为除日本、中国以外的亚洲地区的平台，而香港作为中国和东北亚地区的港口。类似地，固定收益交易和资产管理一般是在新加坡进行的，投行业务和股权投资则是在香港发展。香港汇丰是香港特区的子公司，在新加坡有一个分支机构，符合香港汇丰一贯的作风，倾向于设立子公司。渣打银行在香港特区设立了子公司，2013 年 10 月在新加坡也成立了子公司，负责零售银行业务，但是该银行的分支机构也有其他业务。花旗银行在新加坡有子公司和分支机构。设立子公司意味着母公司和东道国政府都可以行使监管权，尽管资本监管不涉及分支机构（对分支机构资本的要求相对较少），但是许多其他的审慎风险管理要求一般对分支机构和子公司都适用，在香港特区和新加坡，像流动性要求等一系列标准适用于所有机构，子公司和分支机构、母公司和东道国监管责任以及合作反映了各自的侧重点。

国际金融中心稳健金融监管的重要性

全球金融机构，在金融中心竞争中国际金融中心的监管成为一个日益重要的因素，目前的两个趋势是：

• 政策制定对无监管的产品和市场的容忍度在降低。金融危机再次证明了金融系统需要增加弹性，是在全球范围提供加强监管框架的推动力。不符合国际规则的金融中心面临竞争压力，声誉受损。对金融中心实施适当的监督，包括稳健审慎的监管要求和有效的监管干涉机制，这些都使得金融中心成为安全天堂，尤其是在危机时期。

● 监管趋同和各国分化之间的紧张局势在加强。最近监管标准在全球层面的统一以及政策合作力度的增强缩小了监管竞争的空间，但是在全球标准的制定与实施方面并未达到完全一致。管制和监督标准之间的差距——尤其是金融中心——加剧了监管套利的风险，因此，加剧竞争危害全球稳定性。

● 选择更严格的方式。一般认为，一个稳定的监管框架是全球金融中心的竞争力因素之一。香港特区和新加坡都表现出加强稳健监管和提高金融部门透明度的决心，将这两点作为 IFC 的主要因素，这两个地区都在及时采取措施，严格实施全球监管日程，并且有突出表现。

监管合作、优先权和挑战

主要地区和全球会议的成员。除了是巴塞尔银行监管委员会和金融稳定局的成员国，新加坡金融管理局和香港金融管理局积极参加多个区域性会议来提升亚洲金融稳定性，提高本地区在全球规则制定体系中的话语权。① 这些论坛包括（1）东盟资本市场论坛，致力于整合东盟内部资本市场监管标准；（2）"东盟+3"，促进东盟和中日韩之间的合作；② （3）东亚及太平洋地区中央银行行长会议组织（EMEAP），支持区域内的金融稳定和发展，并讨论金融和货币稳定。除此之外，新加坡是 IMF 在亚洲地区的培训机构基地，清迈倡议多边化的独立监管单位，以及"东盟+3"宏观经济办公室。香港货币局作为 EMEAP 货币和金融稳定协会的主席，致力于引领亚洲地区的全

---

① 对于香港特区提出的倡议可以参照香港货币局 2012 年年报。新加坡货币局担任巴塞尔协议中银行监管核心原则工作组联合主席，在 2012 年 9 月修订了《有效银行监管的核心原则》，同时也是宏观审慎监管工作组的主席。

② 这些倡议包括通过清迈倡议多边化促进金融稳定，亚洲债券市场倡议来推动债券市场发展。

球性金融改革。

商业模式审视。各类结构性措施的兴起，比如美国（沃克尔规则）、英国（银行独立委员会，也称为维氏）和欧盟（Liikanen 建议）对银行产生激励效应，以及其他监管环境和宏观经济环境的改变也都督促银行来重新审视他们的商业模式、地理位置的设置和运营结构。[①]一些银行在考虑将资产转移到资金充裕且便宜的资金市场，也将购买交易资产的衍生品。亚洲金融中心能够从欧盟和美国银行的策略调整中获利，尤其是在资产和私人财富管理方面，衍生品方面也会有所收获。如果更多复杂的资产被转移到香港特区和新加坡，能够降低监管套利，促进可靠监管的监管框架将十分重要。

容纳全球系统性银行的挑战。在本章其他地方有所提及，外资 G–SIBs 对于两个金融中心的发展至关重要，搭建他们与 G–SIBs 的母国之间的桥梁，带来专业的技术人员，这对深化市场、增强可信度有推进作用。同时，G–SIBs 的存在也会带来一些外部性，需要监督和管理。比如，在香港特区和新加坡，外部性会存在以下几个方面：

• 规模——即使 G–SIBs 在香港特区和新加坡的部分资产（或收入）相对来说较小，但是对当地整体的银行资产、GDP 和储备金来说都意义非凡。[②]

• 互通性——G–SIBs 之间以及和其他金融伙伴的关联性很强，一个 G–SIB 的破产将会加剧系统性风险。作为 G–SIB 的东道国，香港特区和新加坡需要特别注意波动性，根据各自的利益，维持互补性，保证区域和全球稳定性。

---

① 2014 年 1 月，欧盟委员会提议的监管欧洲议会和理事会的结构性措施改善欧盟信用机构的应变能力。在《2010 年多德—弗兰克华尔街改革与消费者保护法案》中，为《1956 年美国银行控股公司法案》增加了一个新的部分，《金融服务（银行改革）法案 2013 年》的第四部分作为第九部分 B 插入到《金融服务和市场法案 2000 年》中。

② 香港特区和新加坡参与危机管理，因为 G–SIB 在两地的规模较庞大。HKMA 参加了九个这样的组织，MAS 参与了七个。

● 监管和处置框架的复杂性——大型外资银行的商业模式一般较复杂，涉及分支机构和机构结构，恰当监管这些复杂的跨境团体是极具挑战的，需要母国与东道国的共同监管。

● 系统重要性——G - SIB 的相对系统重要性取决于各自的角度（比如来自母国或者东道国政府和来自银行自身）。比如，像香港汇丰这样的集团，在英国、新加坡和香港特区被认为是系统重要性的。从香港汇丰自身的角度，其在新加坡的经营可能不如香港和英国那么重要。渣打在两个地区也是重要的银行，但是，由于其在英国的经营活动范围较小对于其母国英国来说不是那么重要。由于渣打在香港和新加坡与日俱增的收入贡献率，其被两个东道国认为是系统重要性银行。

● 疏漏①——国内监管可能不适用于当地外资银行，应用的范围取决于外资银行的形式（子公司或者分支机构）。②

目前的监管成就。除了对当地银行采取更严格的监管措施以及密切跟进，这两个中心已经采取措施来降低与外资银行和对冲基金相关的风险：

● 外资银行③——相比于内资银行，香港货币局和新加坡货币局，对其采取更为严格的标准。这些标准适用于（1）储蓄业务的注册和获得，需要成为本地公司；（2）审慎要求。比如在新加坡，全能银行和零售银行分支机构需要保证最低资本维持率，分别是35％和15％。除此之外，存款保险法案要求在保存款需要设立单独的资本率。外资银行需要符合最严格的流动性要求（他们一般持有符合要求的最低流动性资产，大概是16％），保证最低现金余额。新加坡金融管理局享有处置权力，可以对分支机构进行修正及补救行为。在香港特区，目前使用的

---

① 参见 Aiyar, Calomiris 和 Wieladek（2012）来了解英国宏观审慎政策中的疏漏。

② 尽管资本监管不涉及分支机构（对分支机构资本的要求相对较少），许多其他的审慎风险管理要求一般对分支机构和子公司都适用，像流动性要求等一系列标准适用于所有机构，包括子公司和分支机构。

③ 在新加坡 FSSA（IMF，2013）中有详细内容，参见案例2"外资银行的监管和处置"。

最低流动性要求和新的流动性覆盖率（对于一类银行），以及流动性保持率（对于二类银行）将适用于外资银行分支机构。新的处置机制也将覆盖到外资银行分支机构，目前分支机构已经处于当局的监管管制下。

- 对冲基金——对冲基金也需要严格监督。美国通过《多德—弗兰克法案》对对冲基金采取更严格的注册以及报告要求。和美国一样，新加坡金融管理局也要当地的资产和对冲基金经理持有资本市场牌照或是注册过的成员。类似地，香港特区和英国也在收紧对冲基金的管制和监督。

未来监管的展望。香港特区和新加坡作为 G – SIB 的东道国，是机遇也是挑战，需要加强管控和跨境合作。政府积极参与外资银行的风险控制和危机管理是必要的，建立发展稳定且可行的处置机制，以适用于在香港特区和新加坡活跃的外资全球系统性重要银行。

结论

互补性。通过网格分析，我们认为如果香港特区和新加坡能够共同担任金融中心的重任，并且在资本市场和地缘客户方面相辅相成，则金融体系的稳定性将会增强。的确，这一框架与他们形成的历史渊源十分契合。这里主要想说明的是过度竞争可能会破坏当前局势下的互通性，两个独特的亚洲金融中心将能够更好地平衡规模经济带来的微观红利以及金融稳定的宏观优势。

可信度。如果香港特区和新加坡继续扮演着维护稳定的角色，他们需要建立更加完善的金融系统，这将有利于有效监管、积极监督以及强大的财政和外部安全网的建立。这将有利于两个中心，如果两个地区携手加强亚洲地区的互通性，解决基础设施监管问题，并发现目前金融市场中的普遍问题和解决办法，将使得整个亚洲地区获益。

战略挑战。香港特区的金融深度和社会格局以及机构结构的深度

1.香港特别行政区是中国的金融中心;
　新加坡是亚洲其他地区的金融中心。

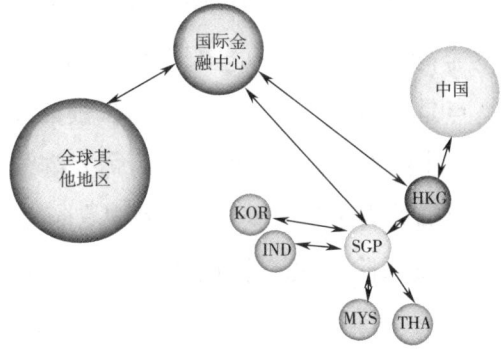

2.香港特别行政区和新加坡对亚洲而言是竞争性金融中心

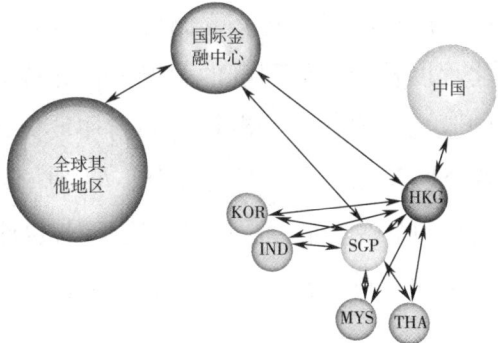

3.香港特别行政区成为中国和亚洲其他地区主要的金融中心

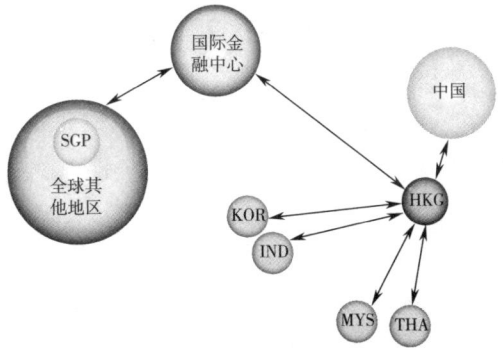

注：由于假定的连接并没有加权，所有的连线都是同等规模的。在此图中，圆圈的大小是有说明作用的。HKG = 香港特别行政区；KOR = 韩国；INO = 印度；MYS = 马来西亚；SGP = 新加坡；THA = 泰国。

附图 7.1.1　联系与动荡

为其带来了比较优势。同时，这些优势需要政府一方面服务中国大陆的金融需求，抓住相关机遇；另一方面保留并继续发展国际化特点，确定政策来支持自身的金融部门以服务更广阔客户，在二者中达到一个平衡点。新加坡的特点是国内市场规模较小，由少数大型银行主导，新加坡与香港不同，没有中国作为基础，它的银行需要继续发展长期的、有风险的区域战略。新加坡为了吸引外资、继续从创新中获益，需要深化其债权和股票市场以及保险和资产管理部门。新加坡在南亚和东南亚地区被认为是"避风港"，但是新加坡或许需要开拓新领域，发掘新的市场和产品驱动力。

有效满足本地区需求。许多新兴亚洲市场经济体与全球或者亚洲其他国家的一体化程度较低，低程度的金融一体化或者金融开放度反映出了金融深化的匮乏，这就是香港特区和新加坡促进金融一体化的突破口。比如，两个地区可以将亚洲地区中心与全球金融中心相连通，促进亚洲的经济增长和金融稳定性。最后，泛亚洲银行团体的未来发展可能会减少来自欧美团体的摩擦，进一步加强亚洲在全球监管体系和政策制定方面的话语权。

第三部分　未来的挑战

第8章　亚洲的人口结构变化及基础设施需求：金融部门如何解决这些问题

丁丁、拉斐尔·W. 拉姆和沙娜卡·J. 佩里斯

本章重点内容

- 亚洲金融部门在处理人口结构变化及基础设施需求方面起到了重要作用。

- 提高亚洲地区的金融创新和整体性将有利于跨区域金融流动，将老年储蓄者的剩余资源转换为新兴亚洲的基础设施融资渠道。

- 建立恰当谨慎的框架，以及增强地区间与全球金融市场的金融互通性，有助于分散金融资源，减少新兴亚洲地区融资成本。

- 金融深化可以缓解基础设施投资过热的情况，由此保证地区平衡发展。

介绍

本章将讨论在解决地区主要问题时亚洲金融部门的潜在作用：人口结构变化及基础设施需求。亚洲地区多元的人口结构变化很容易影响整体储蓄率，长期则会影响资源跨区域流动。发达的亚洲经济体和一些新兴的亚洲经济体面临着人口老龄化的问题，这将影响到资本回报率并且改变区域金融市场的资本结构。在老龄化社会，如何解决储蓄下行压力，并且通过分散化的方式保证高增长的亚洲资产有一定的回报

率是十分棘手的问题。但是在一些新兴的亚洲经济体，劳动人口比例预计持续增长，带来高增长和高储蓄率。尽管在人口结构和增长预期方面值得欣喜，但亚洲地区出口资本，并且被相对不完善的基础设施建设拖累。这种情况出现的部分原因是由于一些经济体的地下金融系统影响了经济增长预期。通过金融深化和金融创新调动基础设施投资的金融资源流动以推动亚洲所谓的"人口分化"依然是艰巨任务。

亚洲地区的老龄化趋势出现分化，加剧了长期储蓄率下滑的压力。在中国和日韩一类的发达亚洲国家，人口老龄化逐渐成为人们关注的问题，这一趋势是由于急剧下滑的生育率和生命周期的延长（图8.1）。总而言之，亚洲面临着人口结构的变革。在未来，储蓄将会减少，人们在退休期间将花光所有积蓄，储蓄是通过人口老龄化影响资本流动和金融市场的主要方式（IMF，2010）。相关的情况包括外部盈余的减少、资产价格的降低以及风险厌恶程度的上升。同时伴随着养老金增加和老龄化带来的成本提高，公共储蓄资金也面临着巨大压力。如果亚洲地区有更多优质的风险收益金融产品，将会促进年老的亚洲储蓄者降低本土偏好，减少对低收益资本的投资。

同理，一些拥有人口优势的亚洲国家同样面临着盘活资源为基础设施融资的问题。尽管人口结构转变的优势会带来增长，但像印度、印度尼西亚和菲律宾等一些亚洲国家的基础设施落后，成为增长的掣肘。尽管在过去的几十年这些经济体的基础设施已经有所改善，但投资的速度远低于经济发展和人口增长的速度。国际管理发展学院（IMD）发布的《世界竞争力报告》（IMF，2014）中的数据显示，新兴的亚洲经济体相比于该地区发达经济体来说，其基础设施评分较低，但超出全球平均排名（图8.2）。在电力设施和道路交通方面尤其明显。①随着公共债务的膨胀抑制了基础设施的投资，基础设施的短缺一方面

---

① 较高的排名意味着较低的分数。

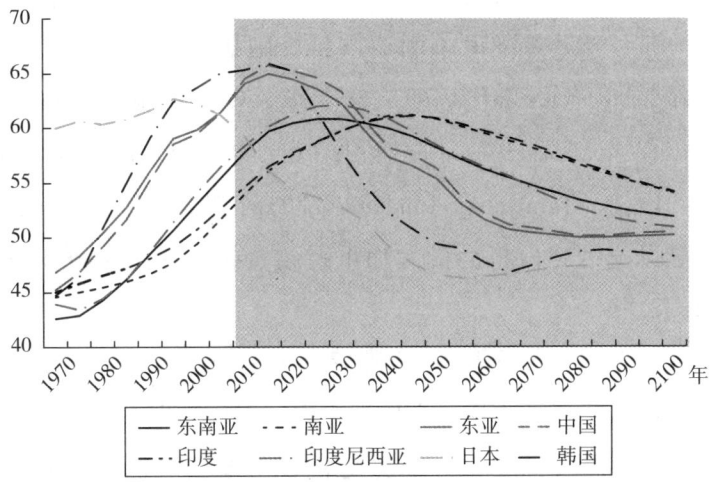

资料来源：联合国全球人口计划 2012。

图 8.1　亚洲劳动人口比例

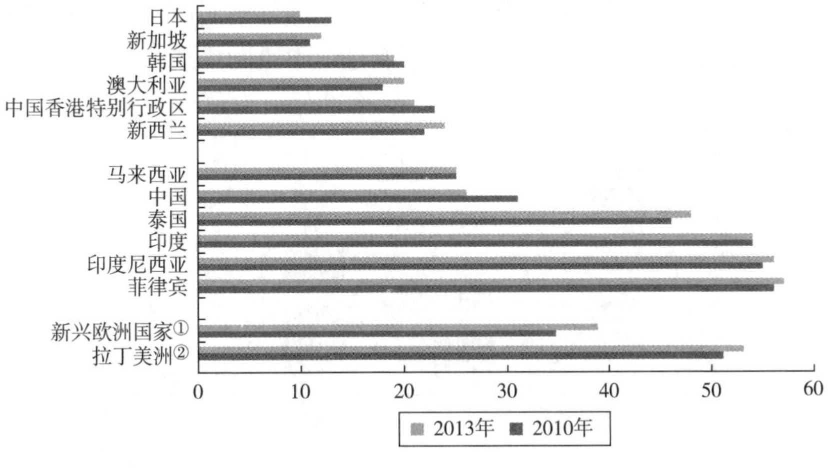

注：较低的排名意味着较好的水平，2010 年有 58 个样本，2013 年有 60 个样本。

① 新兴欧洲国家 = 保加利亚，克罗地亚，捷克共和国，爱沙尼亚，匈牙利，拉脱维亚，立陶宛，波兰，罗马尼亚，俄罗斯，斯洛伐克，斯洛文尼亚，土耳其和乌干达。

② 拉丁美洲 = 阿根廷，巴西，智利，哥伦比亚，墨西哥，秘鲁和委内瑞拉。

资料来源：国际管理发展学院。

图 8.2　基础设施排名

由于私人资本参与不足，另一方面归咎于长期资本市场融资的匮乏
（ADB，2013），这些基础设施的缺口将会阻碍增长进程。比如说，印
度尼西亚在 20 世纪 90 年代早期基础设施占 GDP 总额是 4% ~ 5%，到
了最近十年仅占 2% ~ 3%，基础设施占比的降低也限制了 GDP 大约
3% ~ 4% 的增长（Tahilyani，Tamhane 和 Tan，2011）。仅通过财政支出
来满足基础设施的缺口将会极大加重财政负担，甚至对经济增长带来
更大的隐患。

　　测算基础设施完备量需要根据收入、城镇化、人口密度和经济结构
来估计基础设施的存量。从这个角度来看，亚洲地区基础设施最大的缺
口出现在电力设施（图 8.3），该地区的平均电力传输能力大概是拉丁
美洲的 90%（IMF，2010）。在缅甸、蒙古国、菲律宾，道路网络似乎
是最需要升级维护的。除此之外，过去几十年该地区在手机方面飞速发
展，但是在通讯基础设施方面却落后于拉丁美洲。如何为庞大的基础设
施投资进行融资对于政策制定者们来说是个不小的挑战。

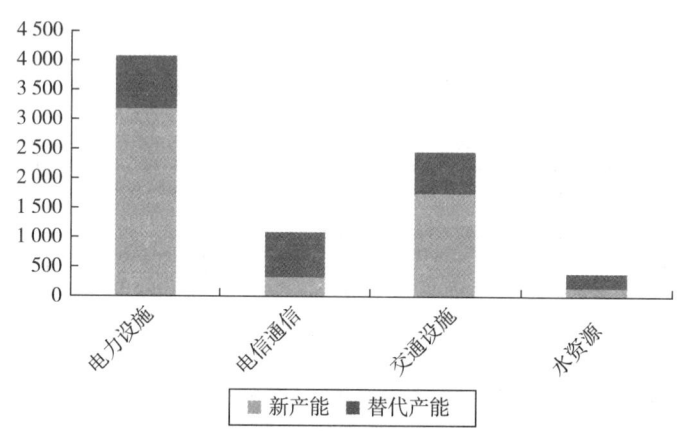

资料来源：亚洲开发银行（2009）。

图 8.3　新兴亚洲地区预计的基础设施缺口

　　该地区的金融深化和创新可能在发生着改变，政策将更关注长期
出现的问题。在设计类似的政策时，政策制定者将考虑加快金融增长和

创新等问题。未来的金融发展将能够解决这些问题，政策制定者主要关注以下几点：

- 本地区的金融创新和金融一体化——金融创新和一体化将会促进储蓄分配，增强国内市场对外部冲击的应变能力。稳健谨慎的框架和风险定价模型、金融创新和亚洲市场一体化的进展将会盘活资产，将老龄化社会的储蓄用于基础设施投资。同时亚洲一体化有助于分散风险，增强各国抵御风险的能力。新晋工业化亚洲经济体（中国香港特别行政区，韩国，新加坡，中国台湾地区）与美国共担巨额风险，但是与新兴亚洲经济体之间的分担程度较少。总的来说，亚洲地区跨区域分散风险的程度较低（IMF，2011）。

- 通过促进国内普惠金融及资本市场来深化金融——深化金融能够增加劳动人口的储蓄，进而为当地的金融基础设施投资提供资金。同样普惠金融的发展可以提高储蓄，使得家庭更容易获得信贷。正如Goswami 等（2014）一文中强调的，发展资本债券市场和扩大机构投资者规模十分重要，能够将来自普惠金融和发达亚洲经济体的储蓄引向新兴亚洲经济体的基础设施投资。

- 加强金融一体化——金融一体化推动储蓄跨区域流动，投向最有效率的投资部门。但是，这也增加了加剧金融传导及地区同步性的潜在成本（IMF，2014b），使得证券投资流动和资产价格对全球因素更加敏感，影响金融稳定（2014a）。尤其是金融一体化中包括开放的资本账户以及较高的外资参与度，政策制定者需要更加警觉，加强地区安全网以及国际政策合作，他们同样需要建立合适的宏观审慎的政策。

本章随后的内容是关于亚洲人口结构变化和基础设施缺口的一些事实性描述；实证分析人口结构如何改变储蓄率；通过动态一般均衡模型来说明某类金融部门发展带来的宏观影响，并且讨论潜在优势以及金融部门如何解决人口结构和基础设施带来的挑战，以及相关的政策设置，并且得出结论。

亚洲主要挑战

在过去的半个世纪，亚洲经历了人口结构的转变，但地区差异很大。亚洲发达的经济体大多数进入人口老龄化状态。自1980年开始，老年人赡养比例增加了4~21个百分点，主要是在中国香港特别行政区、日本和韩国。像中国、韩国一类的新兴亚洲国家的老龄化趋势相对平缓（表8.1和图8.4）。在接下来的几十年，地区差异将会更加显著，一些经济体老龄化加快（中国、日本、韩国），而在另一些新兴经济体，随着年轻人成为劳动力后，面临着人口分化问题，后者包括柬埔寨、印度、印度尼西亚、老挝、马来西亚以及菲律宾。随着经济体的人口老龄化，人均收入将会显著增加。但是，当人均收入达到一定水平后这种关系就会消失（图8.4）。

表8.1 **赡养比例（1985—2012年净变化）**

新兴亚洲经济体	1981—1985年		2008—2012年		净变化 1985—2012年	
	老年人	年轻人	老年人	年轻人	老年人	年轻人
泰国	6.4	61.6	12.5	29.4	6.1	−32.2
中国	8.8	52.5	11.2	27.2	2.4	−25.3
不丹	5.3	78.3	7.2	45.6	2.0	−32.8
印度尼西亚	6.4	70.7	8.2	40.4	1.8	−30.3
印度	6.3	68.4	7.6	47.9	1.3	−20.5
马来西亚	6.2	66.5	7.3	47.2	1.1	−19.4
柬埔寨	5.2	72.2	5.9	50.6	0.7	−21.7
孟加拉国	6.9	85.2	7.1	49.5	0.2	−35.7
缅甸	7.4	69.4	7.4	37.5	0.0	−32.0
菲律宾	5.9	86.9	5.9	58.6	0.0	−28.2
文莱达鲁萨兰国	5.1	66.7	5.0	37.6	−0.1	−29.1
越南	8.9	72.2	8.5	34.2	−0.3	−38.1
老挝	6.9	84.2	6.3	57.2	−0.6	−26.9
均值	6.6	71.9	7.7	43.3	1.1	−28.6

续表

新兴亚洲经济体	1981—1985 年		2008—2012 年		净变化 1985—2012 年	
	老年人	年轻人	老年人	年轻人	老年人	年轻人
发达国家和地区						
亚洲						
日本	14.3	33.2	34.9	20.9	20.6	−12.4
韩国	6.4	49.3	15.2	23.1	8.7	−26.2
中国香港特别行政区	10.0	34.5	16.8	15.6	6.8	−19.0
新加坡	7.3	36.4	12.2	24.0	4.9	−12.5
澳大利亚	15.3	36.8	19.8	28.2	4.5	−8.6
新西兰	15.7	39.8	19.4	30.9	3.7	−8.9
均值	11.5	38.4	19.7	23.8	8.2	−14.6
亚洲以外						
德国	22.0	24.8	30.6	20.4	8.6	−4.3
英国	23.1	30.5	25.0	26.3	1.9	−4.1
美国	17.6	33.2	19.4	30.1	1.8	−3.1
均值	20.9	29.5	25.0	25.6	4.1	−3.8

资料来源：联合国世界人口展望 2012；IMF 员工计算。

人口结构的变化从几个方面影响亚洲经济体。第一，人口结构变化影响劳动力比例，进而影响增长潜力。第二，对于加速老龄化的经济体，财政水平将面临养老金和其他老龄化相关开支增长的压力。第三，随着老龄化的发展，储蓄将会下降，因为人们在退休时花光了自己的积蓄。随着资本存量的缩减，投资将会下降，并且投资和储蓄的相互作用会影响资本流动和金融市场。由于老年人更加倾向于风险低的投资，风险偏好就会有所变化，由此导致资产回报也会发生变化。根据年龄的需求，金融产品的结构也会变化。

人口的变化通过储蓄量影响资本流动和金融市场，亚洲的人口结构转换同样被认为是高储蓄率的影响因素之一。Park 和 Shin（2009）以及 Horika 和 Terada – Hagiwara（2011）的研究说明在考虑生命周期假

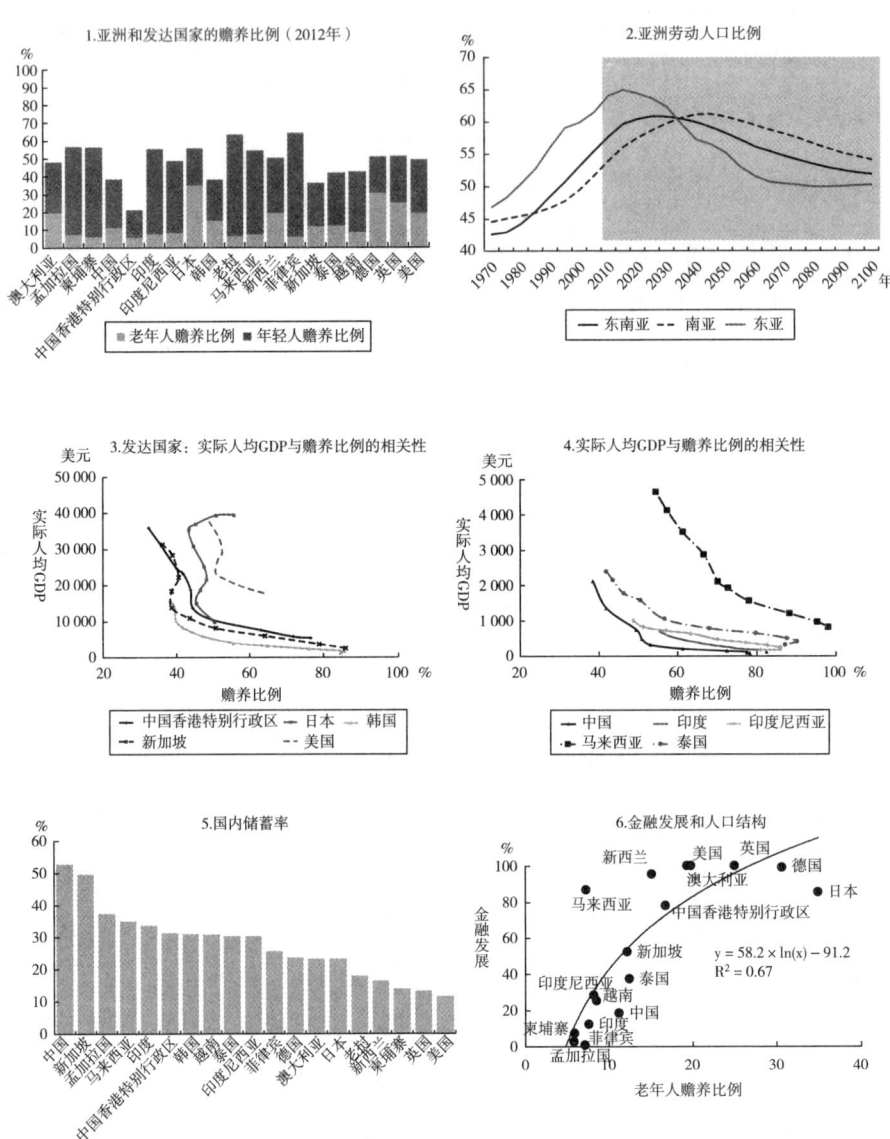

注：金融发展是根据公共部门和民间部门在信贷市场的注册比衡量的。

图8.4 亚洲地区的人口结构变化

设时，人口结构与储蓄率之间有很强的关系。[①] 1960—2012 年期间，随着赡养比例（65 周岁以上及 14 周岁以下人口占总人口比例）降低，国内居民储蓄率逐渐上升（图 8.5）。对于亚洲之外的其他发达经济体，尽管相关性较微弱，但负相关关系仍然存在。特别地，赡养比例降低，国内储蓄率升高。

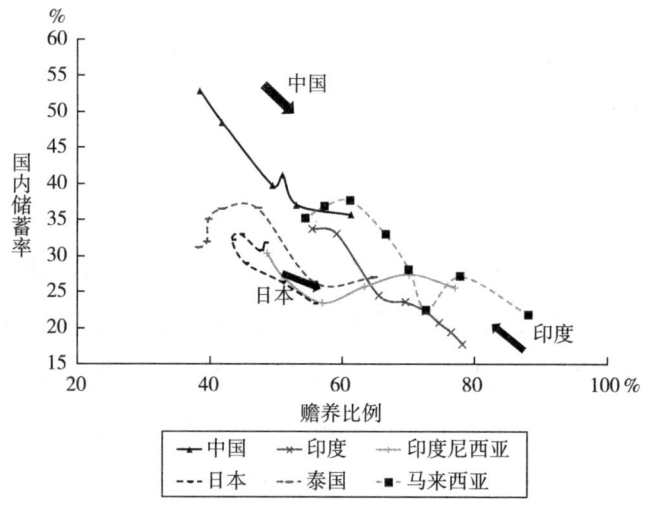

资料来源：世界银行，世界发展指标。

图 8.5　国内储蓄与赡养比例的相关性 1985—2012 年

除此之外，人口结构变化能够推动金融部门发展，这是储蓄的一个关键因素。中国和发达亚洲国家的人口老龄化现象将会降低风险偏好，因为老年人倾向于风险厌恶。这些经济体的家庭金融需求一般是要求较稳定的收益，以及更加个人化的财富管理产品和服务。一些经济体受

---

① 之前的实证分析发现基于生命周期假设人口变量对储蓄率很重要，比如 Modigliani（1970）、Feldstein 和 Horioka（1980）、Chinn 和 Prasad（2003）、Park 和 Shin（2009）、Hung 和 Qian（2010），以及 Chinn 和 Ito（2008）。由于老年人需要储蓄来支撑日常支出，居民中老龄化比重与较低储蓄率相关。类似地，较高的年轻人比例一般与较高的消费相联系，由于其收入有限导致国内储蓄率降低。老年人对预防储蓄也不那么需要，因为他们认为晚辈会照顾他们而提供经济支持，这意味着较高的老龄化水平与低储蓄率有关。

益于人口红利的高增长和高储蓄率，其金融部门发展和创新将推动储蓄流向高收益和分散化的产品，这些经济体中的金融摩擦和借贷限制可能会激励预防储蓄的需求。如果是这样的话，国内居民储蓄率将会提高收入水平。金融一体化的深化将会减少这些限制和预防性储蓄，同时提供更多的储蓄选择并且有更高的收益率（比如说，银行存款、财富管理产品、房地产抵押）。最终，由于金融市场各自的发展阶段和情况，金融发展的影响程度也各有不同，实证结果也是莫衷一是（Chinn和 Prasa，2003）。

基础设施增长的影响受到学界关注，越来越多的研究发现，基础设施类别的增多将会导致更快、更平衡的发展。除了经济增长这一好处外，基础设施投资一般带来巨大的社会效益，提升健康和教育水平，降低不平等。有实证证明，更好的基础设施提高生产率，比如 Canning 和 Pedroni（2008）使用跨国数据来说明基础设施与长期经济增长呈正相关，并且 Seneviratne 和 Sun 使用 1980 年到 2010 年的跨国数据发现，在量价齐升的基础设施能够完善收入分配并且减少不均。

尽管加强基础设施的益处很好理解，但是对于很多国家的基础设施投资来说，盘活金融资源都是一件棘手的问题。历史上，考虑到基础设施的公共品性质，其投资一般是政府主导，在亚洲和一些发达经济体都是如此。由于基础设施项目具有沉没成本规模大和建设周期较长的特点，很难吸引私人投资者，导致公共部门使用表内表外两种工具承担主要的融资责任。但是，在过去，包括印度、印度尼西亚和菲律宾的一些新兴亚洲经济体的公共债务水平并没有提供足够的财政支持来满足基础设施开支。比如在中国，政府是近几十年来基础设施投资爆发的主要驱动力（Walsh，Park 和 Yu，2011），他们积极参与基础设施建设的融资，通过隐性或者显性的政府担保进行银行贷款，在有些情况下，对于基础设施进行直接补贴以提高他们的利润和信息评级。除此之外，在大部分亚洲新兴经济体中，商业银行是融资的主导部门，为基础设施提供了大量的资金，但是银行债务一般是短期的，而基础设施项目有较长的还款期（20～30 年），这可能会加剧期限错配，阻碍长期基础设施融资。

政府融资和基础设施建设可能无法满足基础设施的缺口。亚洲发展银行在 2009 年预测，亚洲全部基础设施投资需求在未来十年可能达 80 亿美元，或者达到该地区每年 GDP 的 4%，这一比例几乎等于发达的亚洲地区目前全部的平均水平，相当于亚洲新兴经济体公共投资的一半（图 8.6）。在某一国家的公共投资稳定增长，主要依靠债务的可持续性和一些短期融资。最近几年，尽管该地区的一些政府逐渐增加基础设施投资的比例，吸取 2008 年金融危机的教训，但由于预算的限制和衰减的财政水平，其提升空间有限。

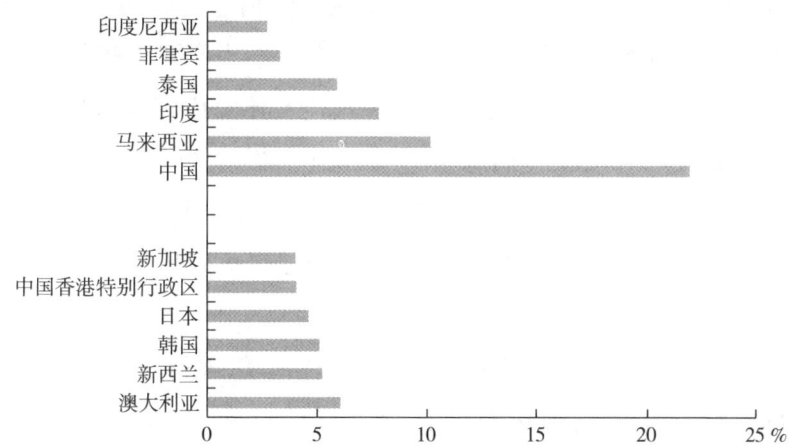

资料来源：IMF 世界经济展望。

图 8.6　公共投资占 GDP 比重，2010 年

随着当地的人口增长和巨额的基础设施缺口，新兴亚洲经济体基础设施投资融资的问题可能更加艰巨，这一融资缺口在未来能否通过自身的储蓄来满足仍然是个问题。同时，亚洲变化的人口结构能够促进跨区域金融一体化。发达地区人口老龄化加重，需求转移至新兴经济体，要求更多的金融产品，并且具有更合理的风险收益特征。特别地，新兴经济体的基础设施项目提供较高收益且稳定的长期回报，使得他们对养老金一类的投资者吸引力很大。在下一部分将要讨论的是，金融一体化的推进以及国内金融深化发展能够帮助新兴亚洲经济体更好地解决基础设施投资的挑战。

金融深化和金融一体化的宏观影响

人口变化的影响

本章首先通过简化面板估计的方法分析人口老龄化对国内储蓄率的影响，该研究估计了 12 个到 15 个亚洲经济体储蓄的决定因素。包括澳大利亚、孟加拉国、文莱达鲁萨兰国、柬埔寨、中国、中国香港特别行政区、印度、印度尼西亚、日本、韩国、老挝、马来西亚、菲律宾、新加坡、泰国和越南，这些经济体还会被分组成为不同类型，以测试亚洲新兴、发达、领先经济体的稳健性和其他差异，其他亚洲以外的发达经济体如德国、英国和美国作为参考，简化面板的估计类型如下：

• 样本区间——因为考虑的是长期，此次分析使用1960—2012 年的年度数据。多个年度一组，并取平均值也是考虑降低周期性影响，解释金融危机发生前后可能有的结构性断裂。

• 数据——资料来源于很多渠道，包括 IMF 国际金融数据库、世界银行的全球发展指数以及联合国人口项目和 Heston、Summers 和 Aten's Penn 的佩恩表（一份用来衡量国家经济增长的标准资料）7.1 版本。

• 参数——参数和公式如下

$$
\begin{aligned}
SGDP_{i,t} = {} & \beta_{0i} + \beta_1 AGE_{EL_{i,t}} + \beta_2 AGE_{YO_{i,t}} + \beta_3 ADV \times AGE_{EL_{i,t}} \\
& + \beta_4 ADV \times AGE_{YO_{i,t}} + \beta_5 GGDP_{i,t} + \beta_6 LNPCGDP_{i,t} \\
& + \beta_7 LN(PCGDPSQ_{i,t} + \beta_8 CREDITGDP_{i,t} \\
& + \beta_9 CREDITGDP\_SQ_{i,t} + \beta_{10} FD_{i,t} + \beta_{11} X_{i,t} + \gamma D_t + \varepsilon_{i,t}
\end{aligned}
$$

其中，*SGDP* 是国家 *i* 在 *t* 时刻的国内储蓄率，AGE_{EL} 和 AGE_{YO} 分别是老年人的赡养比例（65 周岁及以上）和年轻人的赡养比例（14 岁及以下），数据来自佩恩表。*GGDP* 是国内实际增长率以及 *LNPCGDP* 是以当地货币计价的人均 GDP 的指数化。*CREDITGDP* 是指私人非金融部门的信贷与实际 GDP 的比例。*FD* 是金融发展指数，该指数根据银行业务可得性、金融障碍估算得出，资料来源于全球发展指数。*X* 是控制变量的矢量（比如实际利率和通货膨胀），*D* 是表示时间和每五年的时间虚拟变量。机构和法制发展以及社区安全同样是决定储蓄率的重要因素（Ayadi 等 2013；Chamon 和 Prasad，2007），这些因素可能在跨时期以及年度时间变量中有所体现。

　　这一模型同样也包括老龄化和其他问题的相互影响，对储蓄产生非线性影响。人口老龄化可能在发达经济体和新兴经济体中影响不同。设发达经济体的时间变量为 1，与赡养比例相互影响，观察两组经济体中老龄化是否对储蓄有影响。另一方面，因为人均 GDP 的比重与信贷与 GDP 比重可能对储蓄率有非线性关系，这一模型中也包含有独立相关系数的二次方程式（LN（PCGDPSQ）和 CREDITGDP_ SQ）。[①]

表 8.2　　　　　　　　　　　估计结果的面板回归

因变量：国内储蓄						
GDP 百分比	(1)	(2)	(3)	(4)	(5)	(6)
常数	−213.4	−2.9	−8.1	38.7	33.9	55.3
	(772.5)	(29.5)	(31.6)	(31.7)	(27.7)	(29.2)
老年人赡养比例	−0.71	−0.31	−0.54	−0.64	−0.76	−0.90
	(0.4)	(0.4)	(0.2)	(0.2)	(0.4)	(0.5)
年轻人赡养比例	−0.22	−0.21	−0.15	−0.16	−0.19	−0.22
	(0.4)	(0.1)	(0.1)	(0.1)	(0.1)	(0.1)

　　[①]　回归方程使用解释变量的滞后项来降低可能出现的内生性问题。另一种方法是使用储蓄率的不重叠区间和解释变量进行分析，参见 Chinn 和 Ito（2008）和 Ayadi 等（2013）。

续表

因变量：国内储蓄						
GDP 百分比	(1)	(2)	(3)	(4)	(5)	(6)
老年人赡养比例 × 发达经济体变量	—	—	—	—	0.12 −（0.2）	0.59 （0.5）
年轻人赡养比例 × 发达经济体变量	—	—	—	—	−0.17 （0.1）	−0.22 （0.1）
ln（实际人均 GDP）	32.35 （157.4）	14.52 （6.4）	11.90 （7.1）	0.93 （7.3）	2.53 （6.7）	−1.03 （7.2）
ln（实际人均 GDP 的平方）	−0.83 （8.1）	−1.02 （0.4）	−0.75 （0.4）	−0.06 （0.5）	−0.15 （0.4）	0.03 （0.5）
ln（私人部门信贷与 GDP 之比）	0.19 （0.0）	0.01 （0.0）	0.00 （0.0）	0.06 （0.0）	0.01 （0.0）	0.02 （0.0）
ln（私人部门信贷与 GDP 之比的平方）	−0.02 （0.1）	−0.05 （0.0）	−0.03 −（0.4）	−0.05 −（0.4）	−0.01 （0.0）	−0.01 （0.0）
实际增长率	0.21 （0.1）	0.20 （0.0）	0.12 （0.0）	0.15 （0.0）	0.19 （0.0）	0.22 （0.0）
实际利率	−0.59 （0.4）	−0.58 （0.2）	−0.20 （0.2）	−0.41 （0.2）	−0.37 （0.2）	−0.54 （0.2）
通货膨胀率	−0.02 （0.1）	−0.01 （0.0）	−0.01 （0.0）	−0.01 （0.0）	−0.01 （0.0）	−0.01 （0.0）
金融发展的开放度	0.02 （0.0）	−0.04 （0.0）	0.04 （0.0）	0.03 （0.0）	0.02 （0.1）	0.01 （0.0）
控制变量：截面变量	Y	Y	Y	Y	Y	Y
国家分组	亚洲发达经济体	亚洲新兴经济体	世界	亚洲	世界	亚洲
经济体分组数量	5	9	15	14	15	14
调整的拟合优度	0.89	0.87	0.65	0.72	0.77	0.80

注：括号中的数字指相关系数的标准差。相乘的项目是发达经济体的时间变量分别乘以赡养比例。经济体分组中的"全部"指的是发达和新兴亚洲经济体，以及在 OECD 选取的一些成员国家。"亚洲全部"包括亚洲新兴经济体和发达经济体。

资料来源：作者估计。

估计的实证结果在表 8.2 中体现，总结如下：

- 较高的赡养比例一般与较低的国内储蓄相关。赡养比例对储蓄率的影响一般为负，并且具有显著性。在亚洲的发达和新兴经济体中，当老年人占比高于青少年占比时，这一负面影响更加显著。比如说，老年人占比高出一个百分点就会降低国内储蓄 0.3 个到 0.9 个百分点，而青少年占比高出一个百分点对国内储蓄的影响仅为 0.1 个到 0.2 个百分点。

- 除此之外，青年赡养比例与国内储蓄的反向相关性在发达经济体中更明显。二者的相关系数说明青年赡养比例对储蓄率的副作用主要是在发达经济体中，这可能是由于发达经济体对儿童的支出更高，在教育和人力资本的投入更多。

- 人均收入和私人信贷需求对于国内储蓄是非线性影响，这与其他研究的结论类似，参见图 8.4。较高的人均收入与较高的储蓄相关联，但是随着人均收入增长到一定阶段，国内储蓄率开始下降。其他因素比如实际 GDP 和较高的风险溢价，以类似的方式影响储蓄，但是通胀率似乎不是一个显著影响因素。

- 根据金融市场开放度衡量的金融发展也影响国内储蓄，尽管影响程度较低。在大多数情况下，相关系数为正并且显著。

进一步完善实证分析，试验通过动态一般均衡模型分析了亚洲地区预期人口结构转变的宏观影响，尤其是在储蓄和资本流动方面。该地区的人口结构变化需要加强金融一体化建设以更好地分散风险和资产配置，同时也能够增加基础设施投资，来满足新兴经济体日趋增长的人口的需求。本文中，检验发现均衡发展能够更好地发展该地区金融，因为人口结构变化和基础设施投资将会影响经济中所有部门，一些例子说明均衡发展能够推动较好的普惠金融状态、较低的企业风险和较低的主权风险溢价。分析使用了 IMF 国际货币和财政一体化模型来研究亚洲人口结构变化和基础设施投资的宏观影响。GIMF 是跨区域动态一般模型，假设家庭和企业的行为最优化以及跨时期资本流动会计准则。[①] 刚性价格和工资、真实调整成本和有限流动性的家庭之间的冲突说明货币和财政政策在金融稳定方面起着重要作用。在这一实践中，模型限于四个地区：中国、其他新兴经济体、亚洲工业化和其他地区。因为模型允许跨地区的动态交互，在不同地区融入不同人口结构和投资需求来设计情况。

　　亚洲计划的人口结构变化在不同地区有着不同的宏观经济影响，尤其是在储蓄和投资方面。根据联合国 2010 年的全球人口展望，预计亚洲新兴经济体的适龄工作人口到 2030 年大概增长 25%，依然保持着 21 世纪开始的增长趋势，但是速度开始减缓（表 8.3）。[②] 在亚洲发达经济体，适龄工作人口将会在未来二十年内有所下降，中国的适龄工作人口预期在 2020 年达到顶峰。[③] 在 GIMF 模型中，适龄工作人口在不同地区的变化作为劳动力供给冲击。更多地，随着实证分析显示，在其他变量不变的情况下，在亚洲非劳动力人口系数一般对国内储蓄率产生负影响，由于 GIMF 不考虑参与者的年龄和他们的退休计划，实践中除了劳动力供应冲击，还包括了人口结构对储蓄率的影响，[④] 劳动力供应冲击以及家庭储蓄率冲击的结合使得人口结构变化对劳动力和储蓄行为的影响得以被发现。

　　GIMF 模型的模拟结果发现，亚洲新兴地区的人口结构将在未来几十年成为增长的推动因素。模型显示，2020 年该地区适龄劳动人口的增加能够为地区的长期实际产出增长贡献 1.5 个百分点，对储蓄率与GDP 占比贡献 0.7 个百分点（图 8.7）。储蓄和投资的相互作用能够影

---

① 对于 GIMF 模型的结构，参见 Kumhof 等（2010）。

② 在我们的研究中，认为工作年龄的人在 20 周岁到 64 周岁之间，数据可以从 http：//esa. un. org/wpp/网站下载。

③ 尽管中国在 2030 年老年人比例将翻一番，但青少年比例将会显著下降，最终导致中国的适龄工作人口比例从 2010 年的 65% 降到 2030 年的 63%。

④ 我们假设，适龄工作人口增加 1 个百分点，亚洲新兴国家的储蓄率就会增加 0.3 个百分点，发达亚洲国家的储蓄率就会增加 0.3 个百分点。

表 8.3　　　　　　　　　　　亚洲人口结构变化（累计增长）

	2000—2010 年			2010—2020 年				2020—2030 年			
	人口	适龄	工作	人口	适龄	工作	人口比例	人口	适龄	工作	人口比例
中国	5.7	14.7	8.5	3.5	4.7	1.2	0.4	0.4	−2.6	−3.0	−0.9
其他亚洲新兴经济体[1]	15.4	24.4	7.8	12.5	18.3	5.2	1.6	9.2	12.0	2.6	0.8
亚洲发达经济体[2]	3.9	2.0	−1.9	2.1	−3.1	−5.2	−2.6	0.0	−6.0	−6.0	−3.0

资料来源：联合国；IMF 员工统计。

1 其他亚洲新兴经济体 = 印度，印度尼西亚，马来西亚，菲律宾，泰国和越南。

2 亚洲发达经济体 = 澳大利亚，日本，韩国，中国香港特别行政区，新西兰和新加坡。

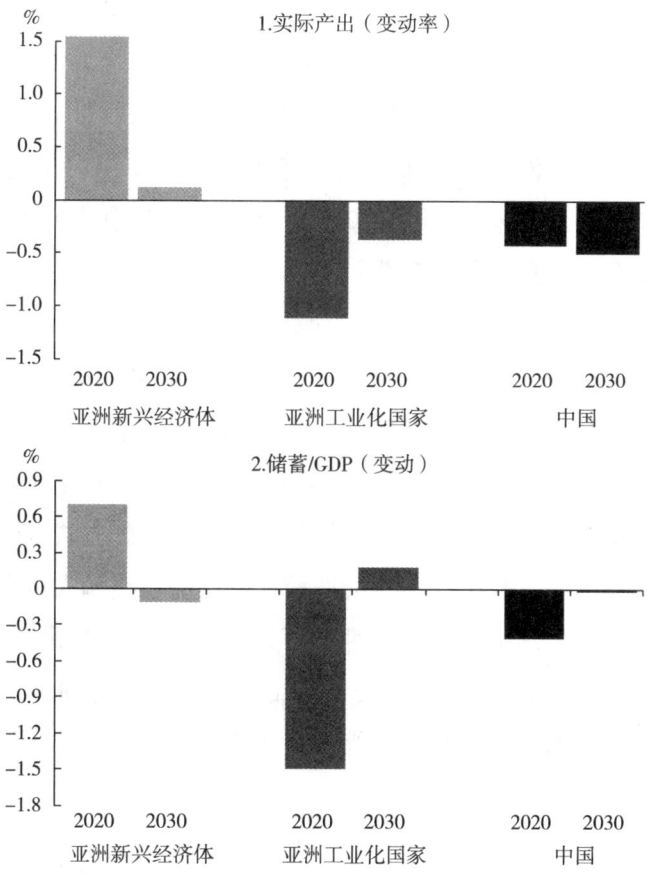

资料来源：作者基于 GIMF 模型的估计。

图 8.7　人口结构变化的影响

响经常性账户变动以及地区间和地区内部的资本流动。在亚洲新兴地区，储蓄增长一般比投资增长更重要，带来经常性账户的年度盈余。在发达的亚洲地区，储蓄缩减比投资缩减的影响力更强，这导致实际利率的增长和资本流入（但是，事实上考虑到新兴市场的高增长率和高实际利率，净资本流入将持续进行）。

尽管亚洲新兴经济体的储蓄会因为适龄工作人口而增长，但相比于庞大的基础设施缺口，这样的储蓄可能无法满足其迫切的融资需求。新兴亚洲经济体和发达亚洲经济体之间的利差水平在降低，但由于人口结构变化，这一现象不会对地区间资本流动产生重要影响。想要通过增强区域经济一体化来促进国家间更有效地资源分配，仍然需要更多的努力。

金融深化和金融一体化的红利

基准情况是亚洲地区在未来的十年里预计人口结构的变化以及持续投资，模型估计在未来十年，新兴亚洲地区的投资占 GDP 的比重将每年多出两个百分点，其中公共和私人投资各占一半。① 通过不同的政策工具来增加公共基础设施投资，境内融资方式—国内债券融资以及出售国有资产—包括公共支出再分配、完善税收政策以及放宽财政目标。在 GIMF 中，由于财政政策受特定规则影响，能够对商业周期做出较好的反应，同时保证政府债务占 GDP 的比重在一个合理的范围，扩张的公共投资支出将会通过收入政策和国内外借款的方式来融资。

在基准情况下，长期产出将会增长，但是会挤出私人需求，夸大贸易逆差。模型显示新兴亚洲的长期年产出将会增长 3 个到 4 个百分点，但是私人需求会被公共需求替代，地区的贸易逆差将会加剧，持续增长的产出缺口和通胀压力将带来紧缩性货币政策。② 在这种情况下，如何

---

① 投资占 GDP 比重超出 2 个百分点的情形是为了便于分析，尽管新兴亚洲经济体迫切要求增加基础设施投资，部分通过公共财政，但是目前合适的基础设施投资水平仍没有定论。

② 在 GIMF 中，央行采用以预期通胀率为基础的利率规则，央行通过调节实际政策利率和长期稳定利率的差值来达到稳定的目标通货膨胀率，在这一框架下，货币政策在实际产出有盈余或者通胀过高时将会开始紧缩。

利用国内外资源来缓解通胀压力将成为政策主要挑战。分析 GIMF 说明
增强新兴亚洲经济体金融深化和一体化能够提高地区的储蓄资金流动
性，降低基础设施融资成本。尤其是，该分析设计了三类情景来促进金
融发展，分别包括了三类重要参与人，（1）家庭普惠金融，改善新兴
亚洲经济体中居民参与金融市场的机会；（2）降低外部融资溢价对企
业杠杆的敏感度；（3）通过一体化的方式降低新兴亚洲经济体的外部
借款溢价。

家庭普惠金融情景——在这一类情景中，在新兴经济体中有限流
动性家庭占比从基准情况下的 50% 降到 25%，这一比例同样适用于发
达的经济体。如果更多的家庭能购获得金融产品，那么跨时期消费则会
变得平稳，民间部门能够更加有力地应对扩展性财政冲击，并且民间部
门的挤出风险也会降低。模型说明，普惠金融的深入将带来经济平稳持
续的发展。劳动力增长带来的产出盈余和公共投资将比基准情况稍少，
但是对于紧缩性财政的需求以及通胀压力将大大降低，并且进口相对
来说也会减少。

公司风险情景——在这种情况下，新兴亚洲经济体的企业借款者
风险持续降低，使得公司融资溢价 1 个百分点。公司融资溢价的降低主
要是来自外界对杠杆率较低的敏感度，进而降低了公司融资成本，因此
资金成本有显著下降，像基础设施投资一类的企业投资增加了。较低的
资金成本同样可以提高收益率，带来更高的红利，增加居民财富。如果
需要民间部门加入基础设施投资，那么这一影响至关重要。较低的成本
促使公司提高生产，对劳动力的需求也相应上升，进而提高工资水平。

主权风险溢价情景——这种情况假设新兴亚洲经济体的主权风险
溢价降低 1 个百分点。一个持续的财政扩张一般会提高资金成本并且挤
出私人投资。如果金融一体化可以降低外部融资溢价，公共投资将会更
多地依靠海外资金，因此降低国内经济的压力。与金融深化的情况类
似，通货膨胀和实际利率将不会像基准情况上升那么多，并且财政紧缩

情况也会有缓解。

模拟结果显示，随着获得金融服务的渠道逐渐完善、融资成本降低，新兴亚洲经济体将扩张基础设施投资，同时宏观经济风险和财政风险也有降低。如图 8.8 所示，利率和通货膨胀率的增长将会比基准情景幅度小，同时长期增长红利不会受到影响。除此之外，深化国内投资者基础、降低融资成本能够拓展财政空间以及增强财政稳健性，下一个章节将会讨论创造红利的方式，以及其中的政策含义。[1]

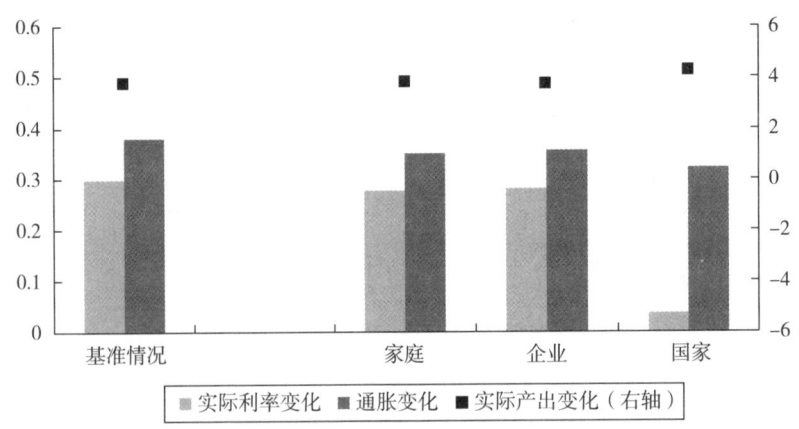

资料来源：作者的估计。

图 8.8　新兴亚洲经济体金融部门发展的模拟影响

推进金融深化与金融一体化

金融部门的发展在解决亚洲地区人口结构变化以及基础设施需求方面的问题起着重要作用。广义上说，金融部门的发展包括金融一体化和金融深化，发展金融互通，促进公司、家庭有更好的渠道获得金融服务。

---

① 结果显示在初次动荡之后的十年内，对实际利率以及通胀的最高影响水平，以及对实际产出的平均影响水平。家庭情景假定亚洲新兴经济体流动性受限的家庭所占比重会降低 25% 至 50%；公司情景假定企业融资费用下降 1%；主权情景假定主权风险溢价下降 1%。

　　相比于贸易一体化，无论是从全球还是地区范围来衡量，亚洲金融
一体化的程度是很低的。亚洲金融一体化进程应增强有效性，尤其是跨
区域一体化。相比于发达经济体，亚洲经济体在风险分担方面仍有不
足。在一系列结构性和周期性因素固定的情况下，其中包括贸易一体
化、相对经济增长率、利率和汇率运动以及汇率波动，许多亚洲经济体
的金融一体化程度远低于模型中预计的水平，只有中国香港特别行政
区和新加坡金融中心是例外。在一些情况下，金融一体化程度低于拉丁
美洲和新兴欧洲经济体（IMF，2012）。风险分担指各国家互相支持，
保护彼此不受金融风险的侵害——完美的风险分担是指再分配风险时
不存在潜在利得，[①] 亚洲地区深层次的风险分担可能帮助减少外界冲击
的干扰，降低主权风险溢价。

　　加强风险分担的一种方式是通过发展金融市场以及增强合作加强
金融一体化的质量。[②] 事实上，风险分担的降低金融传导和过度波动带
来的风险这一功能可以通过政策来加强。这样的政策包括制定一致的
市场标准和规则，建立一致的贸易规则和平台，以及统一会计标准和证
券监管。反过来，这些政策加深地区性市场，提高机构参与者的参与
度，以及发展亚洲范围的组合投资。比如，最近的资本市场改革和亚洲
债券市场倡议带来金融资源的分散化，并且扩张投资者规模（Goswami
等人，2014）。在这些倡议的共同努力下，宏观经济政策目标的一致性
提高，保证金融一体化的红利最大化。促进一致性的努力包括地区性监
督、同业比较、政策讨论，以及最终的更大范围的地区性政策合作和安
全网建设。

　　正如之前所说，金融深化的一部分是普惠金融的进一步发展。普惠
金融推动将亚洲由于人口增长带来的储蓄用于该地区的基础设施投资。
亚洲地区的家庭和中小企业金融服务可得性的提高需要分散储蓄产品、

---

① 一般来说，为了展示风险分担程度，风险分担比较了不同国家之间边际消费效用的增长率。
② 但是，风险分担不包括极端冲击。

发展信用机构和提供质量较高的抵押品以及合同（表8.4）。Goswami
等人（2014）强调了发展企业债券市场和机构投资者的障碍，这对于
促进金融储蓄为基础设施融资至关重要，推动更深层次的普惠金融在
本章之前有所讨论。

表8.4　　　　　　　　　　　　普惠金融部分指标

	使用银行服务的家庭（%）	未使用正规金融服务的成年人（百万/%）	缺乏从金融机构贷款的SMEs（百万/%）
东亚和太平洋	42	876/51~75	140－170/>59
南亚	22	612/51~75	60－70/>59
中东和北非	42	136/26~50	12－15/>59
撒哈拉以南	12	326/75~100	26－30/>59
拉丁美洲和加勒比海地区	40	250/51~75	11－12/40~59
中亚和东欧	50	193/26~50	5－7/20~39
高收入国家	90	60/0~25	10－12/<20

资料来源：扶贫协商小组，世界银行，《金融可得性报告2010》。

未来金融一体化和深化将会降低借贷溢价，以及对国内资产负债
表的敏感度。亚洲地区的金融一体化程度较低，部分反映出该地区内一
些国家的资本账户限制（Pongsaparn 和 Unteroberdoerster，2011）。但是
亚洲作为一个整体是一个净资本出口商，大部分的亚洲资本流入了美
国和欧洲的政府债券市场，另一方面，亚洲吸收外商直接投资和比主权
债券回报率更高的证券投资。国外投资资产流入很大程度上降低了主
权债券收益率，正如 Goswami 等人所研究，地区投资资产流入将降低主
权风险溢价，尤其是亚洲新兴经济体。但是通过鼓励地区投资者的参与
来促进债券市场可能会加剧全球和区域性金融环境的资产价格敏感度。
同时，更广阔的国内投资者基础能够防止资产价格在面临外国投资者
销售买卖时的超调或者低调（2014a）。因此，外资投资者直接参与当
地货币计价的债券市场需要审慎监控，并且需要与金融系统发展政策
相平衡。Mizen 和 Tsoukas（2012）也发现相比于全球金融危机时，根据

亚洲公司的公司债券差计算的外部融资溢价在 1997 年亚洲金融危机时，对杠杆率和破产风险更敏感，这说明该地区债券市场的深化一部分原因是亚洲金融危机（Goswami 等人，2014）。较低的主权和公司溢价能够更好地促进金融一体化和深化，进而发展新兴亚洲经济体的基础设施融资。

金融产品的结构同样需要适应人口结构变化和为基础设施融资。老龄化社会将需要更多产品来提供通胀保护，允许储蓄逐步减少，比如年金，这样的产品市场在亚洲地区仍然不发达，一部分是因为系统性风险分散不足。政府政策通过解决久期风险和通胀风险来发展这类市场。正如 Goswami 等人（2014）在文章中大致设想的，深化新兴亚洲地区的主权债务市场，比如引入通货膨胀保值债券以及本息分离债券等，将能够更好地推动公共基础设施投资，同时也能推动私人基础设施融资中金融创新的合理定价。

公私合作伙伴关系（PPP）为公共投资提供了一个其他方式。考虑到基础设施项目所遇到的瓶颈，PPP 目前成为比较受欢迎的合作模式，能够为投资者提供相对较高的收益。另外，民间部门能够负责建设基础设施，提供相关的主要服务，根据需求设计资产结构。因为基础设施服务是直接提供给终端消费者的，因此收费问题可行性高，从效率角度来看，其效果也将令人满意。但是有经验显示，有效的实施 PPP 项目，或者更广义地说，民间部门参与基础设施的提供需要多方协调，包括有效的法律和机构框架以及透明的决策制定过程。

PPP 项目具有较长周期、风险收益变动、结构复杂等的特点，因此需要资本市场，尤其是企业债券市场，更好为基础设施投资融资。对于亚洲地区银行提供项目融资的情况，《新巴塞尔协议Ⅲ》要求对 PPP 进行长期融资的银行需要有更多的资本。更多的是，考虑到其融资和证券尚属初期阶段，大规模的投资与银行的单一借款者限额相抵触，即使是辛迪加贷款，也难免遇到此类障碍。尽管股权融资是基础设施投资和

PPP项目中最大的困难之一，但是亚洲相对发达的股票市场和私募公司的发展，使得其不再成为一个硬约束（ADB，2013）。但是一旦建造阶段结束，基础设施项目在很长一段时间内将产生稳定收入流，可能更适合将融资打包作为长期债券卖给投资者。在一些亚洲市场，与基础设施相关的企业发行的债券占整个市场的很大一部分，比如在马来西亚，40%的债券是来自基础设施公司。发展基础设施债券市场可以吸引非传统投资者。

但是，在鼓励消费者购买基础设施债券之前，还有一些困难需要解决：

缺少地区性基础设施资产池——尽管该地区的大量资产投入到基础设施项目中，但是符合投资者需求的地区性基础设施资产池尚未成形，尤其是发达的亚洲经济体的信用评级较低——另一个障碍是基础设施项目一般评级较低，很难吸引投资者，尤其是老龄化的发达亚洲经济体的养老金。一般来说，政府会提高担保来缓解这一现象，但是这其中包含了财政风险。另一种方式是改善基础设施债券的评级，使得次级债券提升到优先级的评级，达到投资级水平。基础设施资产的证券化能够帮助银行降低基础设施贷款所带来的长期风险，改善债券市场的发展，这同样也保证了银行符合《巴塞尔协议Ⅲ》的要求，但是证券化需要完善的债券和衍生品市场，二者常常是相辅相成的，共同提供流动性，降低风险。同样也需要监管框架允许收入流证券化，通过健全的破产法和争议处置机制和机构来应对不良资产问题。

扩大长期投资者基础有利于为基础设施融资提供稳定的资源。长期机构投资者（如养老金、共同基金和人寿保险）的作用在增强，为基础设施项目提供天然的融资渠道。另外，养老金提供当地货币资金的同时，基础设施也为养老金提供了通胀保值机制。但是养老金作为基础设施融资渠道也有缺点，缺乏对复杂多样的基础设施进行资产审核与投资的专业性。对于基础设施投资者来说，更常见的参与方法是直接加

入一个未上市资金，未上市资金是资产管理公司以机构投资者的名义
设立的，为了帮助投资者投资基础设施但同时又不需要做详尽的调研。
亚洲开发银行 2013 年的数据显示，在 2013 年有 88 家非上市基础设施
资金投入亚洲，总计 220 亿美元，总数还在增长。机构投资者同样也可
以购买与基础设施项目有关的债券，这些投资一般是通过夹层债进行。
另一种方法是购买项目运营者发行的债券，并且将项目产生的收益作
为现金流支付。

表 8.5　　　　　　　　**机构投资者资产（百万美元）**

	保险	养老金	共同基金
中国香港特别行政区	13 933	79 640	1 237 624
印度	306 513	74 760	114 489
印度尼西亚	57 719	16 354	21 532
马来西亚	54 647	185 369	96 293
菲律宾	14 639	9 456	3 566
新加坡	142 872	190 165	1 328 540
韩国	655 087	367 028	267 582
泰国	47 000	18 860	72 546
越南	0	3 453	137

资料来源：渣打银行研究。

结语

最后，我们发现亚洲地区进一步的金融一体化和金融市场深化将
盘活当地资源以获得更大的福利。正如 Obstfeld 在 2009 年提出的，金
融开放通过与全球其他地区共担风险以及缓解资源紧缺的方式来帮助
新兴经济体。由于在大部分亚洲国家，适龄工作人口的比重将会面临重
要转折点，因此亟需加强金融一体化和金融深化，以解决赡养比例逐渐
提高所带来的储蓄降低、增长趋缓问题。有效执行结构完善的基础设施
项目可以为发达亚洲经济体的养老金持有者提供高收益的长期回报。

除此之外，人口结构变化将会进一步刺激资本流入劳动力丰富的新兴亚洲经济体。金融创新和一体化能够为投资者和养老金持有者提供更广泛的金融产品，适应老龄化社会的需求，再辅之以普惠金融和金融市场深化将会降低新兴亚洲经济体的融资成本，这些改变能够将金融一体化红利惠及整个亚洲地区。模拟试验表明新兴亚洲经济体中，基础设施投资占 GDP 比重提高 1 个百分点，长期产出年增长 2 个到 3 个百分点。

目前，亚洲地区内部以及亚洲与全球的金融一体化程度相对较低，尤其是与亚洲地区贸易一体化的高程度相比。一些障碍仍然阻碍着亚洲一体化，阻碍储蓄流向最有效的投资机会中。比如在新兴亚洲经济体中，普惠金融发展程度较低，资本账户和投资的限制在许多国家仍然存在，债券市场的发展作为私人基础设施融资的最佳渠道，仍然处在不平衡发展中（Goswami 等人，2014）。但是刺激区域间资本流动来深化债券市场可能会增长全球和地区金融环境的资产价格敏感度（IMF，2014a）；也就是说，国内长期投资者的增加将减少外部因素的影响，通过合适的金融工具和宏观审慎的政策以及区域合作减低基础设施融资成本。

亚洲金融部门通过解决人口结构带来的挑战和满足基础设施融资需求，在地区经济转型方面起到重要作用。随着城镇化的发展以及中产阶级的扩张，亚洲需要从现有的制造业和出口导向型增长模型中转型到更加有活力、多元化的市场。一个稳健的、有活力的金融部门将能够更好地服务于转型中的社会和经济需要，发展并支持可持续的新经济增长模式。

第 9 章 "ASEAN 金融一体化：利用效益和降低风险"

格特·奥麦科德斯，亚力克斯·穆姆佶斯，
杰德·维希亚诺德，永·萨拉·周和周建平

本章主要内容

- 东南亚国家联盟（ASEAN）[①] 的十个成员国在过去十年都表现得很好，平均年增长率达到 5% 以上。该地区吸收了大量的海外直接投资，但是大部分东盟经济体的一体化程度远远低于其他新兴经济体。

- 进一步开放区域内和区域间的产品、服务和资本流动将有利于经济增长、创造就业以及开发东盟地区的普惠金融，大部分东盟国家尚处于发展初期，面临着巨大的基础设施缺口。因此，东盟经济体的进一步开放将能够发掘跨境资本增长的潜力，东盟改革包括 2015 年成立东盟经济共同体（AEC）及其他地区和双边自由贸易协定，继续讨论跨太平洋伙伴关系。

- 大部分东盟国家在进一步推动自由化以及一体化方面都采取谨慎小心的方式。经验显示金融自由化将加剧本国金融部门的不稳定性，提高外部冲击和风险。谨慎行事会带来好处，但也抑制了经济增长和就业。因此，接下来的工作是为东盟一体化的具体发展形成一个共识，降低负面效应的措施也会采取。相应地，每个城市都需要解决金融部门脆

---

① 文莱达鲁萨兰国、柬埔寨、印度尼西亚、老挝、马来西亚、缅甸、菲律宾、新加坡、泰国和越南。

弱性问题，完善政策框架来提高金融部门对冲击的应变能力。加强双边、地区和全球的安全网至关重要。

介绍

东盟国家囊括了高增长国家，成员国处在不同的经济以及金融发展阶段，他们的劳动人口较年轻并且持续快速增长。但是由于城镇化的发展，中产阶级扩张以及沟通需求和投资需求的日益增长，软硬基础设施都处在缺口状态。该地区的区域间和区域内贸易以及资本流动都处在增长阶段。东盟金融一体化也在进展中，直接投资增加，跨境银行网络深化，以及东盟资本市场中的外资参与度增加。东盟的金融一体化在未来几年将会加快进展，包括2015年AEC的建立（专栏9.1）。如果东盟一体化能够有序进行，辅之以合适的安全措施，能将金融惠及到更大范围，人均收入将继续朝着均衡方向发展，这些发展减少贫困并且缓解由于区域间工资差距带来的移民倾向。

本章聚焦于东盟金融一体化以及其未来。东盟国家与其他资本充裕的亚洲国家一体化程度越来越高，尤其是"10＋3"（中国、日本和韩国），这将有助于刺激更大范围的资本流动。随着东盟成员国逐渐开放资本账户和金融部门，强劲的推动力带动资本流动和金融一体化发展。本章同样也研究了AEC的议程，包括推动金融一体化中可能遇到的困难，比如短缺的基础设施。

经历了20世纪90年代的亚洲金融危机后，东盟成员国开始加强宏观框架的建设与完善。理论研究和其他地区的经验表明，目前随着金融一体化的趋近以及跨境资本障碍的消除，一些东盟国家的经常账户余额将会面临更大的波动。由于经常账户赤字的扩大，风险也在上升，随之而来的宏观经济风险将从国家、地区和全球层面进行调控。由于发达经济体实施非传统货币政策，地区间跨境资本流动出现波动，说明该地区的金融建设还需继续加强。考虑到上述原因，以及现在一些低收入东盟国家金融部门的脆弱性，政策制定者需要在金融自由化和放开资本账户的进程上采取小心谨慎的方式。随着进程的发展，东盟国家需要继续加强自身宏观框架以及金融系统，他们需要大规模的外汇储备和其他安全措施，包括双边信贷额度和区域性金融安全网（比如，清迈倡议多边化），这些措施能够帮助他们在资本流动中更好地规避风险。

本章简要评估了经济增长状况以及东盟地区的贸易一体化状态，并且分析了东盟金融一体化的状态，随后还会讨论进一步自由化以及东盟一体化带来的好处。本章随后将会从国家、东盟和地区三个层次来回顾如东盟经济共同体（以下简称 AEC）的建立等政策的制定，对于促进未来金融安全发展和金融一体化的意义。

专栏9.1　东盟和东盟经济共同体 2015：简要进程

东南亚国家联盟包含 6.1 亿人口，其中 1 亿人口生活在贫困线以下。在成立初期，东盟主要是为了降低区域政治紧张。在 2003 年，东盟地区的领导人决定在 2020 年建立东盟经济共同体，随后设定的目标日期又提前了五年。越来越多的人在担心中国和印度竞争力的衰减，因此格外希望增强当地话语权，以应对东盟和贸易伙伴之间的自由贸易协定的大环境。相应地，在 2007 年，东盟领导人商议在 2015 年建立一体的 AEC。

AEC 的设立有四个主要目标：（1）促进产品、服务、投资、劳动力和资本流动的统一市场和生产地；（2）发展具有竞争力的地区经济，提倡公平竞争、消费者保护、产权保护以及基础设施建设；（3）发展中小企业来推动均衡经济发展；（4）深层次融入全球经济中。AEC 蓝图提出了 176 个倡议，其中 9 个与金融服务的自由流动相关，加强东盟地区资本市场发展和一体化，加快资本流动。AEC 评分机制在 2008 年建立，用来监督进展，来实现蓝图勾勒的宏伟目标。

推动东盟金融一体化的主要倡议

主要倡议包括如下:

东盟互通的总体计划——在 2010 年,东盟领导人实施了东盟互通的总体规划。目标是通过加强在贸易、投资、旅游和地区发展方面的区域性联系,协助 AEC 在 2015 年成立。东盟互通主要包括三个部分:(1)通过交通建设、信息通信技术和能源建设,加强区域间互通;(2)通过协助全球商品、服务和劳动力的跨境流动交易来改善机构间互通;(3)通过社会文化沟通比如教育、旅游等来加强居民间互通。增强东盟区域内互通性将极大地造福该区域,但也带来一定的挑战,比如跨境犯罪、非法移民以及环境污染。

跨境合作深化——目前已经有一些倡议开始实施以增强东盟地区不同资本市场的跨境合作,建设基础设施包括以下内容:

● 资本账户自由化工作组根据 AEC 蓝图监督地区之间的资本自由流动情况。

● 东盟资本市场会议关注国内法律规制的协调性以及整合地区股权市场的市场基础设施的发展。

➢ 2010 年 4 月,东盟央行官员签署了建立支付和结算系统工作组的协议,主要内容包括相关政策、法律框架、市场基础设施、机构设置。

➢ 2011 年 4 月,东盟央行官员签署了推动东盟银行一体化框架的议案,该方案致力于在 2020 年实现银行部门自由化。金融服务自由化工作组着重关注银行和保险部门的自由化。

➢ 东盟资本市场基础设施蓝图在 2013 年开始构建,该工作组力图通过将准入、清算、保理业务和支付系统一体化,促进东盟发行者和投资者进入跨境东盟股权和债权市场。

加强区域经济监管以及危机管理的倡议

为了推动一体化倡议,东盟做出了大量努力,通过设置区域性机构以增强信息共享，提高经济监管能力以及危机管理能力，并且提供区域性安全网，包括如下：

- 东盟一体化监督办公室（The ASEAN Integration Monitoring Office）在 2010 年成立，配合东盟秘书处对区域经济一体化的发展进程进行监管。

- 清迈倡议多边化协议（CMIM）是"东盟＋3"国在 2010 年签署的协议，该倡议是一个多边货币互换协议，替代之前的清迈倡议中双边互换的设计。

- 危机预防措施，CMIM 警戒线被引入。

- 独立的区域性宏观监管部门——"东盟＋3"宏观经济研究所（AMRO）——2011 年在新加坡成立并运行。

- 在 2013 年新德里会议上，"东盟＋3"国的财政部部长和央行官员呼吁"在监管、流动性支持和未来发展方面与 IMF 和其他多边金融机构形成有效的合作伙伴关系"。

加强区域间监管和风险管理，包括分析能力以及与 IMF 合作等行动都在议程中有所强调。在这一方面，最近一些倡议中也涉及了分享宏观审慎政策经验、推动资本流动管理措施等方面。另外一些议题用于扩大一体化范围，加强与亚洲其他地区的合作，通过"东盟＋3"国倡议和区域全面经济合作伙伴关系（"ASEAN＋6"国，包括东盟国家以及澳大利亚、中国、印度、韩国和新西兰）。随后，美国与东盟扩大经济参与的倡议在 2012 年签署，致力于扩大贸易和投资，提高区域性机构参与度。

经济增长、贸易一体化以及东盟经济一体化

东盟国家在过去几十年一直表现很好。从 21 世纪开始，东盟地区每年经济增长率达 5.25%（加权平均），成员国的经济每年增长 5.7%

（表9.1）。东盟大部分国家的成功与长期出口导向型策略密不可分。最终，除了印度尼西亚、缅甸、菲律宾，东盟国家的商品进出口总量超过GDP，扩大了贸易自由度。2008年金融危机导致国际贸易的暗淡，也侧面反映了贸易开放度的下降，进而带来东盟地区增长速度减缓。但随着国际贸易的复苏，贸易增长又显示出强势反弹（图9.1），东盟地区内部贸易迅速增长。但是未来区域贸易自由化将带给本区域经济增长和就业带来极大的好处。

表9.1　　　　　　　　　　**东盟国家：部分经济指标**

	印度尼西亚	马来西亚	菲律宾	新加坡	泰国	文莱达鲁萨兰国	柬埔寨	老挝	缅甸	越南
2013年GDP（十亿美元）	870	313	272	298	387	16	16	11	57	171
2013年人口总数（百万）	248.0	29.9	97.5	5.4	68.2	0.4	15.1	6.8	51.0	89.7
2013年人均GDP（美元）										
购买力平价指标（2012年）[1]	4 272	14 775	3 803	53 266	8 459	45 979	2 150	4 335	3 989	3 133
2012贫困人口占比（人口百分比）										
每天两美元以下	13.0	0.2	13.8	n. a.	0.7	n. a.	15.1	24.8	n. a.	13.5
低于国家贫穷线	12.0	1.7	26.5	n. a.	13.2	n. a.	20.5	27.6	n. a.	20.7
收入不均（基尼系数）										
2000年	29.7	37.9	46.1	43.4	42.8	n. a.	41.9	32.6	n. a.	37.6
2012年（或最新数据）	38.1	46.2	43.0	41.2	39.4	n. a.	36.0	36.7	n. a.	35.6
增长率（%）										
2010—2012年（平均）	6.3	6.1	6.0	7.9	4.8	2.3	6.8	8.0	6.2	6.0
2013年	5.8	4.7	7.2	3.9	2.9	−1.8	7.4	8.0	8.3	5.4
通胀（百分比，平均值）										
2010—2012年（平均）	4.8	2.2	3.9	4.2	3.4	0.2	4.1	5.9	4.6	12.3
2013年	6.4	2.1	2.9	2.4	2.2	0.4	3.0	6.4	5.7	6.6

续表

	印度尼西亚	马来西亚	菲律宾	新加坡	泰国	文莱达鲁萨兰国	柬埔寨	老挝	缅甸	越南
财政余额（占 GDP 百分比）										
2010—2012 年（平均）	-1.2	-4.0	-1.1	7.0	-1.1	17.8	-3.6	-1.8	-3.9	-3.5
2013 年	-2.1	-4.6	-0.1	6.2	-0.2	16.8	-2.7	-5.6	-1.6	-5.6
公共债务（占 GDP 的百分比）										
2010 年公共债务	26	54	43	97	43	1	29	62	50	48
2013 年公共债务	26	58	39	103	46	2	28	61	40	52
其中：外债	14	23	18	…	6	0	32	43	19	21
经常性账户余额（占 GDP 百分比）										
2013 年	-3.3	3.9	3.5	18.3	-0.6	31.5	-8.5	-27.7	-5.4	5.6
2013 年底外汇储备量										
水平（十亿美元）	99.4	134.9	83.2	273.1	167.3	3.4	3.6	0.7	5.5	26.0
月度出口额	5.8	6.8	11.9	6.2	7.7	6.1	3.6	1.2	3.5	2.3
2013 年贸易开放度（商品和服务进出口加总量占 GDP 比重）										
全部贸易额	48	154	53	358	144	115	141	112	53	163
东盟内部商品贸易	11	38	9	70	26	35	27	60	22	23
2010 年到 2012 年之间外商直接投资流入额（平均值，占 GDP 百分比）										
全部	4.2	6.3	1.1	29.1	6.9	0.7	2.1	2.8	1.2	3.3
在东盟内部[2]	0.7	1.2	0.3	2.7	1.7	…	1.0	…	0.6	0.6
2010 年到 2012 年之间投资流入额										
全部	2.7	9.8	6.7	9.3	5.4	0.0	0.2	2.4	0.0	0.4
在东盟内部	0.8	1.7	0.5	1.7	0.7	0.0	0.0	0.2	0.0	.0.2
2013 年私人信贷										
增长率（百分比）	20	10	16	54	10	7	27	36	66	13
私人信贷（占 GDP 百分比）	36	134	36	173	121	31	45	39	15	97
2012 年银行总数	119	27	49	124	30	8	35	32	10	47
其中：外资和合资银行	24	19	15	119	14	5	12	21	0	6

注：ASEAN = 东南亚国家联盟；FDI = 外国直接投资；n. a. = 未获得。

1 以 2005 年美元汇率为基准，除了老挝、缅甸的数据来自全球经济展望（名义购买力平价 GDP/人口）。

2 除去服务业。

3 越南是 2011 年的数据

资料来源：Bankscope；亚洲经济数据库；国际货币基金组织，2014 年协调直接投资调查，9 月贸易方向统计，全球经济展望 2014 世界银行，全球发展指数 2014；IMF 员工计算。

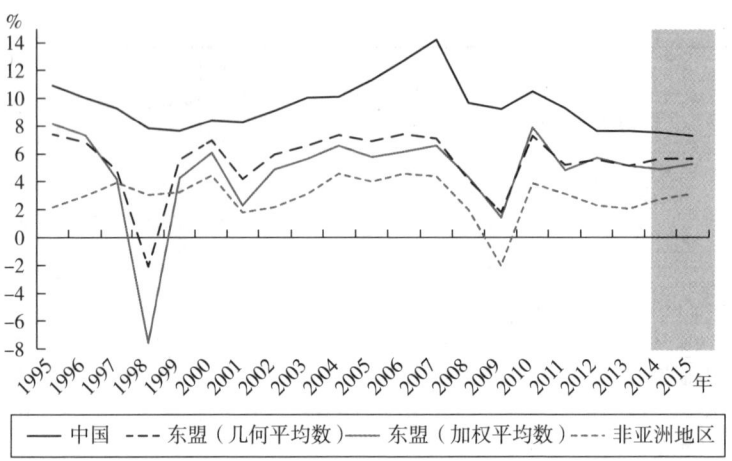

资料来源：IMF，全球经济展望 2014 年 10 月；IMF 员工计算。

图 9.1　实际 GDP 增长率（百分比）

● 东盟内部贸易从 2000 年开始增长了三倍，到 2013 年达到了 6300 亿美元。除了新加坡，东盟内部贸易额占东盟总贸易额的 23%，相比 2000 年的 21% 有所上涨（图 9.2）。相比欧盟地区的区域内贸易（50%），东盟国家的区域内贸易规模仍然较小。研究显示，非关税措施可能阻碍区域贸易发展（Basu Das 等人，2013；世界银行，2014）。随着非关税措施的不断减少，以及东盟经济共同体 2015 年蓝图，这将为东盟统一商品及服务市场提供新的动力。中国作为东盟国家的合作伙伴，其地位愈加重要，中间品的贸易逐渐增加，形成供应链网络（IMF，2010）。

● 也有迹象表明，东盟之间的贸易开始集中在最终消费品领域（图 9.3）。国内市场的扩张以及中产阶级的扩大，为该地区提供了抵御全球需求冲击的潜在保护伞。比如 Cubero 等人（2014）发现，除了全球市场需求，区域内需求也是东盟五国的主要增长动力（印度尼西亚、马来西亚、菲律宾、新加坡和泰国），这一结果在印度尼西亚表现得不是很明显，因为该国的贸易占 GDP 比重较低，主要出口地在东盟以外的国家。

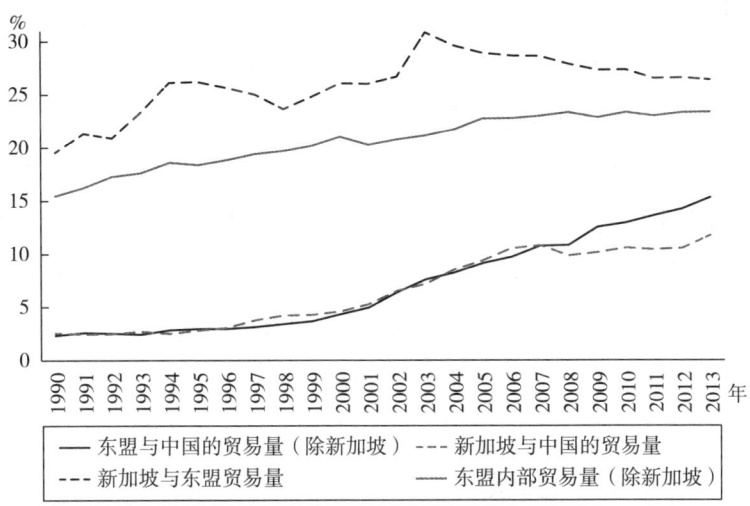

资料来源：IMF，贸易数据 2014 年 9 月；IMF 员工计算。

图 9.2 东盟内部贸易及与中国的贸易（占全部商品贸易比重）

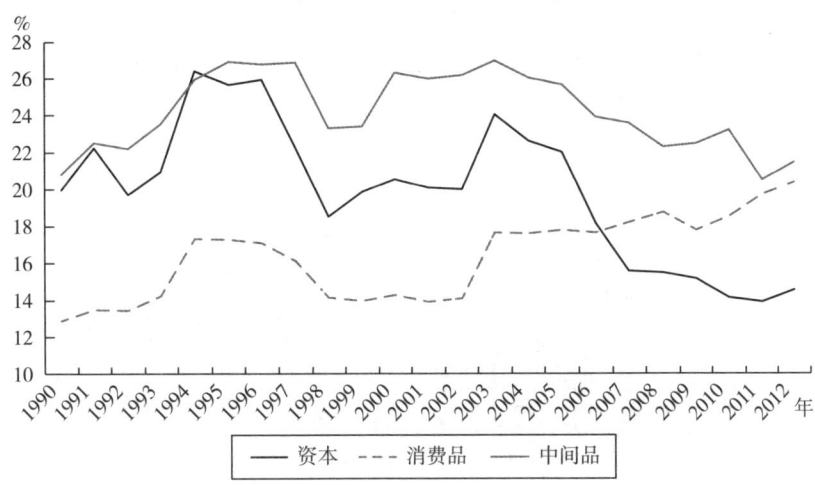

资料来源：联合国商品贸易统计数据库；IMF 员工计算。

图 9.3 东盟五国：区域内各类出口量（占全部出口比重）

一般来说，一个国家的金融一体化程度随着贸易一体化程度的增加而增加。但是，根据 Pongsaparn 和 Unteroberdoerster（2011）的研究，与世界其他地区相比，大部分亚洲经济体参与世界贸易比重的快速增长与其一体化发展程度并不匹配，这一情况对东盟经济体来说更是如此，他们主要的一体化是通过外国直接投资。Pongsaparn 和 Unteroberdoerster（2011）设立一个模型来估计金融一体化与贸易一体化、相对 GDP 增长和利率汇率变化及汇率波动等一系列指标之间的关系，其中金融一体化是通过一国的资本流动与 GDP 比重来衡量的，他们考虑了包括发达市场和新兴市场在内的 90 个国家和地区。除了中国香港特别行政区和新加坡两个金融中心，许多亚洲经济体的金融一体化程度是低于模型估算水平的，在一些情况下，低于拉丁美洲和东欧地区。外国直接投资（FDI）一般是认为资本流入较合适的方式。除了资本，FDI 还能够改善技术，带来技能溢出效应，提高全要素生产率。更多的是，尽管 FDI 的流入的确会为新兴经济体和发达国家地区带来不稳定性，但在过去三十年都表现积极（Park 和 Takagi，2012）。FDI 近来的趋势和在未来都对经济有利：

- 流入东盟地区的外国直接投资在 2013 年达 1 250 亿美元历史高点，比 2012 年上涨了 7 个百分点（图 9.4）。并且，大概占了全球外商

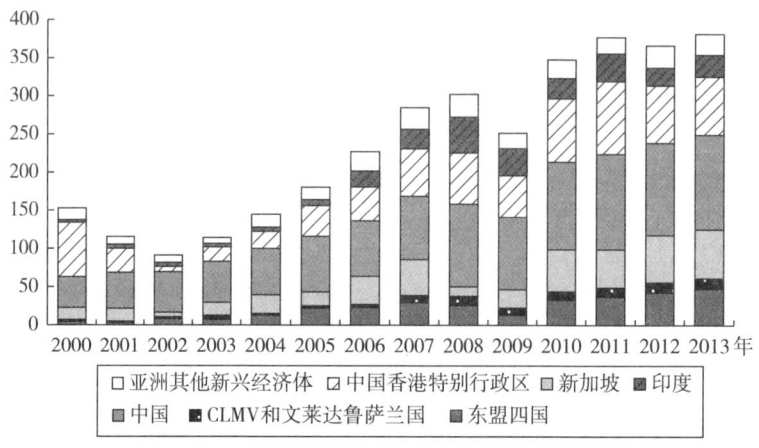

注：CLMV = 柬埔寨、老挝、缅甸和越南。亚洲其他新兴经济体为孟加拉国、不丹、韩国、中国澳门特别行政区、蒙古国、尼泊尔、斯里兰卡、中国台湾地区和东帝汶。

资料来源：联合国贸易与发展会议。

图 9.4　亚洲新兴经济体：名义外商直接投资流入，2000—2013 年（10 亿美元）

直接投资的 9％，回到了 20 世纪 90 年代末期亚洲金融危机前的历史最高点（图 9.5）。

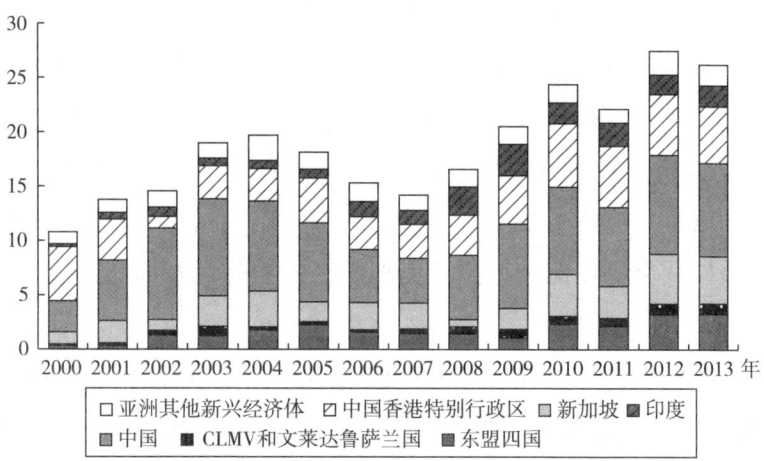

注：CLMV = 柬埔寨、老挝、缅甸和越南。亚洲其他新兴经济体为孟加拉国、不丹、韩国、中国澳门特别行政区、蒙古国、尼泊尔、斯里兰卡、中国台湾地区和东帝汶。

资料来源：联合国贸易与发展会议。

图 9.5 亚洲新兴经济体：外商直接投资占比，2000—2013 年（百分比）

- 以美元计价的 FDI 呈现出增长的趋势，这一情况在东盟四国（印度尼西亚、马来西亚、菲律宾和泰国）、新加坡（东盟一半的 FDI 都流入该国），以及 CLMV 四国（柬埔寨、老挝、缅甸和越南）以及文莱达鲁萨兰国都有出现，大概 11％ 的 FDI 流入该区域。

- 一些因素或许能帮助东盟地区成为更有吸引力的投资地区。相比于中国，东盟地区的制造业工资成本是在下降的，主要是人口结构变化和汇率变动的原因。相对工资成本的有利趋势仍会继续，反映出未来东盟地区的强劲的劳动力增长趋势。地缘政治和东盟日益增长的中产阶级能够刺激更多的 FDI 投向东盟地区。美国—东盟扩大经济合作倡议呼吁扩大贸易和投资，加强区域机构的参与。最后，东盟对推动建立单一市场和生产地的承诺，将能够降低贸易和投资壁垒，提供规模经济。

- 世界银行（2014）发现对外资股权的限制在东盟地区仍然很普遍，尤其是服务业。放宽限制将能够提高 FDI 的生产力，为结构性改革提供动力，缩短东盟地区新兴市场与发达经济体之间的距离。

东盟地区银行一体化水平在提高，但是基础太低，在东盟地区，全球性银行比区域性银行占比更多：

- 国际清算银行（BIS）地区银行统计表明，亚洲和东盟五国以美元计价的银行跨境资本在 2012 年到 2013 年增加，同时欧元地区和东欧地区的去杠杆化仍在继续，拉丁美洲地区的银行跨境资本在 2012 年到 2013 年期间保持水平。

- BIS 统计在 2012 年到 2013 年期间银行跨境负债大部分都没有变化。2012 年到 2013 年在马来西亚、泰国和印度尼西亚，相比于 GDP，BIS 统计的银行跨境资产具有上升趋势，而新加坡和菲律宾基本保持不变。

- 双边银行一体化程度在东盟地区仍然很低。2013 年亚洲开发银行报告称，2009 年在马来西亚、菲律宾和新加坡，外资银行占商业银行资产的 18%，在这三个国家中，马来西亚的东盟银行占比最高，达8.5%，而菲律宾是 0.4%，泰国是 3.7%。Duval 等人（2014）基于 BIS 各国的详细数据，计算出亚洲双边银行的一体化程度落后于全球，他们的计算和 ADB 的报告相吻合，发现东盟五国的比率尤其之低（图9.6）。

由于最近欧洲银行去杠杆以及东盟共同经济体的未来发展，银行是最有可能引领东盟金融一体化的部门，他们同时也是该地区关键的金融中介。新加坡作为全球最大的金融中心之一，在区域金融一体化中起到了重要的作用，马来西亚银行同样也急速海外扩张。到东盟地区的跨境组合投资在持续增长。但是正如 Pongsaparn 和 Unteroberdoerster（2011）所说，相比于 GDP 来说，亚洲和其他新兴市场的跨境组合投资依然是低于欧元地区水平的。更多的是，亚洲的组合投资来自区域间

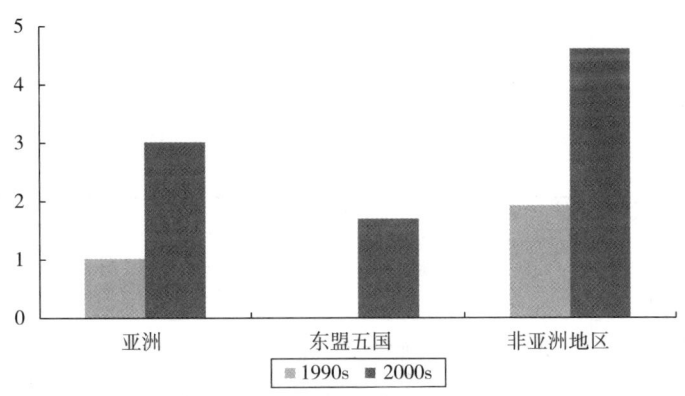

资料来源：Duval 等（2014）。

图 9.6　银行一体化

（也就是区域外的经济体），尤其是将中国香港特别行政区和新加坡地区的投资视为区域外的中介资金之后。相反，欧元地区大部分都是区域内部的资金。和其他新兴经济体类似，东盟经济体在 2010 年到 2012 年经历了快速的投资增长，随之而来的是全球金融危机带来的短暂性减少。发达经济体采取了史无前例的量化宽松措施，来减少全球金融危机带来的影响，这也是东盟国家在此期间投资增加的主要因素。东盟五国接受了大量的资本流入，主要得益于当地货币债券市场的发展、亚洲债券市场倡议，以及马来西亚、新加坡和泰国股票市场的互通。

　　东盟五国的股票和债券市场基金的资金流入数据显示，全部投资组合流动在 2013 年前四个月达到峰值（图 9.7），随后美联储货币紧缩的预期加剧了东盟五国和许多其他新兴市场的资本外流，2014 年第二季度全球风险偏好的改善再一次改善了资本现金流的状况。

　　价格信号也说明了东盟金融一体化尽管在上升区，但道阻且长。跨境利率和债券收益率的差别在近些年已经缩小（图 9.8 和图 9.9），但是即使是控制汇率变动的情况下，这些差异依然很大（ADB，2013）。东盟地区利率和债券收益率的联动效应从 2010 年开始显现，但是也反

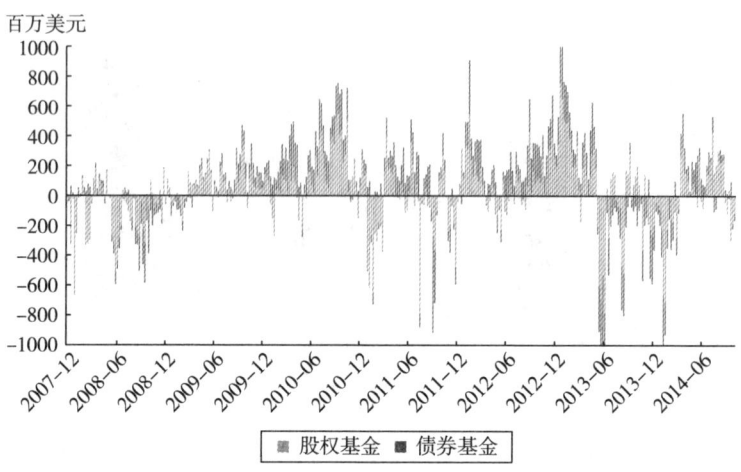

注：包括交易所交易基金和共同基金。

资料来源：新兴市场基金研究公司，哈佛分析。

图 9.7　东盟五国：债券和股票市场基金——周净流量，2008—2014 年

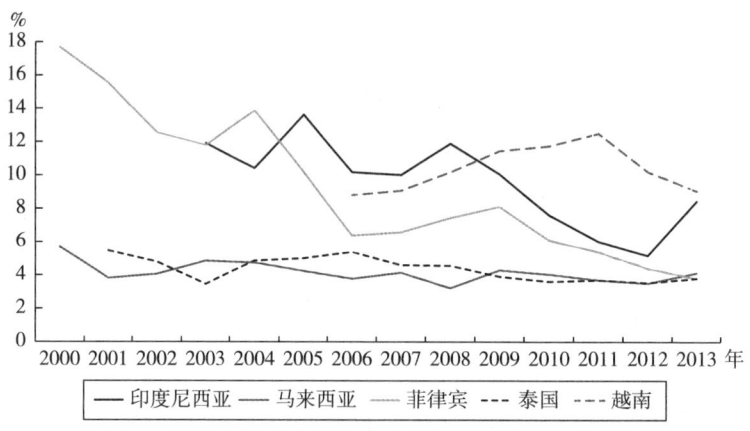

资料来源：哈佛分析。

图 9.8　部分东盟国家：十年期债券收益率

映出全球市场一体化的推进，以及基础面（比如较低的通胀和较高的主权信用评级）的改善。在全球因素不变的情况下，股权市场回报率联动性的提升说明股权市场比货币和债券市场一体化程度更高。

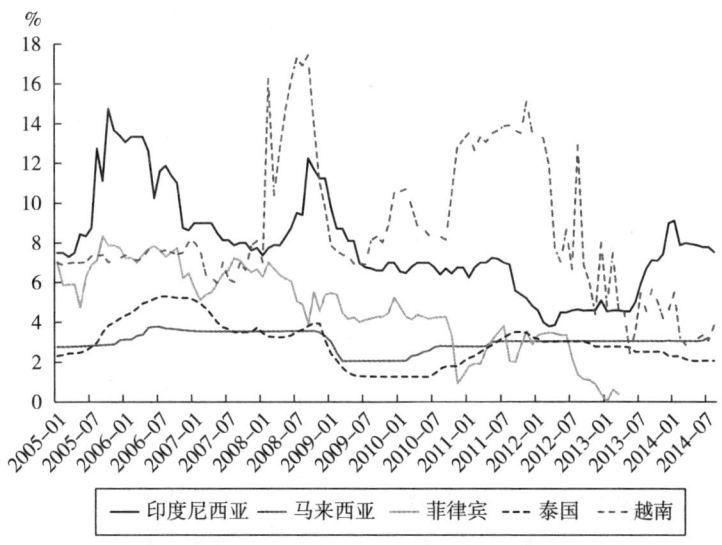

资料来源：亚洲经济数据库。

图 9.9 一月期银行间利率

亚洲金融一体化的未来

大部分东盟国家仍然处在发展的初期，面临着巨大的基础设施建设缺口。未来区域内和区域间的商品、服务和资本流动将会促进经济增长，增加就业并且提升贫困地区人民的生活指数。相应地，亚洲经济共同体也致力于创造商品，服务，投资，劳动力和资本自由流动的统一市场（ASAEN，2008），这是一个长期的计划，需要每个国家的努力来不断推进。与"ASAEN Way"如出一辙（基于不干涉内政、非正式、商议共识、机构最小化、非对抗非武力），也就是说每个东盟成员国家在条件成立的情况下，都可以发展金融自由化和资本账户开放。这一成立条件由几个因素组成，包括足够的相关宏观框架和机构，以及国内经济和金融状况良好。尽管需要很长时间来推出相应措施，但所有权和激励机制亟待建立。经验显示，开放金融账户和金融部门对本国经济将带来极大风险。相关的东盟理事会工作组会定期会面审核各国发展进展并讨论下一步计划，比如，开放资本账户工作组第 27 次会议于 2014 年 2 月在缅甸举行，与资本市场工作组会议在同一时期同一地点召开。之前提到进一步自由化可能带来的风险，需要工作组的谨慎履职。

东盟金融部门自由化：问题的关键

理论上来说，金融一体化能够给一个国家和一个地区带来极高的福利。大部分东盟国家的金融系统依然是以银行业为主导，尤其是在其发展初期阶段。但是保险公司、投资基金和养老金的作用在逐步显现，尤其是马来西亚和新加坡。金融一体化能够推动金融部门和产品创新发展，这些进步通过加强金融机构的效率和竞争力，来推动经济增长、增加就业和发展普惠金融。金融一体化同样也可以帮助建立更大规模、更深层次以及更强流动性的市场，由此成本也会降低，资源分配得到改善，分散风险能力更强，延长融资期限和推动贸易以及结算活动，这同样也要求政府、银行和其他非银行企业更加自律，提高抵抗风险的能力。

对于东盟国家来说，发展金融一体化的一个重要方面是金融发展落后的经济体将有机会赶超发达经济体。表 9.2 说明了东盟国家金融发展中的差距。大部分情况下，民间部门信贷存量是低于 GDP 的 50%。这些国家能够从金融一体化中获益最多，同时这些国家目前享有较高的信贷增长量。正如第 7 章 Schipke（2015）中讨论的，在部分情况下，新兴市场经济体和发达国家的金融创新和发展不利于宏观稳定。在一些东盟国家中，国有银行依然占主导地位，并且与国有企业相关联。一些经济体实行指导性信贷调控作为发展策略，增加财政负担，影响私人银行的盈利。20 世纪 90 年代的亚洲金融危机说明了银行和资本市场的快速发展会加剧不稳定性，不完善的风险管理和公司治理，以及周期性经济活动带来的风险和关联贷款只是潜在风险的一部分，这些问题和相关的风险随着跨境活动增加而加剧，最终在危机发生时，对产出、外汇储备和公共财政造成极大损害。

表 9.2 私人部门信贷

国家	私人部门信贷（% GDP）				人均 GDP（美元）	信贷增长（%）	
	1990 年	2000 年	2010 年	2013 年	2013 年	2010—2012 年（平均）	2013 年
印度尼西亚	46	20	28	36	3 510	23	20
马来西亚	105	137	120	134	10 457	11	10
菲律宾	18	42	30	36	2 791	15	16
新加坡	84	96	130	173	55 182	14	16
泰国	83	108	97	121	5 676	15	10
文莱达鲁萨兰国		50	41	31	39 659	−1	7
柬埔寨		6	28	45	1 028	27	27
老挝		14	22	39	1 594	41	36
缅甸			5	15	1 113	59	66
越南		35	115	97	1 902	18	13
印度	87	122	130	136	6 747	17	15
中国	35	36	54	57	1 505	18	15
日本	126	117	107	115	38 491	0	5
韩国	122	129	154	156	24 329	5	3

资料来源：亚洲经济数据库；哈佛分析所；国际货币基金组织整理。

如果管理得当，东盟金融一体化通过发展和深化金融市场来提高东盟地区的生活水平。通过建立东盟金融市场，东盟一体化通过加强国内监管和实施标准（比如，银行监管和评级机构，信贷部门和证券委员会），能够有助于克服目前国内金融部门碎片化现象。缺乏对统一市场的共识和一致披露要求也阻碍其建立，因此，AEC 蓝图中呼吁监管和谐，并且加强成员国间政策合作。欧盟在全球金融危机中的经历就说明了区域内的金融稳定同样重要，尤其是，一个超主权监管框架对于金融服务的单一市场是必不可少的，这样的框架需要有相应的处置机制来支持（比如，存款保险）。

东盟金融部门自由化：改革

东盟国家继续朝着区域金融一体化发展。比如2013年，马来西亚、新加坡和泰国证监局签署联合协议共同建立并实施跨境投资贸易计划。覆盖面更广的一体化框架细节已经实施，亚洲共同经济体发展蓝图将更自由的资本流动和金融一体化作为主要强调点，但是在细节方面则比较简略，比如金融一体化程度和必要的法律制度和监管要求（ASEAN，2008）。亚洲开发银行（2013）提出了关于东盟国家在未来十年实现金融一体化程度的设想。

一个主要目标是东盟地区需要培养出具有全球竞争力的银行。商业银行在东盟地区依然是最重要的金融机构，从全球范围总部设到东盟国家的银行（以下简称东盟银行）来看商业银行依然比重很低。被称为"东盟银行框架"的目标将致力于为东盟银行提供更好的市场可得性，通过这种优势，大型具有全球竞争力的东盟银行将会获得较大的客户基础来支持其经济增长，使得这些银行在未来的东盟地区金融发展中起到主导作用，同样也能够通过并购小型银行来在全球银行系统立足。

报告称在未来十年内，形成全面银行一体化，比如欧盟的"单一执照"系统，对于亚洲来说太难实现。亚洲可以通过阶段性的银行一体化来逐步推进，对每个东盟成员国都有不同的时间点。基于东盟国家中监管协调以及政策统一性，并且遵照2008年亚洲共同经济体蓝图中提出的原则，部分一体化将会通过机构性方式推进。

除了对东盟银行市场可得性的支持，该策略还包括以下几个方面：

● 银行一体化的双轨制——这一方式通过区域规制协调来推进。因此，成员国需要开始逐步淘汰批发银行的残留限制，并且暂缓跨境零售银行自由化的进展。

● 框架的三个维度——相同的可得性、平等的待遇和公平的环境，这一框架将会长期指导东盟地区金融服务自由化的发展。相应地，东盟成员国需要在东盟银行的合法性上达成一致，并且能够进入其他成员国市场。其中的要求包括最低资本充足率、合并要求和监管部门以及风险敞口限制和最低会计透明度要求。欧盟的"单一银行牌照"也有类似的共识进行指导，拥有牌照的银行可以在其他欧盟成员国开设分支机构，无需其他要求。

ADB 在 2013 年提议确定东盟金融一体化框架中的主要因素。但是一些问题需要更加明晰，包括以下几点：

● 亚洲发展银行报告称，一个详细规划的市场一体化能够使东盟银行比非东盟银行更加具有竞争力。延缓一体化进程将降低由于银行一体化带来的效率和竞争力，[1] 同样会造成"大而不倒"问题，许多国家尤其是美国和欧洲国家的经验显示，这一问题将对居民造成巨大伤害，并且很难解决。

● 一个或者多个成员国可能由于经济或者政治原因推迟对其他东盟国家的银行开放市场，此类计划可能导致各国在东盟银行进入其他成员国最低要求问题上达成一致。最常提及的解决方式可能是两个或多个国家共同开放彼此市场，其他国家则随后加入这一协议，这被称为"2 + X"计划。[2] "2 + X"计划与"东盟方式"相呼应，通过激励政策，允许"排头兵"率先尝到一体化的甜头，尽管效果不如整体一体化那么有效，但两个破冰者为其他东盟成员国引路。

● 不仅仅是成员国需要在建立有效东盟银行开拓市场这一问题上达成共识，东盟银行和当地银行也需要以东道国监管者标准而同等对待。银行监管协调需要从牌照发放开始，随后满足（1）银行会计准则以及披露要求；（2）最低资本要求；（3）风险管理；（4）对破产银行相应的矫正措施和处置框架；（5）对风险敞口的限制；（6）反洗钱和

---

　　[1]　实证研究发现外资银行的存在会增加国内银行部门的效率和竞争力，降低净利率，压缩多余利润和较低的成本（比如，Claessens 和 Van Horen，2014）。

　　[2]　ASEAN（2008，11）称其为"东盟加 X"方式。

消费者保护监管。

- 同样需要明确地设置机构和法律规制，从地区角度来保证跨境监管和处置的有效性。

- 跨境银行的机构结构一直没有明确说明。Fiechter 等（2011）指出当银行面临设置分支机构还是子公司时，答案莫衷一是。母国监管者一般希望跨境银行在向更危险的市场开拓时，设置严格防火墙。如果东道国的整体环境好于母国，东道国的监管者更偏好子公司模式，来保护当地的子公司不受母国公司影响。相反，在经济发展不完善的国家，东道国更希望区域或者全球性银行以分支机构的方式进入，借助母公司的力量来发展信贷活动。监管的质量、信息分享系统的充足性也是母国和东道国需要考虑的因素。

- 国内机构和民间部门需要加强合作。金融一体化的成功取决于公共和民间部门的积极合作，主要是依靠国内当局的设计并推出相应的政策改革。但是，成功的部署需要金融机构和私人代理机构的紧密协作。

东盟金融部门自由化：欧盟经验

在设立银行统一市场时，能够从欧洲吸收什么经验呢？东盟国家在很多方面都与欧盟不同。不同于欧盟国家，东盟国家在汇率机制方面并不统一（表9.3），东盟国家在经济和金融发展、政治系统和文化背景都处在不同阶段，欧盟由来已久的历史以及两次世界大战带来的分裂都使其不同于亚洲地区。尽管有关键的差别，对于探究欧盟在设立统一银行市场以及其所带来的缺点，比如在 2008 年到 2012 年暴露出的缺点，这些经验教训都能为我们提供一些指引。完成银行一体化需要全部东盟国家强有力的政治支持，其中很重要的一点是，东盟领导人需要明确银行一体化的目标以及了解东盟成员国的收益，无论是大国还是小国。同样，领导人需要意识到市场一体化可能会带来的溢出风险，以及结构性和操作性风险，尤其是对于较不发达的东盟国

家。一旦这些风险被关注，就需要有国内和区域性强有力的政策框架
来辅佐经济运行。

表 9.3   私人部门信贷

实际汇率制度	2014 年 4 月 30 日
印度尼西亚	浮动汇率制度
马来西亚	其他汇率安排
菲律宾	浮动汇率制度
新加坡	稳定化制度
泰国	浮动汇率制度
文莱达鲁萨兰国	货币发行局制度，盯住新加坡元
柬埔寨	其他管理安排
老挝	类似爬行安排
缅甸	其他托管安排
越南	稳定化安排

资料来源：IMF，汇率安排和外汇管制年报，2014。

银行一体化进程需要有健全的机构和立法框架的支持。建立东盟
银行间的统一市场需要明确：（1）准入方式的最低监管要求，（2）符
合现阶段东盟整体发展和增长目标的银行活动，（3）区域性设立有效
的跨境银行监管和处置框架，（4）新区域性机构能够设立标准和规则，
保证区域规则在国内的执行情况。

一系列相适应的核心监管规则需要确保统一市场的有效运转。如
果规则、监管行为和处置框架很难在各国达成统一，那么就很难保证一
个公平公正的环境。欧盟成员国保证常任国在实施中有很大空间的灵
活性，导致各国内部银行监管差异很大，不同国家的规则和监管条例导
致竞争扭曲和诱发监管套利。尤其是，对于跨境金融部门来说，监管的
差异性会降低在风险管理和资本分配的效率，使得对跨境金融机构的
处置更加困难。

但是，像欧洲的进展和 AEC 蓝图的设想一类的监管协调和区域合

作，可能无法完全保证统一市场的稳定性。欧洲统一市场的金融稳定安排主要基于国内金融稳定框架。当 2008 年危机蔓延到欧洲时，由于缺乏强有力的国内甚至更重要的是欧盟整体的危机治理框架，导致当时欧洲的应对政策不堪一击，缺少事前和事后分散责任的协议使得各国各自为政，加剧欧盟金融市场割裂化，因此使得欧盟金融一体化进展停滞。

东盟地区整体对银行监管可能对于设立银行服务的统一市场是必不可少的。欧盟危机说明即使是精心设计的国内决策，也会对地区金融稳定造成波动。欧盟在 2014 年 11 月设立统一监管体系，通过学习欧盟的经验，未来东盟的监管者需要对系统性东盟银行进行负责的审慎监督。统一监管的有效性需要监管部门有权力对所有银行进行监管，并且在需要时进行干涉，需要有效的治理和行动力，包括避免国籍主导的干涉，保证从区域视角出发的治理。

对总部设在东盟国家的银行设立一个有效的跨境银行处置框架，也是东盟银行一体化的重要问题之一。东盟国家至少需要通过采用先进国际经验以及金融稳定局的建议，加强自身银行处置框架。当东盟市场银行和金融服务真正完全一体化时，就可以推进统一处置框架，包括统一的处置机构和统一的处置机制。但是正如随后提及的欧盟银行联盟的实践，这个过程可能会出现政治阻力，因为统一的处置机构可能会包括共同承担负担，金融系统完善的国家会面临着资源的净流出到金融系统较差的国家。

东亚资本账户自由化：重中之重是什么

除了金融部门自由化，资本账户自由化在许多方面都推动东盟国家发展。该地区的整体储蓄率很高，投资需求包括基础设施建设的需求很旺盛。加快城市化和东盟中产阶级的增长需要加强城市社区的基础设施、包括便利设施、公共设施以及产地和消费中心的链接。即使银行呼应国际监管标准调整商业模式，基础设施融资的需求依然需要银行和非银行机构更多的支持。① 缩小教育差距也需要大量资源，根据亚洲发展银行（2012）统计，该地区在未来十年需要 6 亿美元的资金，最近东盟政策制定者提出大概是 10 亿美元（比如，Purisima，2014）。

东盟地区内部以及对外的资本流动能够支持东盟各国的储蓄。东盟国家对资本外流限制的取消减少了区域内储蓄之间流动，即资本从一个东盟国家到另一个东盟国家，但是间接支持了资本流入东盟地区以外的发达经济体的金融中心。比如由于资本的可替代性，东盟的央行在 1997 年到 1998 年为扩充外汇储备而持有的国外投资可能会以跨区域资产投资的形式回流。资本外流限制的逐渐放开可能导致区域间资本流动的增加，尤其是由于存在"本土偏好"现象以及信息优势，投资者更倾向于在母国投入大多数资金。

近几年，东盟内部和与亚洲其他地区的跨境金融活动的增长是资本流入东盟地区的牵引力。东盟地区日益一体化以及开放在理论上来说可以解放过剩资本，投入到投资中，其中包括中国、日本和韩国以及东盟其他地区（比如，新加坡和马来西亚），此类现金流的巨大潜力将会基于 Almekinders 等（2015）的简单增长模型进一步分析。如果东盟地区内部和东盟与全球金融一体化不完善，人均 GDP 悬殊的差距仍将持续，真正趋同过程的进展会很慢，反映出人均资本比的长期差异。金融一体化通过资本深化能够加快经济发展。处于发展初期的国家拥有巨大的增长潜力和不断的趋同以及贫富差距的降低，能够接受更多的资本流入。

举个最简单的案例，在没有投资成本和法律障碍以及国际资本流动时，可能产生信息或其他类型的障碍，资本将会迅速跨境流动直到全球风险回报率降低。实际上，资本流动规模主要依靠现有障碍的解除和

---

① 银行是东盟金融的主要提供者，一般主要依靠定期存款，他们主要是进行商业贷款和房贷，期限转化对于银行是十分重要的。银行需要对高风险、长期限、有盈利能力的项目进行融资，其中会伴随着账户风险、外部性和公共品特征。

相应公共措施的建立，全要素生产率的提高是资本流动增长的强劲推动力，这反映在一国的机构发展中（比如，完善并且合理的产权，包括知识产权和商业环境等）。简单的新古典经济学认为趋同现象说明了资本控制障碍解除带来的巨大好处，但忽略了不当处理所带来的风险，其中的问题包括由于新兴市场国际资本的突然减少带来的"原罪"（短期借入外币，投资国内长期项目），在这些情况下，保险将会涉及国际储备的积累和税收措施来将"庇古税"的外部性内化（Aizenman，2009；Jeanne 和 Korinek，2010）以及解决劳动保险市场的不完善（Mourmouras 和 Russell，2013）。

IMF 在这方面的官方观点（IMF，2012；2013a）认为资本流动自由化的好处包括——资源分配的高效率、技术进步和高增长以及更好的消费平滑曲线，同时强调了资本流动的风险，包括较高波动率和资本账户危机的高敏感度。对于一些金融和基础设施发展落后的国家，这些危机可能会加剧。有一个十分重要的启示：经济发展要求更先进的金融制度，这与更高的资本流动是相辅相成的。相应地，IMF 强调了在金融制度发展充分以及宏观经济健康运行两种情况并存时，资本流动自由化的福利最高，但并不能保证完全的自由化在任何时候都适合任何国家。

与这种方法类似，东盟资本账户一体化议程是逐步推进的，强调自由化正确的顺序，保证监管安全网的设置以保护每个国家的资本稳定性。亚洲发展银行（2013）认为资本账户自由化是通过消除法律和行政障碍，使得代理机构能够跨境转移所有权。东盟经济体内金融部门发展过程中的巨大差距，将蔓延到资本账户开放度。比较国家开放度和可得性增长空间的方式是参照各类法律上的相关资本账户指数在实证文献中的变化（专栏9.2）。①

---

① 在所有的案例中，一个较高的指数值说明较高程度的资本账户开放度。这些指数的基本特征是主要信息来源于 IMF 年度报告（IMF，2014）外汇安排和外汇管制年报，该报告提供了详细的信息，但是他们没有对细节进行总结或者各国总体的开放度变现。IMF 同样也没有这个单独的指数。

专栏 9.2

Quinn – Toyoda 和 Schindle 资本限制指数主要关注资本账户的限制（参照 Vargas, 2014）。相反，Chinn – Ito 金融开放指数（Chinn 和 Ito, 2008）从四个角度衡量外部交易限制：（1）多种汇率的存在，（2）经常性账户交易限制，（3）资本账户交易限制，（4）出口产品的汇出利润限制的要求。

Chinn – Ito 金融开放指数经过长时间的比较发现，新加坡从 20 世纪 80 年代早期金融开放度就保持较高的水平（图 9.2.1），由于亚洲金融危机带来的限制很快就消失了。东盟四国（印度尼西亚、马来西亚、泰国和菲律宾）仅在非居民买卖国内债券方面有少部分限制，比较中发现限制条件较少，反映出较高的金融开放度，这一指标通过实际跨境证券投资水平等来衡量。但是对居民也存在一些资本账户交易的限制。除此之外，在亚洲金融危机和全球金融危机的噩梦过后，东盟四国引入或者加强对经常性账户交易的限制，包括出口产品的汇出利润以及服务费用的确认流程。

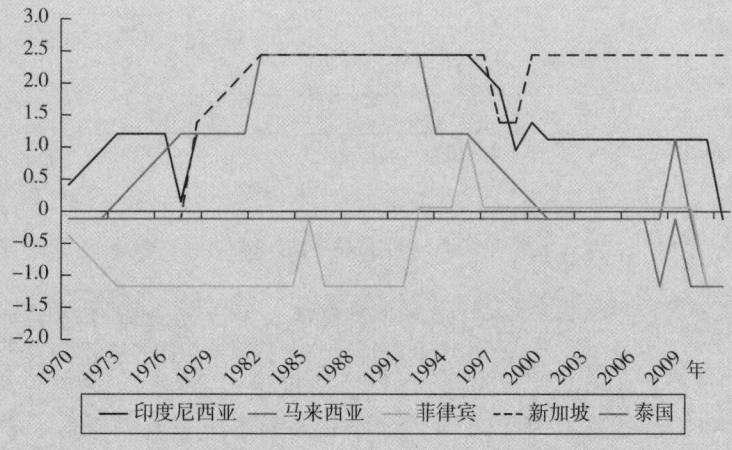

资料来源：根据 Chinn 和 Ito（2008）更新。

图 9.2.1　东盟四国和新加坡的 Chinn – Ito 金融开放指数

Chinn‐Ito 金融开放指数是从 2001 年开始的自由化衡量指标，该指标显示出，柬埔寨是 2011 年东盟第二大金融开放国家，但是资本流动主要是以外商直接投资和政府援助的形式出现，由于国内相关金融市场依然处于开发阶段，因此组合投资流入依然有限（较低的金融开放度）。类似地，老挝、越南和缅甸一直以来金融开放程度都较低，反映出他们对组合投资流波动性较低的风险敞口，CLMV 国家（柬埔寨、老挝、缅甸和越南）并未因全球金融危机而收紧资本账户限制（图9.2.2）。需要注意的是缅甸 2012 年的汇率自由化和统一化并没有在图9.2.1 中反映出来。

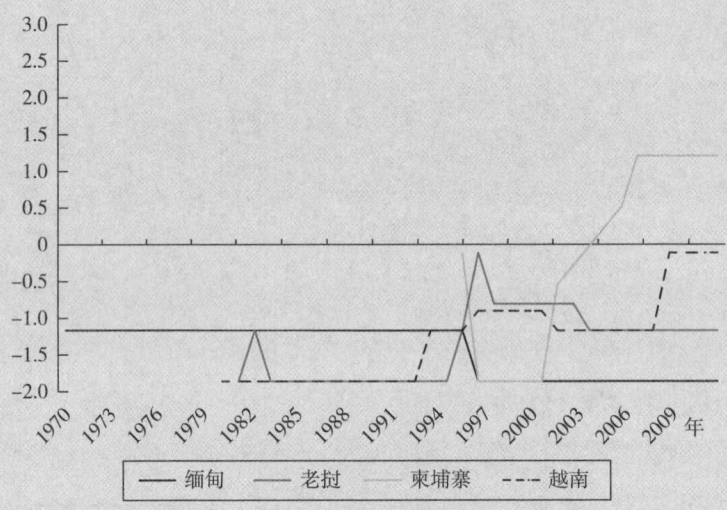

资料来源：根据 Chinn 和 Ito（2008）更新。

图9.2.2 CLMV 的 Chinn‐Ito 金融开放指数

其他新兴经济体的对比发现，东盟四国并不如指标中显示得那么开放。图9.2.3 显示 2005 年的三项法律指标，这是三个指标能获得的最新数据，都是从 0 到 1 范围，数字越大资本开放度越高。柱状图是根据 Quinn‐Toyoda 指数来排名。三个指数显示出较大的关联度，并且都将东盟四国放入资本账户开放度较低的新兴市场经济体中。

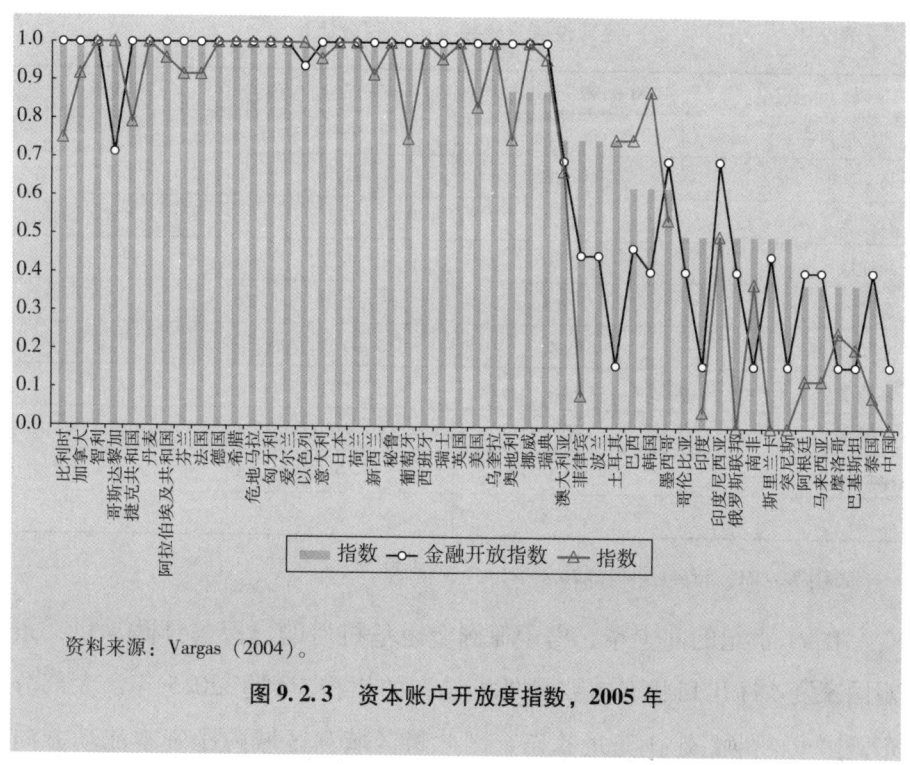

资料来源：Vargas（2004）。

图 9.2.3 资本账户开放度指数，2005 年

正如第 10 章讨论的，从 1995 年开始，亚洲国家的资本流动有很大不同，说明尽管解除资本账户限制这一目标很明确，但是此类做法没有保证的话就会导致净资本流入的大幅增加。流入东盟的净资本在一段时间达到高位，包括亚洲金融危机之前的许多年。但是在 2000—2012年之间，不考虑之前提及的日益增长的 FDI 和组合投资，平均来看只有四个东盟国家（老挝、柬埔寨和较低程度的越南和缅甸）是净资本流入国。尤其是，尽管有大量的基础设施需求和较高的潜在增长，印度尼西亚、菲律宾和泰国也曾经是净资本流出国，经常性账户顺差平均是GDP 的 2%（表 9.4）。马来西亚的净资本流出量更高，在这一期间每年占 GDP 的 12% 左右。

表 9.4 经常性账户余额（GDP 百分比）

国家	1990—1997 年（平均）	2000—2012 年（平均）	2013 年
印度尼西亚	-2.5	1.8	3.3
马来西亚	-5.6	11.9	3.9
菲律宾	-3.7	1.8	3.5
新加坡	12.3	18.9	18.3
泰国	-6.4	2.9	0.6
文莱达鲁萨兰国	43.4	44.1	31.5
柬埔寨	-2.8	-3.8	-8.5
老挝	-6.6	-16.2	-27.7
缅甸	…	-0.4	-5.4
越南	-6.8	-2.3	5.6

资料来源：IMF，世界经济展望 2014 年 10 月。

在 21 世纪的前十年，出于亚洲金融危机后的自保与预防动机，东盟国家资本净出口状态主要是外汇储备的累积。到了 2015 年，大部分东盟国家的外汇处在充足状态，因此跨区域和区域内净资本流动方向需要有所变革。Park 和 Takagi（2012）认为大部分东盟国家倾向于对资本外流进行较严格的限制，这抑制了东盟内部的资本流动，但刺激了更多区域外发达经济体的资本流入。①

东盟资本账户自由化将继续推进，终极目标是达到最高程度的资本账户自由化，同时保证足够的金融稳定性。成员国之间的讨论仍然会根据 AEC 蓝图的规划而定：（1）确保有序资本账户自由化进程，保证成员国的国内进程和经济水平相一致；（2）保证各国在应对潜在宏观波动以及自由化过程带来的系统性风险时有足够的安全网；（3）确保东盟国家共享自由化福祉。

资本账户自由化的一个主要挑战是在降低风险的同时推动福利。

---

① 正如之前所说，由于本土偏好，东盟的投资者一般倾向于将大部分资产投资于本国，因此东盟国家资本外流控制的释放可能会增加投资者对其他对东盟国家的投资。

Ishii 等人（2012）建议采取渐进方式，强调有序进行，需要满足每一步的先决条件，进而安全推进到下一阶段。正如 Park 和 Takagi（2012）以及 ADB（2013）中发现的，东盟国家目前存在几类限制来提供合法的安全网，以避免投机行为和金融部门风险的堆积，其中包括所有东盟国家的货币不能在离岸市场使用，禁止本国货币借出国外，以及投资者对冲外币风险的能力限制。一些限制随着区域金融一体化发展而退出时代，但是在相关的宏观经济和金融政策框架没有完全建立起来之前，一些限制仍有其存在的必要性。实证经验显示，金融深化和机构质量也是境外资本流入的重要的先决条件。

推进安全的东盟金融一体化

本节回顾了东盟国家采取的各国政策和集体决议，以及地区间多边合作伙伴的政策来推进安全的金融一体化进程，这些政策与 FDI 流入和银行一体化非常相关。本节中涉及金融合作倡议和区域监督机制的现状和未来展望，包括"东盟＋3"宏观经济研究院（AMRO）和清迈倡议多边化机制（CMIM—参见专栏 9.1）。本节将会简单介绍（1）欧盟一体化失败带来的教训；和（2）东盟内部风险防范，包括 CMIM 的内容和 IMF 的作用。

加强金融一体化和防范风险的政策

在中长期看来，随着 AEC 的金融一体化目标的逐渐实现，东盟银行网络将继续扩张。随着东盟金融系统逐渐开放，他们将面临区域外的风险，这些风险可能出现的结果将会被金融危机后的金融环境和恶劣的全球经济环境放大。这其中有很多方面，Duval 等人（2014）发现，两个经济体的银行和投资组合一体化程度越高，其经济产出一致性就会越低，但是在危机时期（比如全球金融危机），银行一体化会加剧各国周期的同步性。在这种情况下，全球性银行从各个国家回收资金，金融一体化和依靠国外资本流动的国家在产出方面的联动性更强（Kalemli-

Ozcan, Papaioannou 和 Perri, 2013），① 这说明区域银行一体化的潜在好处：区域银行所拥有更多的话语权将会减少发达经济体带来的金融风险的影响。

正如之前所说，国际经验显示新兴市场中银行的快速扩张可能会带来负面影响，因为银行风险管理和监控可能会落后于发展阶段，母国不平衡的监管质量同样会带来不稳定性。尽管东盟统一监管机制可能是最好的解决办法，但在技术和政治角度来看，短期内无法实现。事实上，早在 2015 年，东盟就指出要建立一个统一监管机制或者形成一个完全一体化的银行部门，但是东盟国家更倾向于管制协调（包括证券市场）。随着监管协调的逐渐成型，防范风险的一种方式是加强对国外分支机构的控制，正如新加坡正在实施的政策（参见下一段）。另一方面，风险防范也可以通过互惠协议的方式进行。互惠的原则使得非欧盟国家的银行在欧盟地区开设分支机构，互惠原则同样也是《巴塞尔协议》中关于银行监管框架保护逆周期资本的重要基石。一定程度的协调对于共识很重要，马来西亚的关于金融部门蓝图强调了需要增强母国——东道国在监管和危机预防方面的合作。

在新加坡，外资银行的分支机构扮演了重要的角色。2013 年 IMF 金融部门评估方案（IMF, 2013d）发现新加坡银行有大量的资产和其他缓冲工具，因此显示出该银行对风险的抵抗能力。同样也发现新加坡金融管理局采取了一系列措施来防范由于大量外资银行分支机构带来的风险，包括新加坡金融管理局：（1）对外资进入设置了较高的标准，采用与内资银行同等要求的谨慎性原则；（2）限制外资分支机构办理零售存款业务；（3）最近推出了新政，要求所谓的合格的具有大量零售业务的全能型银行在当地开展零售业务。新加坡金融管理局同样也

---

① 正在进行的欧洲银行去杠杆化的影响是可控制的。事实上，欧洲银行的紧缩为东盟银行（以及那些来自亚洲其他地区的银行）提供新机遇。20 世纪 80 年代的拉美债务危机后从新兴市场中撤军的美国银行，以及东南亚日本金融危机后日本银行的去杠杆化都为东盟银行起着警示作用。

和外资银行分支机构在母国的监管者建立良好关系，积极加入母国银行的管理来保证其对分支机构运营时尽职监管，及时甄别风险与漏洞。

正如本章所说，金融一体化程度的加深会带来信贷激增风险和难以预料的资本流动，这些风险说明了在高资本流动性的世界里稳健的宏观管理的重要性。如果风险来自于银行系统，各国应采取宏观审慎工具，比如收紧房贷、提高银行持有资本比例。如果风险与资本流动相关，暂时性的资本流动管理会更加有效。同时金融市场发展深化依然是有益的。正如马来西亚国家银行管理者 Zeti Akthar Aziz 指出，成熟的金融体系能够更好地接纳资本流动。全球金融危机后，欧元地区银行从亚洲撤资说明完善的、有序管理的以及有深度的金融市场对于吸收外部冲击是非常重要的。

国内银行部门的发展和银行部门一体化可以同时推进。亚洲政策制定者和监管者最大的挑战是制定并实施政策，以支持有效的、有活力的一体化银行系统。管制和监管协调框架可以加速金融一体化进程。随着银行部门不断发展与整合，监管能力需要与日益复杂的银行机构和跨境操作相协调。完成金融一体化意味着建立更好的全球性规则，比如《巴塞尔协议Ⅲ》的改革。自相矛盾的是，各种方式的努力致力于加强区域一体化，这会带来监管碎片化，如果东盟地区和其他区域一体化倡议无法协调就会导致监管冲突，进而出现监管碎片化。

与 AEC 建立有关的政策改革倡议在其他方面依然需要很多努力，比如国内货币和财政政策。资本账户自由化可能会导致监管独立性的缺失，迫切需要加强财政政策和结构性改革。2013 年马来西亚和印度尼西亚的经验支持了 ADB（2013，2016）的观点"支持开放的资本账户最好的战略是追求健全的宏观政策"。在 2013 年上半年，当经常性账户的顺差显著下降（马来西亚），或者转为逆差（印度尼西亚）时，国际投资者将其归咎于过于松散的宏观经济政策并且开始卖出持有资产。两国的资本外流形势随着一系列强势宏观政策的出台开始平缓。

欧洲推动高度异质化经济体进行金融和货币一体化的进程可以作为东盟（甚至亚洲）的参考。欧洲发展过程中一个重要的经验是，没有财政和政治的一体化作为前提，货币和财政一体化危在旦夕，尤其是考虑到财政政策、出口竞争力、机构设置和其他宏观方面，欧盟成员国高度异质化。与欧元地区不同，东盟国家没有统一货币、财政和外汇政策，因此外汇变动可以吸收一定冲击。尽管如此，未来的亚洲将通过可衡量的、渐进的和不断完善的方式更好地服务于金融一体化。

东盟区域内与 IMF 共同合作防范风险

经济体和金融系统日益增强的互通性加剧了国内和国际金融市场不稳定的风险，这在全球范围和亚洲地区都适用。近来，各方一直努力推进加强区域安全网建设来解决东盟潜在短期流动性问题，避免由于支付困难导致的流动性紧缺。在文章中，"东盟 +3"的财政部和央行官员在 2012 年 5 月的会议中批准了将 CMIM 额度提高一倍到 2 400 亿美元，以及引入危机防范机制的提议。正式批准后，2014 年 6 月提高的额度生效。

与其他区域机构和金融改革一样，IMF 一直致力于推进东盟和"东盟 +3"内部有效对话和合作，基于这层工作关系，需要加强在监督、流动性支持管理以及开发能力等方面的合作。比如，在 2014 年 5 月的会议，"东盟 +3"财政部和央行官员签署了"进一步加强与国际货币基金组织合作纲要"。区域组织和 IMF 的合作主要是依靠 IMF 在宏观金融方面的专业性，IMF 定期在各种区域会议上展示其研究和分析报告，包括在资本市场发展和资本账户自由化方面进行的研究。类似地，IMF 组织多方交流会和会议（比如 2014 年 1 月在东京以及 2015 年 3 月在首尔，东盟与中日韩宏观经济研究办公室 AMRO），其中讨论包括东盟地区宏观审慎政策等问题。除了研究和分析，IMF 通过与东盟和中日韩宏观经济研究办公室分享其跨国研究，以帮助东盟地区建设区域性机构。

结论

本章主要介绍了进一步推进东盟跨境一体化（通过贸易、FDI、组合投资和跨境银行的增加）将是经济增长、推动就业和包容发展的重要源泉，也是东盟国家应对冲击的方式。

东盟地区的贸易和金融一体化在近些年有显著增加。尽管如此，在亚洲，尤其是东盟地区，金融部门自由化和资本账户自由化的推进仍有很大空间，其发展程度相比于全球其他地区仍有很大差距。尽管一切都在变化（比如，新加坡和马来西亚的银行业务在该地区不断扩张），处理好金融系统持续的碎片化仍然需要更多努力。实际上，金融一体化是创立东盟统一商品服务市场倡议的一个重要组成部分。AEC 蓝图提议推进监管协调化，加强成员国之间的政策合作。尽管需要合作，但是最近欧盟的经验说明，采取区域化的方式推进金融稳定也同样重要。尤其是，超主权监督框架可能对统一 AEC 金融服务市场来说是必要的。欧盟的经验还提醒我们需要加强区域宏观金融监督机制（比如 AMRO）和区域金融安全网（比如 CMIM）的建设。这些区域间的努力将继续发展，并且可能还会得到 IMF 的积极支持。

不断加强的区域宏观经济监管和金融网是受到欢迎的，但是监控金融体系以保证潜在风险及时被发现也是一项重要内容。东盟国家处在不同的经济发展阶段，正在进行的金融一体化意味着信贷占 GDP 比重较低的国家需要追赶领跑国。这样的金融深化是难能可贵的，但是从经济史得出的教训是，信贷快速增长的结果是金融部门的不稳定和随之而来的风险。一些东盟国家面对的挑战是当处在推进东盟金融自由化的正确道路上时，国内金融部门发展也需要被考虑。因此，东盟国家需要采取小心谨慎的措施。但是东盟/亚洲经济共同体留下了一个开放性问题，即是否存在发达经济体在金融一体化进程中更快发展的可能性。一旦设置了足够的安全措施，该地区的国家取消保护主义障碍以达到区域银行一体化将符合其自身利益。

第10章 资本流动：展望未来

埃达·佐利、谢尔盖·道兹、
廖伟和沃依切赫·S. 麦莉斯凯

本章主要内容

- 在过去的20年，亚洲资本流动规模较大且波动大，为当地政策制定者带来了机遇与挑战。

- 亚洲金融危机后，流入该地区的净资本主要是由当地GDP的增长带动，美国经济增长率、美国利率和消费者偏好的影响都不及此。

- 在短期和长期过程中，其他因素也会影响资本的结构流动和规模，这些因素包括日本量化加质化宽松政策、资本账户自由化（主要是中国）、增加金融一体化以及发展、人口结构变化导致的储蓄结构。

- 所有这些因素都带来了资本流动的波动，需要健全的宏观经济和微观审慎政策以及宏观审慎政策来防范风险。

介绍

在过去的20年，资本账户大规模流入亚洲。第一波是开始于20世纪90年代初期，最终以1997年亚洲金融危机收尾。第二波开始于21世纪初期，由于全球金融危机而停滞。第三波开始于2009年中期，在2013年5月美联储计划退出QE计划时结束。资本带来经济利润，但是也为政策制定者带来了挑战，因为可能会导致经济过热、竞争力丧失，减弱对危机的抵抗能力。

　　基于这一背景，本章从一个展望的视角来看未来亚洲地区的资本流动情况，发掘其中影响其规模和结构的中长短期因素。目前，全球都在进行的关键性政策调整和结构转型将会影响亚洲地区的资本流动，这样的变革包括，中短期的美国货币政策常态化和日本的量化加质化宽松的货币政策，中长期包括资本账户自由化，以及中国推进金融一体化和金融发展，人口结构带来的储蓄结构变化。

　　尽管未来资本流动的所有影响因素无法全部被预测，但是有一点很清楚，跨境资本波动不会消失，这为政策制定带来了不小的挑战。强劲的宏观经济以及微观审慎管理和监督将是重要的工具，除此之外，宏观审慎政策能够为防范风险提供辅助性作用。因此，本章的最后将会回顾亚洲宏观审慎政策的经验，强调现行政策如何改进以加强风险抵抗能力和对经济波动的反应。资本流动为亚洲地区带来福利，因此最后一节将回顾政策措施，探究何种方式能够更好地优化资本配置。

回顾资本流动

亚洲资本流动的特征

　　自 20 世纪 90 年代以来，流入亚洲的资本波动性很强。在 90 年代早期的暴涨后，便经历了亚洲金融危机带来的戏剧性反转。21 世纪初，资本流动开始恢复，但仍处于波动状态，2006 年第四季度到 2007 年第三季度巨幅提升，随之而来的是全球金融危机期间的大幅下滑，到 2009 年第三季度和 2011 年第三季度再次经历回升（图 10.1）。尽管亚洲的发达地区（包括澳大利亚、新西兰和日本）与其他地区的资本流动模式类似，但是后者经历了巨大的转变，比如 20 世纪 90 年代和 2012 年到 2013 年之间。

　　净资本流动在除中国以外的其他亚洲经济体内都有较大的波动性。这种震荡主要是由于其资本构成。除了中国，流入亚洲的资本主要是资产和其他投资，主要是银行贷款（图 10.2），这两类都是不稳定的资金

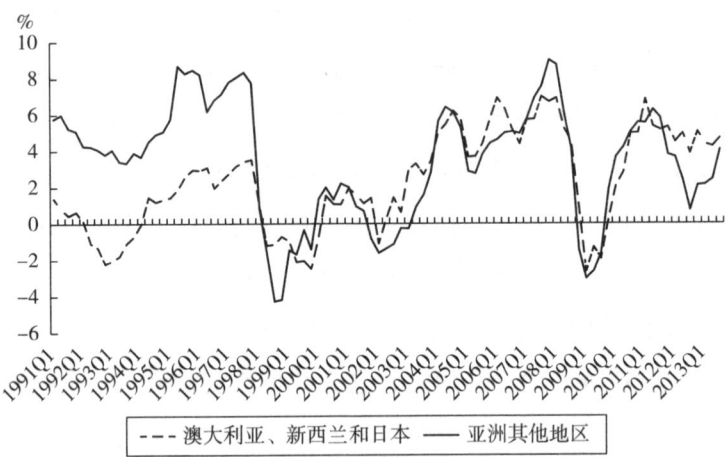

注：亚洲其他地区包括中国、中国香港特别行政区、印度、印度尼西亚、韩国、马来西亚、菲律宾、新加坡、中国台湾地区、泰国、越南。

资料来源：IMF，国际金融数据，世界经济展望数据库以及IMF员工计算。

图10.1　亚洲地区的非居民、非外商直接投资资本流入

（四季度平均，GDP百分比）

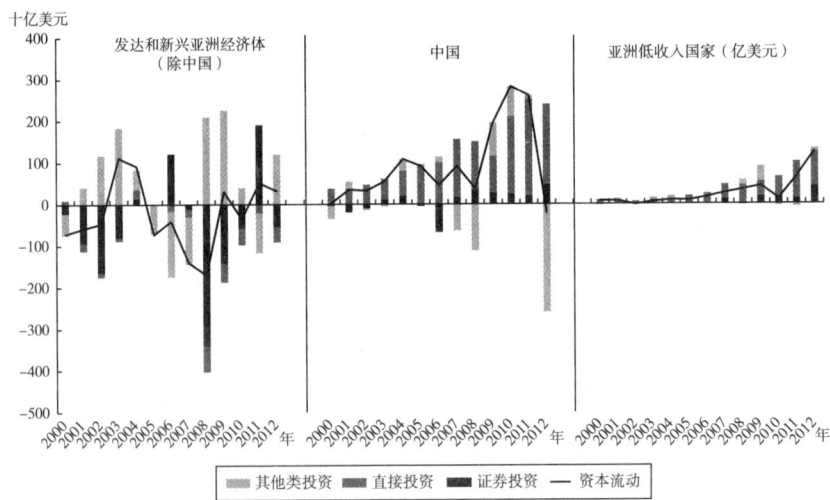

资料来源：IMF，国际收支平衡统计；IMF员工计算。

图10.2　亚洲资本流动净值

来源，投资被认为比其他资产波动性更强，银行贷款一般都是短期的。这两类资本对外部金融环境都极其敏感，尤其是在发达经济体。与近来的资本流入的增加类似，亚洲金融危机前的资本流动是由于发达经济体利率走低，资本逐利而来。

中国的资本流动主要是稳定的 FDI，但是 2012 年"其他类资产"流动开始变得不稳定。汇率管制的不断放开增加了波动性。2012 年强制性要求的放开以及汇率上升的短期预期导致外币储蓄的减少，这类减少导致其他类资产账户出现负值，在 2013 年稍有逆转。

流入到低收入亚洲国家的资本相比于本地区其他国家来说，规模还是很小的，但是始终处于上升期，尤其是全球金融危机后。FDI 是流入这类国家的主要资本，同样也反映出 2005 年商品价格激增后，对当地自然资源的投资巨大规模。FDI 流入的规模增长迅速，尤其是在拥有丰富自然资源的低收入亚洲国家，比如蒙古国或者稍差点的老挝。中国是这些 FDI 的主要来源。

在 21 世纪早期，流入亚洲的大部分证券投资是来自美国、欧洲发达地区，使得亚洲受到这些地区的溢出效应影响（图 10.3），跨区域组合投资从此开始增长。从 2001 年到 2012 年，亚洲本地的证券投资占比从 15% 增长到 24%，一定程度上反映出国内金融市场如债券市场等的不断深化发展。亚洲地区之间的境外组合投资也在增加，同期从 10% 上升到 18%。在 2012 年，70% 的直接投资是来自亚洲地区内部的，大部分的亚洲 FDI 都是直接流到本地区的。

亚洲经济体同样也是欧美银行贷款的接收国（参见图 10.4）。欧洲银行曾经是该地区重要的直接和间接信贷来源，直接贷款是通过跨境交易和通过当地分支机构或子公司借贷进行的。直接借贷主要支持该地区的贸易融资。间接地，银行在当地的区域性银行扮演了批量融资的角色，尤其是澳大利亚、中国香港特别行政区、韩国、新西兰、新加坡和中国台湾（IMF，2012b）。欧洲银行在全球金融危机后减少了对亚洲

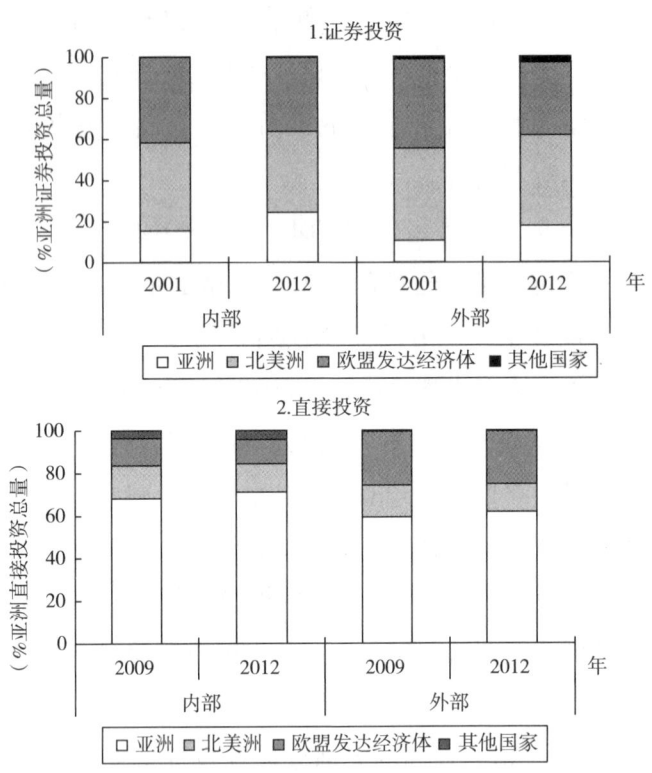

资料来源：IMF 员工计算；联合证券投资调查；联合直接投资调查。

图 10.3　亚洲：证券投资和直接投资的区域结构

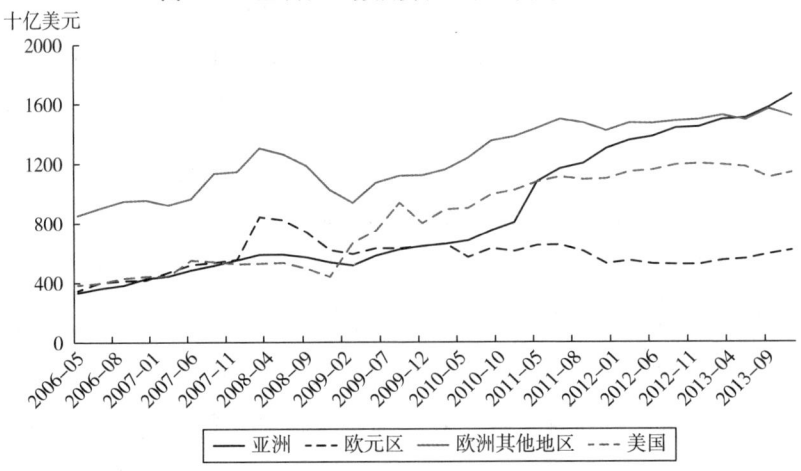

资料来源：国际清算银行。

图 10.4　亚洲经济体外资银行资产占比总数

的贷款，来自欧元地区的信贷始终未恢复到金融危机前的水平。欧洲银行去杠杆的影响一部分被当地区域性银行所抵消，尤其是日本接替了其中的部分角色分工（专栏 10.1）。

专栏 10.1　日本金融机构跨境活动

从 2005 年开始，日本金融机构的跨境活动开始增长，尤其是对亚洲地区，在全球经济危机中出现短暂的下滑。日本银行海外总资产在 2013 年 12 月达 30 亿美元（大概全部银行和信托资产的 30%），相较 2005 年增长了 30%。自全球金融危机后，在亚洲的资产大概增长了一倍多，目前占到全部海外资产的 10%（图 10.1.1）。

日本银行通过各种所有权形式来扩张海外网络。除了在当地设置分支机构和子公司，银行试图拓展顾客基础，通过商业联盟的形式来延伸商业运行模式，以及投资海外金融机构，他们同样尝试符合当地市场新的所有权结构。因此，大部分日本的银行获得更高的全球和地区影响力存在感，尤其是辛迪加贷款和项目融资方面，目前海外毛利润大概占总利的 30%。同时，大部分经纪公司和寿险公司能够在海外并购或者找到战略伙伴，尤其是在亚洲。

实证证明，经济增长缓慢导致国内信贷需求有限，从而激励了日本的银行去海外发掘机会（Lam，2013）。同样由于过剩的日元、稳定的储蓄基数和不断向好的资本比例的支撑，日本银行能够增加海外风险敞口。新兴亚洲的基础设施需要大规模的融资，大规模的 FDI 投入以及日本公司的贸易链、亚洲的强势增长和欧洲银行在该地区的去杠杆行为都为日本银行提供了新的商业机遇。目标国较高的利率为海外扩张提供新的刺激。

海外扩张的趋势将会在 QQE 货币框架下持续进行，国内市场充足的流动性将会成为银行在国内外借贷的推动力。尽管金融机构由于需要满足国际监管改革（比如《巴塞尔协议Ⅲ》）中的资本充足率要求，海外策略方面希望通过渐进谨慎的方式进行，但随着海外扩张的进程日益推进，日本金融机构将会受益于收益分散化的红利。此外，加速扩张可能会导致日本金融机构买入高估的海外资产或者进入不熟悉的当地市场，这也会导致巨额亏损，正如二十世纪八九十年代时，较高的海外风险投资可能会增加风险，因此需要监管机构持续的密切关注，与之并进的是跨境监管的挑战。

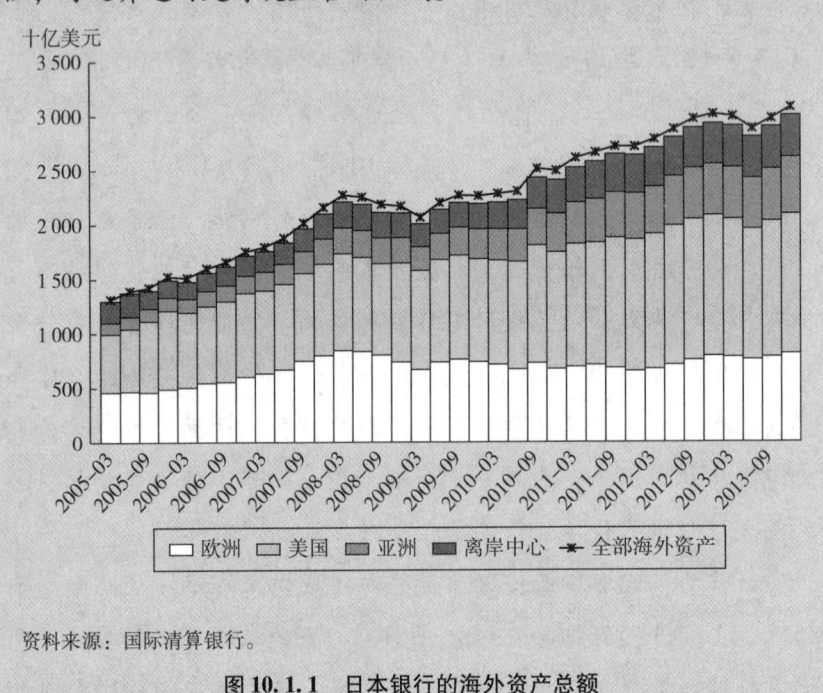

资料来源：国际清算银行。

图 10.1.1　日本银行的海外资产总额

后亚洲危机时代亚洲资本流动的主要推动力

为了了解后亚洲危机时代亚洲资本流动的主要推动力，模型使用14 个亚洲国家从 2000 年第一季度到 2013 年第四季度的数据来进行估计净资本流入（附录10.1）[①]。结果显示本国 GDP 增长率、美国短期利

[①]　实证分析的背景信息和回归结果参见附录10.1。

率、美国 QE 计划和投资者风险偏好——由芝加哥期权交易所恐慌指数 VIX 测算，是一个地区净资本流入的主要决定因素。

分析发现，相比于国内货币政策，美国货币政策对资本净流入的影响更大。事实上，美国短期利率降低 1 个百分点，一个季度后净资本流入占 GDP 比重减低 0.3 个百分点（图 10.5）。相反，国内短期利率对净资本流入并无显著影响。QE 变量的相关系数为正且显著，说明美联储的 QE 计划促进资本流入该地区。然而，英国和日本的 QE 政策变量对该模型无显著影响。

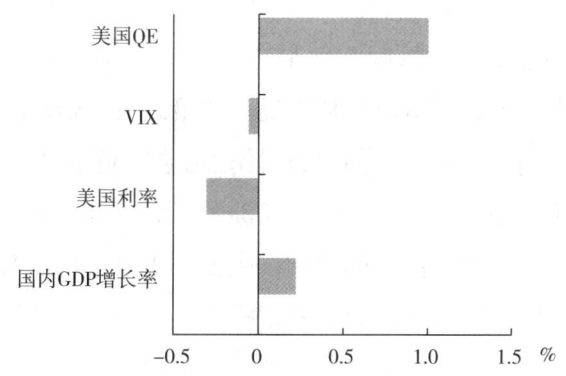

注：VIX 为芝加哥期权交易所恐慌指数。

资料来源：IMF 员工计算。

图 10.5 亚洲：净资本流入对内外因的季度对冲

国内 GDP 增长率也是净资本流入的重要决定因素，GDP 增长率每增长 1 个百分点，意味着一个季度后净资本流入占 GDP 比重增加 0.2 个百分点。美国 GDP 增长率本身与净资本流入并无显著关系。但是另一个模型发现，美国和亚洲经济体的增长差异对净资本流入影响很大。投资者风险偏好也影响该地区资本净流入。VIX 增长 1 个百分点，说明全球风险偏好的降低和不确定性的增加将使净资本流入减少，在 GDP 中占比减少 0.1 个百分点。尽管模型中并未构建，但是一国的机构特征也能解释净资本流动的跨国差异。当除 FDI 以外的净资本流入被当作独立变量时，类似的研究也得到了同样的结果。

同一时期也对亚洲资本流入进行了模型估计（附录 10.1）①。结果显示，资本流入对美国短期利率不敏感，相反，国内经济增长、美国经济增长或者两国的增长差异以及 VIX 和美国 QE 计划对其产生影响。

未来资本流动：影响亚洲资本流动的因素

实证分析为解释之前亚洲资本净流入提供了一些思路。但是，目前的问题是资本流动的未来是什么？因为亚洲依然被看作是全球经济增长"领头羊"，可能继续接受大规模的资本流动。除此之外，一些全球和区域因素将会影响区域间和区域内的资本流动，很容易带来经济波动。中短期内，美联储退出非常规货币政策以及全球利率正常化将对资本流动产生影响。日本央行的 QQE 计划也会对流入亚洲和亚洲内部的资本产生影响。中长期来看，流入亚洲和亚洲内部的资本流动规模很大程度上受到资本账户自由化的影响，主要是来自中国。其他因素比如该地区的金融一体化、金融发展和储蓄模式，也将会影响资本流动，包括本地区内的流动，这些因素将在本章下一节讨论。

中短期内影响资本流动的因素

美国货币政策常规化

从 2013 年 5 月开始，市场预计美联储将逐渐退出 QE 政策，这导致部分全球投资者大幅调整证券投资组合。结果，亚洲资本流动出现了急速反转。QE 计划最终在 2014 年结束，2015 年市场预计美国利率将会上涨。考虑到亚洲资本流动对美国政策利率的敏感度，美国利率上升将会导致流入亚洲的资本暂时性回流。但是，相比于美国和亚洲外其他发达国家，亚洲经济增长坚挺，也将会继续吸引中短期资本流入。

---

① 资本流动波动的研究着重于对资本流动总额而非资本流动净额的分析（例如，Forbes 和 Warnock，2012；Milesi – Ferretti 和 Tille，2011）。

日本量化加质化宽松政策（QQE）

日本央行在 2013 年开始了 QQE 政策，作为安倍经济学三支箭中的一支来走出经济衰退，提振经济增长。日本央行计划在近两年扩大货币基础，使其翻一番达到 1300 亿美元（占 GDP 的 27%），此举同样是出自对美联储加息的担忧，扩大货币基础在中短期内将刺激日本资本外流到其他国家。

在过去的几十年，日本投资者一般都是国外资产（一般为国外债券和票据）的净购买者，平均每年购买 125 亿美元（不超过 GDP 的 3%），最高不超过 250 亿美元（大约 GDP 的 5%）。QQE 将会通过以下途径影响日本资本外流（IMF 2012c，2013b）：

- 企业海外扩张——日本企业逐渐加快投资海外的步伐，尤其是到亚洲地区，以降低成本，发掘当地市场机会，对东道国经济增长也有正向作用。QQE 带来的国内通胀增长以及实际有效利率的降低，都在减缓 FDI 流出的增速。[①] 但是 FDI 流出是一个长期性趋势，因为企业需要在需求处于增长阶段的市场中发展，并且利用成本差异性的优势来获利。因此考虑到这些投资相对的高收益，海外生产增长和 FDI 回归是不太可能的。

- 证券投资的再平衡——QQE 和日本央行与其他主要央行的货币政策差异将会导致日本投资者证券组合的变化，尤其是金融机构不再投资国内国债，转而投资风险更高的金融产品，包括海外资产。

日本金融机构的证券投资结构再平衡正在慢慢进行中。从 2013 年 4 月开始，日本国内银行开始降低本国国债的持有量，增加对外证券投资，但是他们在央行还是保留大量的储备金，这部分资金是为了未来持有境外资产做准备的。目前一些公共养老基金已经开始持有海外证券，但仅有少部分保险公司和私人养老基金开始持有（图 10.6）。除此之

---

① 实证分析表明，实际有效汇率下降 10 个百分点，海外生产增长下降 1.3 个百分点。

外，以下一些因素说明接下来几年将会产生更多的资本外流：

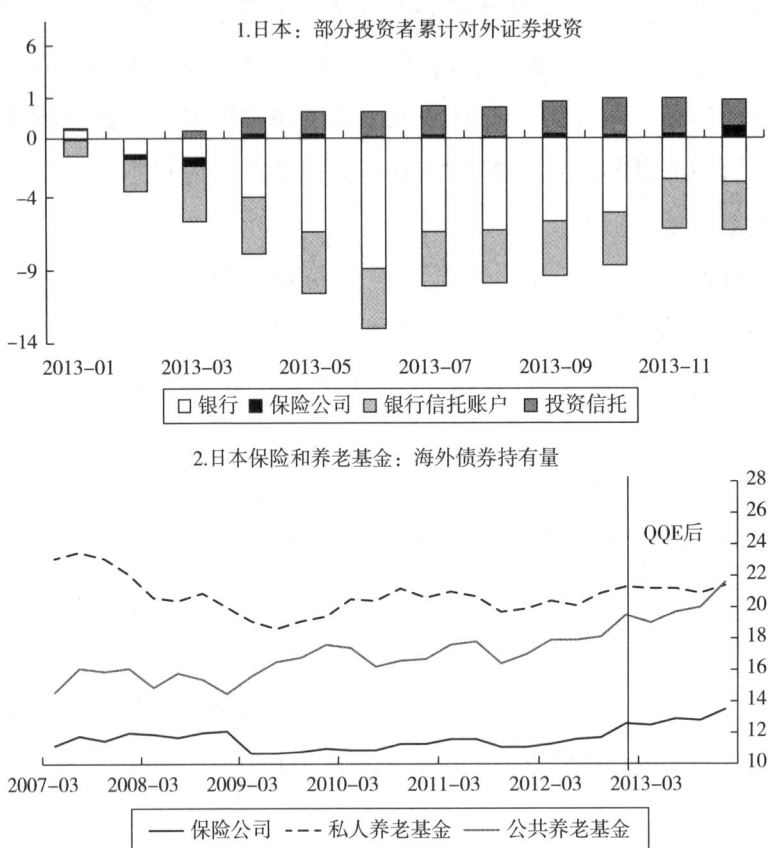

注：QQE＝量化加质化宽松。

资料来源：日本央行；和 IMF 估计。

图 10.6　日本：对外证券投资以及海外债券持有

● 保险公司宣布计划逐渐持有海外证券来分散中期资产配置，尽管只有一小部分保险人计划维持现有日本国债持有量。

● 日本政府养老投资基金—投资资产占 GDP 的 27%—披露预计将在中期分散资产在新兴市场以获得更高收益。对风险资产投资有一定的限制，这束缚了海外债券和股票的并购，但 2013 年 6 月该限制已经解除，导致海外证券持有量的增加（图 10.6）。①

　　● 居民为了更高的收益也开始重新配置他们的储蓄，将更多的份额分配到海外资产，目前这部分仅占民间部门金融资产的 2.5 个百分点。

银行海外借贷

　　由于 QQE 政策鼓励金融机构降低国债持有量，日本银行开始增加国内外借贷，尤其是其他亚洲国家，以提升利润。日本金融机构的海外活动在 21 世纪初期开始增加（专栏 10.1），在 QQE 背景下，充足的流动性为跨境扩张提供动力。情景分析假设大部分日本投资者认为根据他们目前海外投资计划中的证券组合来看，预计未来将有 800 亿到 1000 亿美元的资本流出（1.6% 到 2.0% 的 GDP—IMF，2014a）。分析考虑了政府养老投资基金设置的解除，与美国利率差异增长、国内信贷需求增长和银行盈余储备。如果日本投资者改变策略，也就是说如果他们投入更多比例的海外资产，资产外流可能会更多，达到 2 600 亿美元（大约 5% GDP）。再平衡中更多的比重会投入到北美和欧洲，在历史上，这两个地区大概接收了 70% 的日本证券和银行借贷。尽管亚洲新兴市场可能获得的比例相对较小，预计潜在资本流入也将达 300 亿美元。

中长期内影响资本流动的因素

资本账户开放

　　相比于其他地区，亚洲资本账户开放程度较低（图 10.7）。基于 Chinn – Ito 金融开放指数，② 尽管一些亚洲经济体（中国香港特别行政区、日本、新西兰和新加坡）的资本账户开放程度与欧元区和北美地

---

　　① 在新政策的作用下，政府养老投资基金能够分别投资 12%（+/ – 5%）和 11%（+/ – 5%）的资产在海外股票和债券方面。

　　② Chinn – Ito 金融开放指数一般用来衡量金融账户开放程度，基于 IMF 汇兑安排与汇兑限制年报。

区持平，但是其他国家依然存在很高的资本流动限制，尤其是低收入经济体，考虑到他们的增长前景和近来的趋势，资本账户自由化将会带来更多 FDI 的流入。

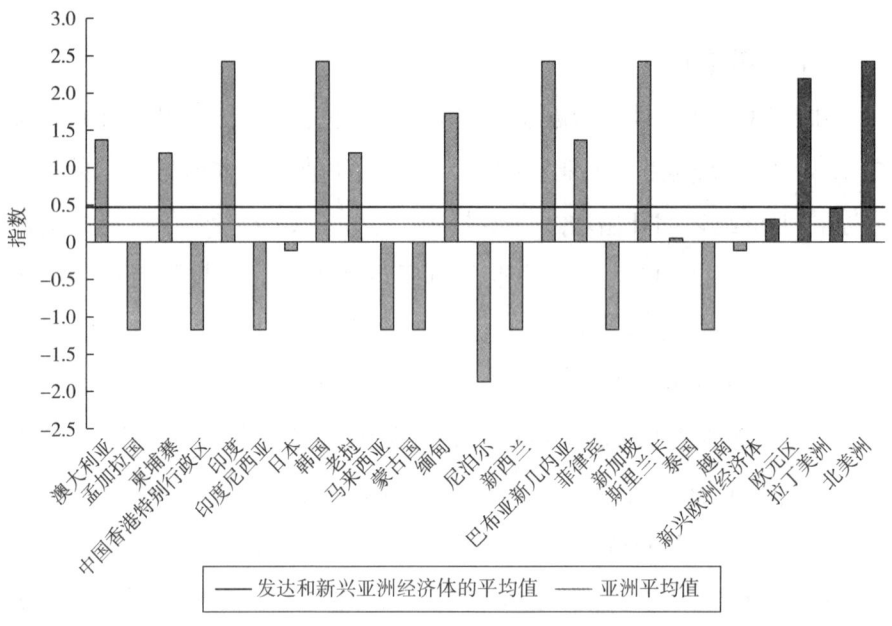

资料来源：Chinn 和 Ito（2006）。

图 10.7　Chinn－Ito 金融开放指数，2012 年

中国和印度是亚洲最大的经济体，他们的资产账户都相对封闭，其自由化进程将在中长期对区域内和流入亚洲的资本有着极大影响。但是目前的研究显示，印度资本账户自由化不会产生大规模的全球效应，由于那些限制实际上并未有效执行，潜在资本流动规模低（Ma 和 Mc-Cauley，2013；Bayoumi 和 Ohnsorge，2013）。[①] 由于这个原因，本节主要关注中国资本账户自由化的影响和发展。根据法律和实际上的情况，中国资本账户依然相对封闭。根据 Chinn－Ito 金融开放指数，其金融开放

————————————

① 印度目前的证券资产远远小于中国，当然，印度的债券和股票市场也仅有中国的四分之一（Bayoumi 和 Ohnsorge，2013）。

度评分低；另一方面中国在国际资产负债占 GDP 比重中排名第 138 位，
这是一个常见的用于衡量金融开放指数的指标。更多地，中国和离岸市
场上货币期货的隐含收益率的差距也很大，这是另一个衡量金融开放
度的指标，说明尽管国际资产负债占 GDP 的比重在上升，但资本流动
依然受限（Ma 和 McCauley，2013）。

　　一些自由化进程中渐进的措施已经在进行中（专栏 10.2）。并且，
在 2013 年政府规划蓝图中，已经将资本账户自由化列为主要改革之一。
改革的步骤有待明确，可能包括增加合格境内境外投资者境外证券投
资的名单，逐渐提高配额。上海自贸区已经在部署中，在该地区将率先
放开部分限制。与此同时，中国政府积极推动人民币国际化，来促进非
居民间的交易。①

专栏 10.2　中国：资本流动自由化之路及其影响

　　中国在朝着资本流动自由化的方向不断前进。

　　外商对中国的直接投资（inward FDI）仍然面临着一些限制，但
是自从 20 世纪 90 年代开始，行政门槛逐渐取消。因此 FDI 流入量从
1990 年不到 GDP 的 1% 发展到 2012 年占 GDP 的 3.1%，使得中国成
为全球 18% 的 FDI 的目标国家，是全球最大的接收国。

　　中国对海外的直接投资（outward FDI）的自由化程度较高，但依
然受到行政监管和审批的影响。尽管中国的 FDI 外存量在 2012 年仅
达 GDP 的 6.1%（美国是 31.3%），但其在 2005 年的 640 亿美元急速
增长到 2012 年的 5 030 亿美元，目前已是全球排名的第五位（图
10.2.1）。

---

　　①　在中国的全部贸易中，将近 20% 是以人民币为结算方式，并且人民币在贸易融资中经常使
用。同时，离岸人民币在中国香港特别行政区、新加坡和伦敦都发展起来，并且中国与许多国家签
署了货币互换协议。

证券投资面临着紧缩的但逐渐增长的配额：

● 来自境外的证券投资通过合格的境外机构投资者（QFII）的方式进入，需要经过三个月的锁定期，并有一定限额。在2011年，人民币QFII计划成立，使得合格的投资者可以在国内市场投资离岸人民币，但在资产配置和限额方面有一定限制。在2013年，该计划继续深化，资产配置的限制逐渐放开，除此之外，中国大陆以外的合格机构也可以投资中国债券市场，需要接受一定限制但没有锁定期。

● 中国对境外的证券投资是通过合格的境内机构投资者（QDII）的方式进入，需要符合机构特征限制。在这一计划中，注册的境内机构可以通过国内投资者进行融资来投资境外资本市场。由于该计划是在2006年推出，投资者基础逐渐扩宽到银行、共同基金和零售投资者。合适的投资工具也在不断延展增加。

其他投资。海外借款一直面临着一定限额或者审批，但是向海外借款的限制十分少。持有跨境账户同样需要审批。国内代理行需要提供以人民币为币种的融资账户给参与境外人民币交易的银行。香港特别行政区和澳门特别行政区的人民币清算银行可能会加入国内银行间市场。

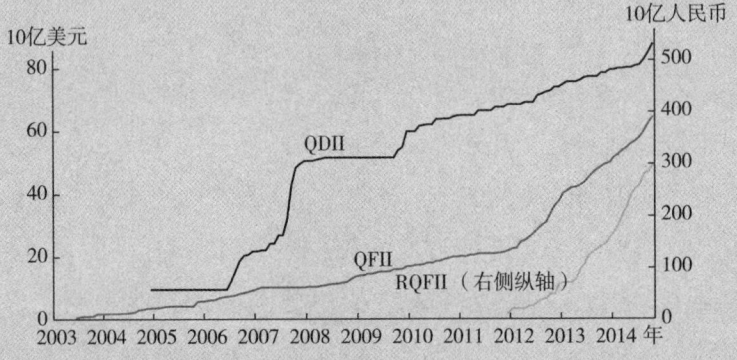

注：QDII＝合格境内机构投资者；OFII＝合格境外机构投资者；RQFII＝人民币合格境外机构投资者。

资料来源：IMF计算。

图10.2.1　合格的境内境外机构投资者（已批准的累计投资金额）

未来资本流动规模

中国资本账户自由化后，未来资本流动将达到多大的规模？投资头寸的调整可能很大。目前，中国在境外的资产以及中国国内的境外资产从规模和特点方面都比预期要小很多，并且参照其他国家的经验来看，这两类资产也会经历巨大的转变（He 等，2012；Bayoumi 和 Ohnsorge，2013）。

估计认为未来中国投资海外的资产将会大规模增加，境内的证券投资将会小幅度增加，这是基于以新兴经济体为样本，根据资本账户限制的改变对资本内流和外流的影响程度估计的。中国在境外的资产主要是通过证券投资多元化实现的，其调整比重相当于 GDP 的 15% 到 25%，另一方面，国内的境外资产调整比重相当于 GDP 的 2% 到 10%，这就意味着中国净国际资产将增加国内 GDP 的 11% 到 18%（10 亿美元到 15 亿美元，或者全球 GDP 的 1.3% 到 1.2%，Bayoumi 和 Ohnsorge，2013）。其他分析同样预计，到 2020 年净输出头寸的增长额达到 GDP 的 10%（大概是 10 亿美元，全球 GDP 的 1.3%）（He 等，2012）。由于目前无法得到中国在海外的证券投资分布，很难预测这些资本输出的最终走向。

类似地，中国对境外的直接投资水平也将超过外商对中国的直接投资水平。He 等人（2012）预计到 2020 年，输出的 FDI 总值增长额相当于 GDP 的 22%，同期输入的 FDI 总值增长额也将达到 GDP 的 11%，意味着中国净 FDI 流出量将达到国内 GDP 的 11%（10 亿美元，或者全球 GDP 的 1.3%）。大部分资本流动都将投向亚洲其他地区，他们目前接收了中国 FDI 的 85%。若近几年的趋势继续持续下去，亚洲的低收入国家尤其是拥有大量自然资源的国家将成为 FDI 的接收国。

但是即使学术研究认为在后自由化时代中国海外净资产将会有突破，但是套利机会仍然存在，并且继续成为中短期内推动资本流动的主要动力，有如下几个原因：

- 即使在限制的条件下，流入中国的非 FDI 对套利环境很敏感。回归分析证明，升值预期是推动资本流动的主要原因，同样美国利率和中国经济增长预期也起到一定作用。相比利率升值预期可能是预测投资回报率更好的指标，因为之前是受到严格管控的。

- 政策放开后，套利需求依然会吸引资本流入。在中期，根据巴拉萨—萨缪尔森效应，[1] 贸易和非贸易部门的潜在劳动生产率进一步将会给人民币带来更大的升值压力。同时，2013 年中国经济蓝图规划中的另一个重要改革——金融市场自由化将会使得利率回归真实水平，符合资本边际产出相对较高的水平。[2] 对汇率低估的矫正、升值趋势和较高的实际利率都为资本流入提供了强劲动力。

资本流动的规模和方向主要取决于证券组合分散化和套利资金的交互作用，其中风险溢价起到主要作用。由于平衡状态和目前境外资产头寸之间有很大差距，分散资产的动力很强劲。除此之外，中国的制度发展相对较慢也为资产外流提供动力，削弱通过风险溢价来套利的机会，但是这些因素可能依然比升值压力和更高的利率还要重要。

表 10.1　　　　中国非 FDI 资本流动的主要决定因素，

2002 年 1 月和 2013 年 11 月

	（1）OLS	（2）OLS 2006	（3）ARCH
利率差异[1]	0.561	0.983	0.769**
标准差	0.548	0.602	0.323
P 值	0.308	0.106	0.017
12 个月 NDF 溢价[2]	− 2.173***	− 2.544**	− 2.161***
标准差	0.581	1.008	0.414
P 值	0	0.013	0
中国产出增长[3]	0.875**	1.256*	0.776***

---

① 巴拉萨—萨缪尔森效应是指贸易部门的劳动力和工资的增长将会给非贸易（服务）部门带来更高的工资，以及实际汇率的增长。

② He，Wang，and Yu（2014）估计自然利率将达 4.5%。

续表

	（1）OLS	（2）OLS 2006	（3）ARCH
标准差	0.423	0.672	0.273
P 值	0.04	0.065	0.005
滞后一期的中国非 FDI 资本流动	0.427***	0.405***	0.371***
标准差	0.069	0.078	0.041
P 值	0	0	0
R^2	0.54	0.56	0.531
杜宾—沃森统计值	1.872	1.78	1.745

注：异方差自回归标准差表中已给出。ARCH 为自回归条件异方差，FDI 为外商直接投资，OLS 为普通最小二乘法。

1 利率差异指中国一月期回购利率与美国一月期国债利率差额。

2 NDF 溢价指人民币无本金交割远期外汇（NDF）和人民币比美元的即期汇率之间的差值，定义为 100×（NDF－即期汇率）/即期汇率。

3 中国产出增长是工业生产的月增加率。

资料来源：IMF 计算。

给定潜在流动规模和中国经济权重，该地区开放所带来的潜在影响十分重要：

● 资本账户的开放可能会增加短期风险。中国的金融市场相对初始化，资产价格对资产流动的剧烈变化可能是灾难性的。尤其是，自由化可能会对中国房地产市场造成迅速反应，因为房地产是经济增长的主要推动力，价格调整和市场放缓将会影响经济活动以及大规模的国际市场溢出效应。剧烈的价格调整对日本和韩国会造成尤其大的反应（Ahuja 和 Myrvoda，2012）。

● 中国家庭的投资机会增加，将在长期降低其进行预防性储蓄的动力，带来更高的全球利率水平（Nabar，2011）。

● 资本流入能够在自由化初期仍占据主导地位，形成资本繁荣的周期，繁荣的结果是直接通过经济活动和贸易链产生巨额的溢出效应。

● 自由化可能会改变当地人民币的角色扮演。资本账户放开和汇率灵活性的增加有助于中国分散风险和货币政策自由化，但是当地的影响可能更复杂。中国的固定汇率在过去金融动荡时期成为本国经济的稳定器，比如在20世纪末期亚洲金融危机时期，帮助遭受危机的国家更快地重塑竞争力。人民币更大的灵活度和资本流动带来的潜在波动都需要该地区的政策反应更及时、更有效。除此之外，人民币国际化的进一步深入将会加强中国政策和国内动荡的传导性。

其他资本流动的中长期推动力

中国的资本账户自由化进程在中长期内依然是影响资本流动规模和方向的主要因素，但其他因素也在起着作用，包括：

• 金融发展——不同金融部门深化的速度和格局的差异会导致国内和海外金融资产的供需变化。因此那些居住在金融市场发展相对落后的亚洲经济体的居民，由于国内金融产品的供给有限，对金融深化的市场工具会有更大的需求。但是，随着当地的金融市场发展，这种对国内外资产的供需格局会变化。[1] 类似地，随着当地市场的深化以及流动性的增强，海外投资者将会增加亚洲金融产品的需求。比如，自21世纪前十年开始，随着当地债券市场的发展，亚洲债券的海外持有量开始增加（参见第5章）。

• 金融一体化——一系列倡议旨在完善区域金融市场，促进亚洲一体化，这些包括东盟和"东盟＋中日韩"的区域经济监管进程、清迈倡议、亚洲债券市场倡议和亚洲债券基金倡议。一体化的推动力在东盟地区十分强劲（参见第9章）。跨境金融监管的发展将会影响该地区资本流动的格局。

• 储蓄率和人口结构——较高的经济赡养人口比重一般与较低的储蓄率并存，进而对经常性账户余额和资本流动产生影响（Higgins，1998；IMF，2008）。亚洲的人口趋势差异在逐渐扩大，人口老龄化变得严重，尤其是中国、日本和韩国（参见第8章），这一现象将对资本流动产生影响。

---

① 有关金融发展和资本流动的关系的理论模型提到此类观点，参见 Caballero，Farhi 和 Gourinchas，2008。

政策影响：在资本流动中追求红利，抵御风险

尽管很难预测这些因素将如何相互作用，以及最终结果将会如何，但一些重要因素将在中短期影响资本流动的规模和格局。由于未来区域增长的强劲势头将会持续，金融开放度在增加，资本市场不断深化，亚洲依然将接受大规模资本流动。资本流动可能会发生剧烈变动，波动性将会持续。尽管这些资本运动可能会给亚洲带来新的融资机遇，但也会创造挑战。

大量资本流入将会助推资产价格上涨，增加信贷扩张，导致一些部门之间的失衡。这些流入资本能够为汇率带来升值预期，削弱竞争力并可能对公司和家庭部门产生货币风险。除此之外，资本流动的波动性可能带来繁荣—衰退周期（IMF，2011）。因此，一系列的工具将用来抵御风险能力，并且从中获取红利。健康的宏观经济政策对于防范风险和控制资本流动波动性很重要。稳健的宏观审慎政策包括有效监管和实施，对保护个体金融机构避免其受到动荡影响起着重要作用。但是，在过去，这些政策工具都难以抵抗系统性风险。因此，亚洲和其他地区的政策制定者在不断使用政策工具来应对系统性市场脆弱性，这些政策在亚洲是否有效？在未来是否会起作用？

亚洲宏观审慎政策经验

Zhang 和 Zoli（2014）以 2000 年起的 13 个亚洲经济体和 33 个其他地区的经济体作为样本进行研究，发现亚洲使用与房屋相关的宏观审慎政策的频率很高，尤其是贷款价值上限（贷款/房屋价值）。事实上，亚洲在这方面的努力远远超出其他地区。在亚洲和其他地区，存款准备金率要求的变动也很常见，说明这也是货币政策工具之一。[①] 但是其他流动性工具，比如贷款限额、动态准备金制度[②]、消费者贷款限制却很

---

① 储备要求在一些文献中被列为货币政策工具（比如，IMF，2013C）。

② 动态准备金制度要求处于商业周期上升阶段时，要建立储备金保护制度，在商业不景气时可以用来释放救济。

少在亚洲使用。相比于中东欧地区、外币借款现象普遍的独立国家联合体以及拉丁美洲，亚洲较少使用限制外币交易的政策措施，亚洲只有小部分地区采取基于居住的资本流动管理措施。

从 2000 年开始，亚洲地区各国在使用政策工具方面差异性很大，因为亚洲经济体在维护金融稳定中面临着不同的风险。新西兰引入核心资本最低要求，修改其宏观审慎框架来引入逆周期缓冲资本要求，包括部门资本要求、贷款价值限制。中国香港特别行政区和新加坡主要是依靠房地产相关政策。在韩国，除了房地产相关政策，政策当局对银行非储蓄性的外币负债征税，并且对银行持有的外汇衍生品头寸提出了上限。中国和印度一直以来频繁使用存款准备金制度（作为一种货币政策工具）。在东盟经济体中，国内审慎工具和外汇存款准备金要求都有所使用。资本流动的政策在印度尼西亚和泰国都有实施，印度尼西亚对持有央行票据的最低期限有要求，泰国对非居民投资者收税。

为了更好地了解亚洲和其他地区宏观审慎和资本流动管理政策的发展和历史演变，本文构建了两个指数——一个反映了宏观审慎政策，另一个反映资本流动政策。[①] 基于这些指数，发现可能存在结构性的宏观审慎政策的紧缩，在亚洲地区尤为明显（图 10.8）。宏观审慎政策在 2006 年到 2007 年金融危机前期繁荣时期使用频率很高，以及金融危机后，随着资本流动回到本地区和资产价格膨胀，该政策再次被使用。相反，亚洲经济体开始收紧基于居住地的资本流动政策或者抑制外币交易的政策。

实证研究对 2000 年一季度到 2013 年一季度的宏观审慎政策和资本流动管理政策的效率进行分析，发现与房产相关的宏观审慎政策对降低该地区的信贷增长、房屋价格上涨和银行杠杆率起到了作用（Zhang

---

① 构建这些指数，首先需要使用一个简单的二进制编码的数字变量来表示宏观审慎政策和资本流动措施的变化，1 为紧缩的行为，−1 为宽松政策。然后，这些虚拟变量从 2000 年开始计算。宏观政策指标集合了房地产及非房地产审慎政策，而资本流动指标概述了关于抑制外币交易和居住地资本流动管理办法的相关政策，其中考虑了宏观政策和资本流动之间有重合。除此之外，希望可以忠实依据 IMF, 2012a 和 IMF, 2013b 中提到的两个指标概念来进行构建。

和 Zoli，2014），① 房地产相关政策如贷款价值上限和房地产税等都效果显著。一般来说，在亚洲，紧缩的房地产政策将会在一个季度后降低信贷增长 0.7 个百分点，一年后降低 1.5 个百分点。政策对房价上涨的影响是很大的，房地产相关政策的紧缩预计在一个季度后会降低增长率的 2 个百分点。

其他非房地产的国内宏观审慎政策、抑制外币交易的政策和基于居住地的资本流动管理政策可能不一定对亚洲地区的贷款、杠杆率和房价增长以及证券交易有深远影响。除此之外，这些政策可能影响金融系统的风险分布以及对系统性风险的抵御能力。比如，外汇相关的宏观审慎政策能够保证银行系统中货币、期限和流动性的错配，且不影响贷款增长和资产价格。比如，外汇相关的政策能够减少韩国短期海外借贷带来的市场脆弱性（专栏 10.3）。但是宏观审慎政策也有成本，主要是高昂的中介费和对长期产出的影响（Arregui 等人，2013）。

专栏 10.3　韩国汇率相关的宏观审慎政策

韩国一直以来都容易受到资本流动的逆转，主要是由于银行部门短期借贷导致的期限错配额和外汇流动性问题。2008 年第三季度韩国短期外债总额达 1 600 亿美元，从 2006 年第一季度的 600 亿美元急速增长，但是在雷曼兄弟倒闭的后四个月，将近 700 亿美元流出。金融危机期间韩国的资本流动波动幅度比其他国家都高（Ree、Yoon 和 Park，2012）。

为了降低短期海外借款的风险性，从 2010 年 6 月开始，韩国采取一系列宏观审慎政策，包括银行海外衍生品头寸的限制和为维护金融

---

① 一系列的实证研究试图以不同地区的国家为样本来检测宏观审慎政策的有效性，发现一些独立的宏观审慎政策如贷款价值上限、贷款收入比和保证金要求，对抑制信贷需求过剩和资产价格增长很有效。其他研究为宏观政策能够维持信贷繁荣提供了翔实的证据。

　　稳定对非核心海外负债收税，前者是为了降低久期和减少货币错配现象，上限是依据信贷周期而不断调整的，稳定税是对银行非核心外币负债征税，同样也是可调整的并且当资本流动急速增长，即增速超过 50 个基点，对金融稳定产生威胁时，该政策可用做逆周期工具，其利润归属外汇稳定基金，与政府财政分开账户，作为金融危机的缓冲器。其他重要的措施包括外币贷款限制和审慎管理来加强金融机构的外汇风险管理。

　　尽管韩国使用这些政策工具的范围有限，早期研究发现这些工具在面对外部资金冲击以及削弱顺周期借贷方面都有一定的效果。银行短期净外债包括外资银行分支机构，从 2010 年 6 月的 1 530 亿美元逐渐跌到 2012 年 12 月的 1 260 亿美元，并且短期外债比例持续下降，到 2012 年底降到了 30.6%，继 2008 年三季度达到峰值 51.9%（图 10.3.1）。韩国实施稳定税后，其资本流入对全球经济状况的敏感度相对降低（Bruno 和 Shin，2012）。由于外债久期的增加，国内银行的延期风险也会下降（IMF，2012a）。汇率对恐慌指数的敏感度也会下降，说明外汇流动性错配在降低（Ree，Yoon 和 Park，2012）。

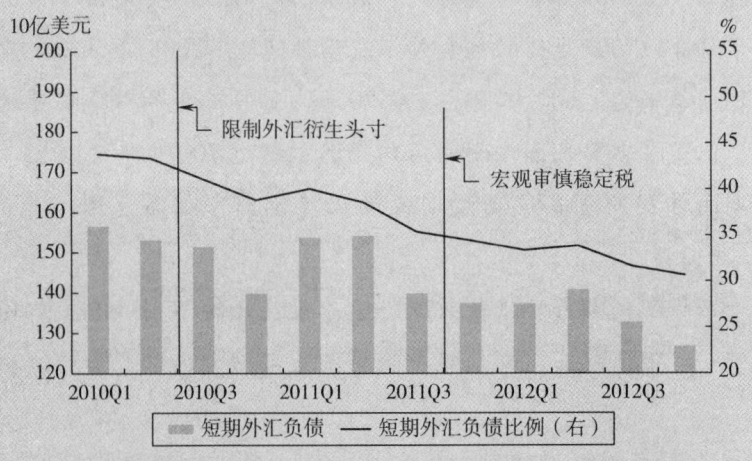

资料来源：韩国银行和 IMF 计算。

图 10.3.1　韩国：宏观审慎政策和银行外汇负债

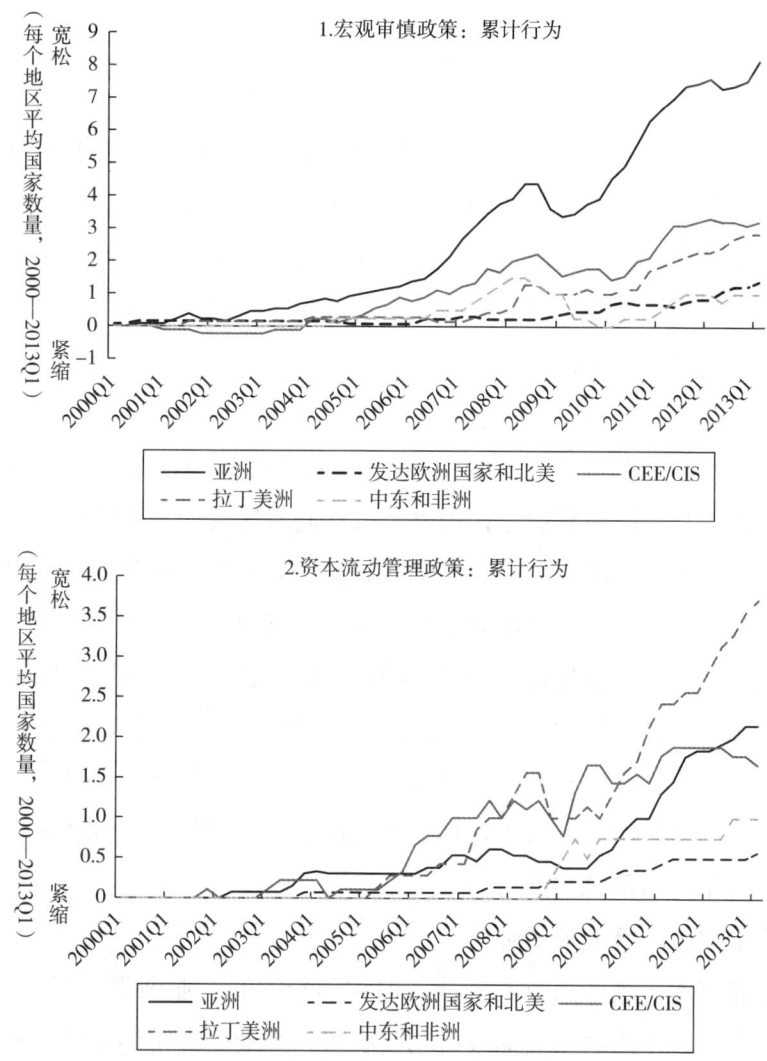

注：①CEE/CIS = 中东欧和独立国家联合体。

②该指数整合了房地产相关政策、信贷措施、准备金要求、动态准备金和核心资金比例。各国家之间的简单平均数。

资料来源：IMF 计算。

图 10.8　各地区宏观审慎政策和资本流动管理政策

因为宏观审慎政策能够防范亚洲金融风险的累积，未来将在管理资本动荡带来的系统性风险中起到重要作用。但是该地区现存宏观政策框架将如何进一步加强？其中一个问题是，在资产价格下降、信贷增长放缓或者资本流动逆转时，宏观审慎政策如何操作。尽管宏观审慎政策在逆周期的情况下可能会有所放松，比如 2008—2009 年金融危机发生时，但是大部分情况还是需要知道在金融周期转变时，政策何时或者如何调整。尽管如此，当金融环境处在下行区间时，需要放松宏观审慎政策来避免过度去杠杆。[①]

基于这样一个背景，需要考虑逆周期资本监管和动态准备金制度的施行，这在亚洲基本很少出现，[②] 它们对于高波动性的环境来说是十分必要的工具，因为它们是在经济上行期间特殊设计、为经济下行期间作缓冲准备的。即使很少有文献证明它们的有效性，这些工具确实是在增强风险抵抗能力和预测监管变化方面十分有效。[③]

除了宏观政策和宏微观审慎措施，其他政策倡议也在加强亚洲抵御风险和处理资本流动波动性的能力。发展当地货币债券市场的不懈努力将会进一步降低短期波动性较高的资本流入。加强合作机制，比如清迈倡议，使其更具有可操作性，增强区域间的监督机制将会改善亚洲对资金冲击的防范抵御能力。

资本配置到更有效的部门

尽管资本流动带来政策挑战，但它们却能够为亚洲带来巨大福利，它们能为国内生产效率高的投资项目融资，推动金融市场发展，加强全球风险承担，协助技术转移（比如通过外商直接投资），促进贸易发展和促进更多消费。

---

① 理论上来说，宏观审慎政策是逆周期工具，需要当金融系统中出现顺周期摩擦、加剧周期波动性时，使用宏观审慎政策来进行调节（比如 Angeloni 和 Faia，2013；N'Diaye，2009）。

② 中国在 2010 年引入逆周期资本监管制度，新西兰在 2013 年推出逆周期资本监管框架。

③ 除了理论如数值模拟演习和评估，关于反周期的资本金要求机制实际是如何运作的实证研究是很少的。吉梅内斯等人（2012）提供一些经验证据是关于西班牙动态配置的有效性的。

　　资本流动能够为当地两个重要问题融资，一是解决中小企业融资难问题，二是基础设施融资问题。将资本配置到更有效的部门需要继续发展债券和股票市场，其中包括加强并且完善债券和股票发行中的信息披露制度，提高发行者的透明度，比如通过统一的报告和范围更广的信用评级，加强中央清算制度来减少对手风险，以及巩固法律和监管框架和公司治理（第 5 章）。

结论

　　自 1990 年以来，亚洲资本流动规模大且波动性大，为政策制定者带来了机遇和挑战。亚洲金融危机后的一段时期，该地区的净资本流动主要受高 GDP 增长率（相比于美国的增长率来说是位于较高水平的）、美国利率和消费者风险偏好带动的，这些因素将会继续发挥作用。美国货币政策在中短期内仍然对资本流动产生影响。在这一时间框架下，日本央行的 QQE 计划也会影响该地区的资本流动，主要是通过证券重组和银行跨境借贷。在中长期，中国资本账户自由化将会对资本流动格局产生深远影响。金融市场发展、金融一体化和储蓄结构改变都将持续影响着亚洲地区的资本流动。

　　所有的这些因素都将会带来资本流动的波动性，这要求政策制定者采取事前措施。宏观经济和微观审慎政策将有效加强风险防范能力，但是宏观审慎政策同样可以缓解系统性风险。实证分析发现亚洲的宏观经济政策更多是积极影响，目前宏观审慎工具在未来将会继续加强，采取拟周期资本要求和动态准备金制度，这些政策看似都能够加强金融环境恢复力以及对冲击的反应力。继续培育债券和股票市场的政策措施将会帮助资产配置到更有效的部门中。

附录 10.1　后亚洲危机时代亚洲资本流动推动力的实证分析

　　一系列的实证研究分析了美国利率和美联储 QE 计划对发达和新兴

经济体的资本流动的影响，但是并未主要针对亚洲地区。在最近的研究中，IMF（2011）发现美国利率上涨对净资本流动有反作用，当利率变动超出预期时这种关系尤为明显。Fratzscher, Lo Duca 和 Straub（2013）发现美国非常规货币政策对新兴市场的净流入的影响稳定，但相对于其他因素影响较弱。Ahmed 和 Zlate（2013）实证分析发现美国非常规货币政策对新兴市场的净流入并无显著影响。

与之前的文献不同，本章的模型关注点在亚洲经济体。该模型是面板时间固定效应模型，[①] 因变量是净资本流动，以 GDP 百分比表示，解释因素包括国内短期利率、国内实际 GDP 增长率、美国实际 GDP 增长率（或者国内和美国增长率差距）、美国短期利率、恐慌指数（作为反映投资者风险偏好的指数）、名义有效汇率的变动、还有一个虚拟变量，当美联储实施 QE 政策时为 1。回归结果见附录表 10.1。

表 10.1 回归结果：亚洲资本流动的决定因素

	因变量					
	净资本流动占 GDP 的百分比			资本流入占 GDP 的百分比		
	（1）	（2）	（3）	（4）	（5）	（6）
国内利率滞后项	0.1	0.1	0.1	0.4	0.4	0.3
P 值	0.4	0.4	0.4	0.2	0.2	0.3
美国短期利率滞后项	−0.3	−0.3	−0.3	−0.2	−0.2	−0.2
P 值	0.0	0.0	0.0	0.5	0.5	0.6
VIX 滞后项	−0.1	−0.1	−0.1	−0.4	−0.4	−0.5
P 值	0.0	0.0	0.0	0.0	0.0	0.0
QE 变量	1.0	1.0	0.9	3.0	3.0	2.3
P 值	0.1	0.1	0.1	0.1	0.1	0.2
国内经济增长滞后项	0.2	0.2		1.8	1.8	
P 值	0.0	0.0		0.0	0.0	

① 面板时间固定效应模型是为了控制各国机构特征不变（比如机构质量和资本流动限制），这些固定效应多余时，会拒绝原假设。

续表

	因变量					
	净资本流动占 GDP 的百分比			资本流入占 GDP 的百分比		
	（1）	（2）	（3）	（4）	（5）	（6）
美国经济增长滞后项	0.0	0.0		−0.9	−0.9	
P 值	1.0	0.9		0.0	0.0	
增长差异滞后项			0.2			1.7
P 值			0.0			0.0
D（NEER）滞后项		0.1			0.0	
P 值		0.1			0.0	
R^2	0.5	0.5	0.5	0.6	0.6	0.6

注：NEER = 名义有效汇率；QE = 量化宽松；VIX = 恐慌指数。

资料来源：IMF 整理。

第 11 章　全球监管新环境下运营

里纳·巴塔查里亚,

詹姆士·P. 沃尔什和阿迪蒂亚·纳拉因

本章主要内容

- 在广泛而有力的监管下,尽管存在一些问题,亚洲银行资本化和流动性的程度依然在提高。

- 大多数国家的危机管理体系已经比较完备,但是银行问题的解决依然存在隐患。

- 在亚洲,一些机构被认为是十分重要的,政策制定者必须重视这些机构产生的问题,这个现象之所以产生主要是因为这些地区缺少全球性的金融机构。

- 将监管的界限拓展到非银行借贷领域变得尤为重要,尤其是快速发展的影子银行等。

- 从全球监管改革日程表里外溢的部分很有可能会被逐渐包含进去。

介绍

亚洲有各种各样的金融机构和部门。这个地区包含一些发达的经济体(日本、澳大利亚和新西兰),还有国际金融中心(新加坡和中国香港特别行政区),以及新兴市场经济体(中国、印度、马来西亚和泰国)。日本和中国有全球性的重要金融监管机构,日本有三个,中国有两个，其他国家有地区性的类似机构，并且阻止负面影响蔓延到其他经济实体。成功的监管和监督框架的前提条件差别很大，但是也有地区性的相似点存在。

这些相似点中共同的部分是对金融危机的反应。正如在第 5 章中讨论的那样，亚洲金融危机对政策制定产生了深远的影响。在危机之后，该地区自发执行金融监管和监督，这使得这个地区的经济在全球金融危机期间更有弹性，而且现在新的风险识别和全球监管改革议程正在进行。

这项议程中走在前沿的是《巴塞尔协议Ⅲ》中的新要求，亚洲国家已经开始采纳并遵循这些要求。表面上看来，那些在资本化和流动性方面比较好的银行执行新要求的困难不大，但是事实上，要建立起完善的风险管理框架并且满足对高质量流动性资产的加速需求对一些体系和机构来说是一种挑战。其他地区新监管的施行也会对亚洲产生一定的溢出效应。

即使在本地，亚洲增长模型的本色和成功也已经有了新的挑战。更加深入和复杂的金融部门意味着更大的系统风险，并且，亚洲前期金融发展混乱的经历使得这个地区变成了宏观审慎政策框架的领导者。随着世界一体化，在亚洲或者其他地区已经降低了成本、分散了风险，然而，这也提高了在危机来临时监管方面跨界合作的要求。

更大的财政部门会带来更大的金融机构。现已出现的以及即将出现的地区性金融领导者会与极其重要的银行领域相碰撞，银行领域是一个亚洲及其他地区监管机构都很难缓和风险的领域。在另一个极端，非银行金融机构的多元快速发展使得互联性和复杂性提高，这是另外一个新产生的挑战。与此同时，银行监管愈发严格，这意味着监管的边界要重新思考。

这一章探索了这些问题。"亚洲银行业"评估了亚洲银行监管的框架，并且着眼于未来提高稳定性、使地区发展与全球发展相一致可能会面临的挑战。"宏观审慎政策框架"着眼于系统性金融危机和宏观审慎政策，并且"非银行问题"着眼于非银行机构的角色转换和监管的优先性。

亚洲银行业

亚洲在 20 世纪 90 年代后期的金融危机，以及 2008 年到 2009 年的全球金融危机对加强地区性银行的监管和兼顾产生了影响：

- 亚洲金融危机激起了很多亚洲经济体，这其中既包括新兴市场经济体和发达经济体，他们的出现是为了着手金融机构改革。被鉴别出的监管和监督方面的不足通过新的法律和机构被完善，政策措施也被采取，来加强风险管理和公司治理，监管部门被赋予了更高的权力来干涉和引导现场内外的常规审核。

- 全球金融危机后，许多新兴经济体也开始着手升级和改善它们的金融市场基础设施和公共建设（第 5 章）。亚洲有些国家受到这次金融危机的直接影响很小（如中国和斯里兰卡），他们通过已经存在的审慎标准和重新构建监督流程提高了监督的质量和时间性。一些国家改革了他们的法律框架，将监督权力部门进行了分类。一些国家设法对其金融基础设施进行改善，例如建立存款保险和借贷注册。因此，亚洲新兴经济体的银行业在应对金融危机的直接和间接影响时会更有优势，从而受到此次全球金融危机的影响也更小。

- 这次全球金融危机对亚洲发达经济体的影响比对亚洲新兴经济体的影响要大得多。在发达经济体中，金融机构"大而不能倒"的问题占据了重要的地位，国内管制方面的变化反映了其他发达经济体的发展。例如，日本和澳大利亚银行业拓展了他们在亚洲的跨地区借贷业务来减少债务。

与此同时，亚洲是全球首先发起监管和监督改革的一部分地区之一。主要表现在，首先执行《巴塞尔协议Ⅲ》的资本管制；通过管理资源和提高监督独立性来加强审慎监督；使银行的资产负债表更加稳妥；发展和施行有效的国内和跨境管理体制，尤其是对于重要的系统性金融机构；通过更多的跨境合作促进直接交易衍生品改革的施行；提高影子银行的监管。

资本和流动性

大部分亚洲国家已经采取或者准备采取措施来全面执行《巴塞尔协议Ⅲ》中的对于资本和流动性的要求。《巴塞尔协议Ⅲ》分阶段性安排了银行资本的三个等级。第一个等级（包括 2.5% 的缓冲资本），在 2019 年 1 月之前风险加权资产的权重至少达 8.5%，并且普通股占风险加权资产的比例至少达 7%。除此之外，《巴塞尔协议Ⅲ》要求反周期超额资本达到风险加权资本的 2.5%。

巴塞尔银行监管委员会的最新进程报告表明，很多亚洲经济体已经开始施行《巴塞尔协议Ⅲ》的资本方面的要求（表 11.1 和表 11.2；巴塞尔银行监管委员会）。到 2014 年 9 月为止，所有报告的亚洲国家都已经合法采纳了最终版《巴塞尔协议Ⅲ》的资本监管要求。巴塞尔银行监管委员会目前也在通过第二级监管评估项目来评估其成员执行协议的质量。日本和新加坡的监管权威机构已经改善了他们的国内监管。

表 11.1　　　　　　　　　巴塞尔框架的施行情况

国家	
发达经济体	
澳大利亚	草案实施于 2011 年发布的《巴塞尔协议Ⅲ》流动性要求 最终规则实施于 2012 年 9 月发布的《巴塞尔协议Ⅲ》资本要求
中国香港特别行政区	草案实施分别在 2012 年 6 月和 8 月发布的巴塞尔协议Ⅲ的资本要求和相关的信息披露要求
日本	实施《巴塞尔协议Ⅲ》截至 2013 年（除了将在 2015 年或者 2015 年发布的资本超额需求和反周期缓冲）
新西兰	从 2015 年 1 月开始实施《巴塞尔协议Ⅲ》
新加坡	最终规则实施发表在 2012 年 9 月 14 日的《巴塞尔协议Ⅲ》
韩国	草案实施于 2012 年 9 月出版的《巴塞尔协议Ⅲ》

续表

国家	
新兴经济体	
孟加拉国	准备自 2014 年起实施《巴塞尔协议Ⅲ》
中国	结合《巴塞尔协议Ⅱ》，2.5 和Ⅲ的新资本规定于 2012 年 6 月发布，2013 年 1 月 1 日正式有效
印度	最终规则实施《巴塞尔协议Ⅲ》于 2012 年 5 月发布，2013 年 1 月 1 日生效
印度尼西亚	关于《巴塞尔协议Ⅲ》的文件，于 2012 年 6 月发布，其中包含草案实施《巴塞尔协议Ⅲ》的相关内容
马来西亚	打算按照 BCBS 执行《巴塞尔协议Ⅲ》的时间表，将资本和流动性的要求在 2013 年到 2019 年期间分阶段实施
菲律宾	菲律宾中央银行批准遵循 2013 年 1 月修订的《巴塞尔协议Ⅲ》中资本标准的指导方针。全能型和商业性银行要在 2014 年 1 月之前达到标准
斯里兰卡	打算按照 BCBS 执行《巴塞尔协议Ⅲ》的时间表，将资本和流动性的要求在 2013 年到 2019 年期间分阶段实施
中国台湾地区	打算按照 BCBS 执行《巴塞尔协议Ⅲ》的时间表，将资本和流动性的要求在 2013 年到 2019 年期间分阶段实施
泰国	2013 年 1 月起实施《巴塞尔协议Ⅲ》资本充足率要求
越南	部分实施《巴塞尔协议Ⅰ》，目前没有明确地实施《巴塞尔协议Ⅲ》的计划

资料来源：国际清算银行；各个国家中央银行报告和声明。

表 11.2　　　　　巴塞尔资本进程指数，2014 年

国家	巴塞尔协议Ⅱ		巴塞尔协议2.5		巴塞尔协议Ⅲ 规则		总计（最大值 =48）(6) = (1) × (2) + (3) × (4)	巴塞尔资本进程指数（巴塞尔协议Ⅲ和2.5）(7) = (6) /48	
	规则	实施	规则	实施	2012 年	2014 年		2012 年	2014 年
澳大利亚	4	6	4	6	2	4	48	1.00	1.00
中国	4	6	4	6	2	4	48	0.67	1.00
中国香港特别行政区	4	6	4	6	2	4	48	1.00	1.00
印度	4	6	4	6	2	4	48	1.00	1.00
印度尼西亚	4	6	2	4	1	4	32	0.31	0.67
日本	4	6	4	6	3	4	48	1.00	1.00
韩国	4	6	4	6	1	4	48	1.00	1.00
新加坡	4	6	4	6	2	4	48	1.00	1.00

续表

国家	巴塞尔协议 Ⅱ		巴塞尔协议 2.5		巴塞尔协议 Ⅲ		总计（最大值 =48）		巴塞尔资本进程指数（巴塞尔协议Ⅲ和2.5）	
	规则	实施	规则	实施	规则		(6) = (1) × (2) + (3) × (4)		(7) = (6) /48	
					2012 年	2014 年			2012 年	2014 年
参照国										
美国	4	6	4	6	2	4	48		1.00	1.00
英国	4	6	4	6	1	4	48		0.36	1.00
欧盟	4	6	4	6	2	4	48		1.00	1.00

注：2012 年 BCBS 和 2014 年 BCBS 的巴塞尔资本协议的数据是 2012 年 3 月底和 2014 年 9 月底的。

资料来源：国际货币基金组织的工作人员基于巴塞尔银行监管委员会估计（2012，2014）。

日本和新加坡已经修订了他们国内的规则，对《巴塞尔协议Ⅲ》框架的实施起到了促进作用。中国在这方面的初步结果十分鼓舞人心，迄今为止，中国及时纠正 RCAP 报告发现的问题，而且监管改革仍在继续。

然而，一些亚洲国家的工业部分采取内部模型来计算监管资本的行动需要放缓，因为在最近的跨国研究中发现了一些问题。RCAP 报告在各大银行的平均风险加权资本中发现了相当大的变化，这一显著发现是资产组合差异所不能解释的。因为改革而带来的更高资本要求可能会增加银行使用更先进内部评级方法的动机，而不再使用标准的方法，以达到在相同的资产负债表中降低风险权重的目的。或者，银行有可能重建业务线，主要向着更多能够留存风险加权资产的非传统银行业活动，尤其是那些需要加强监督的活动。

实施《巴塞尔协议Ⅲ》流动性和杠杆率的要求可能更具挑战性。这可能对于金融市场发展不完善的国家和缺乏用于计算流动资产流动性覆盖率和净稳定融资比率的高质量流动性资产的国家更是如此。此外，如果银行使用外币资产来弥补国内货币的流动资产不足，外汇风险可能会增加。巴塞尔委员会提出的几种方法解决优质流动性资产稀缺的问题，包括允许银行签订合同来获取流动性工具，这些提高流动性的工具由相关中央银行提供，并收取一定费用，例如，澳大利亚在 2011 年 11 月引入了类似工具。收费的方法会给监督者一个方案，以允许银行持有的货币形式流动资产与相关的货币流动性风险不完全匹配，[①] 或允许银行持有额外的二级资产（如公司债券）。然而，这些用来解决优质流动性资产稀缺问题的方法可能会使银行暴露在更高的市场、信贷风险和外汇风险中。

总体而言，全球监管改革对亚洲的贷款利率影响不大。如这章中概述的，在全球监管改革之后，更高的资本和流动性安全要求将导致银行运营成本的增加。然而，从提高贷款利率的角度来看，这些新增加的安全要求会提高多大成本是存在争议的。[②] 艾略特、Salloy 和桑托斯（2012）发现这比先前的研究造成的影响要小得多，部分原因是假设安全改善了之后，股票投资者将会降低他们对回报率的期望值，并且银行会采取措施来降低监管改革带来的成本（图 11.1）。平均来看，在亚洲监管改革对银行借贷利率的预计影响相对较小。

有证据表明，亚洲的合作性和地区性银行的金融基础不如商业性银行稳固，营利性也比商业银行要差一些。缺乏稳定性是反映在最近公布的亚洲金融部门评估项目（该国）报告中的压力测试结果，包括澳大利亚的金融系统稳定性评估。[③] 然而，也有一些例外。例如，一些日本地区性银行受到核心盈利能力的影响很小，相对较弱的资本状况和较大的时间差距使它们特别容易受到缓慢增长和市场产出的冲击。在新兴市场中，印度的 FSSA 指出，尽管压力测试已经确认，商业银行承

---

① 假设由此产生的货币不匹配位置都是正当的，并且控制在一定范围内由主管同意。

② 例如，国际金融协会（Institute of International Finance）（2011）提出的《巴塞尔协议 Ⅲ》（Basel Ⅲ）的项目改革在 2012 年到 2019 年间，在美国将增加贷款利率 243 个基点，在欧洲增加 328 个基点，在日本增加 181 个基点。相比之下，Slovik 和 Cournede（2011）在经济合作与发展组织（OECD）项目认为，在五年的过渡期内，贷款利率在美国只会上升 64 个基点，在欧洲 54 个基点，在日本 35 个基点。

③ FSSA 是国际货币基金组织发表的报告，包括一些与特定国家金融稳定问题（而不是金融发展）相关的细节。

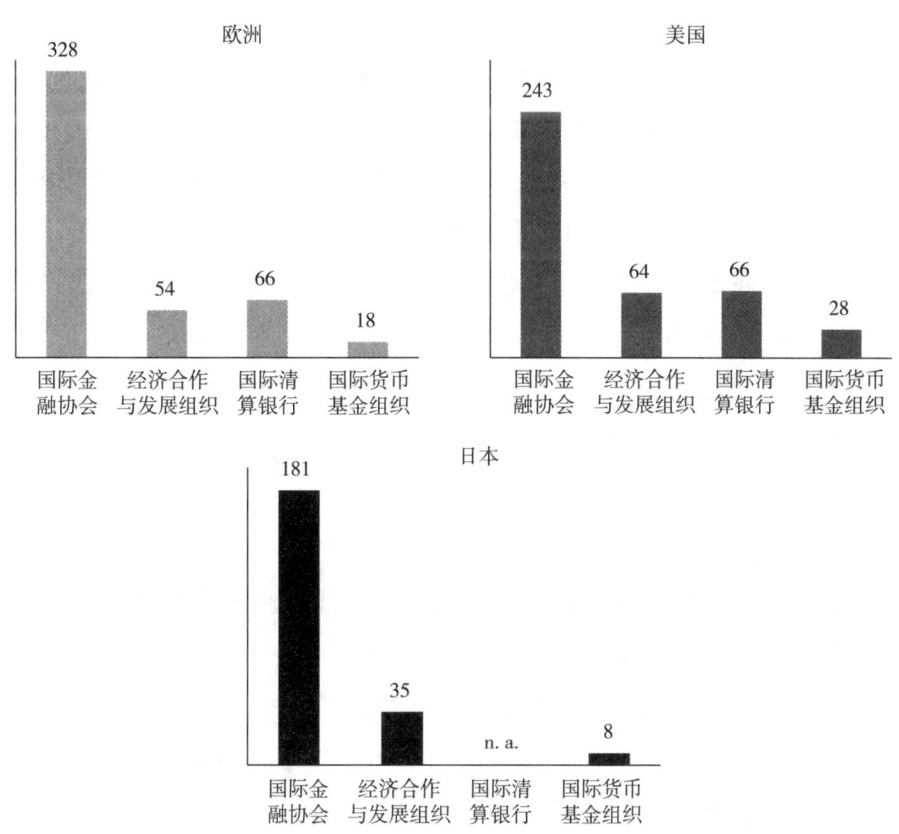

图 11.1　各类研究对贷款利率的影响（基点）

受冲击的范围更广、能力更强，但这是明显不适合多数的非商业银行（尤其要关注目标客户是已经享有服务的农村和城市人口的区域农村合作银行和信贷机构）。银行业在菲律宾存在着范围广泛的宏观经济风险，但储蓄机构、合作社和农村银行的资产质量相对较差，规定也不够严格。孟加拉国商业银行的压力测试表明信贷风险是一个很严峻的问题。

　　有关方法的技术细节见国际货币基金组织（IMF）2012 的附录 3.4。

危机管理和解决

亚洲 FSAP 最近的一些报告中体现出的另一个优势是强健的危机管理框架。例如，日本已经开发了一个强健并且经过时间考验的危机管理框架。马来西亚、印度和泰国有健全的危机管理框架，来迅速协调地应对危机。泰国央行的应急计划和业务连续性框架也是很先进的。相比之下，印度尼西亚认为重要的差距仍然主要存在于危机管理和处理问题银行上，仅靠监管权力干预和破产保险公司是不够的，自那时以来，印度尼西亚当局采取措施改善他们的及时纠正操作框架。在中国，急需一个强健的框架来解决较弱金融机构的问题。在泰国，处理不良资产的进度较慢，必须要向着一个更加透明并且定义更加明确的方向努力，来解决金融机构问题。

银行决议框架呈现喜忧参半的局面。新加坡坚实的法律危机管理框架包括一个出色的解决机制，这个机制将工具和责任分别分配到几个公共机构，并且具有良好的信息共享和协调安排。然而在泰国，FS-SA 针对处理资产管理公司的不良资产的步伐较慢问题进行了评论，并且对推进更加透明且定义清晰的进程来解决金融机构的问题也进行了评论。中国和印度也需要更加强健的框架来及时解决某些金融机构比较薄弱的问题。

大而不倒

在亚洲，解决"大而不倒"的问题迫在眉睫，但是在这个过程中可能面临法律和监管方面的挑战。金融机构有效决议制度确认国家框架设计的方式，允许并鼓励国家当局与其他地区的同行合作。高伟绅律师事务所和 ASIFMA（2013）发现，最先进的亚洲经济体（澳大利亚、日本、韩国和新加坡）以及印度尼西亚已经开始了"特殊的决议管理体制"，这个体制主要针对这些问题，但是在中国、印度和中国香港特别行政区还没有实施这种体制。

在亚洲，一些强大的力量将使本已非常庞大的金融机构变得更大。

这些力量包括金融机构的融资优势，这些优势被认为是系统性或太重要而不能倒闭，因此，他们会得到政府的暗中支持；[①] 相比于基于风险的盈利能力，薪酬方案与大小或交易数量更加相关；认为一个提供全面服务的全球银行能够对要求全球影响力和广泛的产品功能的客户进行服务（Kodres 和 Narain，2010）。例如，据报道，大型韩国企业喜欢全球银行，如花旗银行，因为这些银行能够为全球金融合作伙伴项目提供服务，而韩国银行不能提供，他们需要的是综合金融服务。正如在第 6 章中讨论的那样，这种情况可能会刺激国内机构变得更大、更复杂。此外，大萧条在全球金融危机期间观察到的股本回报率可能会影响消费者和投资者行为，如果投资者在金融机构继续要求获得危机前的股本回报率，交易活动在更少的全球机构中进一步集中会产生风险，因为这些投资者试图把他们的资金优势和规模经济结合在一起。

与此同时也存在一些反向推动力量。全球监管改革议程的许多特性旨在改变现有的金融格局，使其变得更具有系统重要性。此外，正如 2012 年 10 月的《全球金融稳定性报告》指出的那样，有稳固的存款基础且商业性业务比较集中的银行，尤其是小银行，相对于投资性业务集中的银行来说，受到《巴塞尔协议Ⅲ》的流动性要求的影响可能比较小。在这种情况下，当亚洲新兴经济体为了促进金融业发展和拓展银行业务所采取的措施与监管改革结合起来，有可能会促进能够满足中小企业和用户借贷需求的小银行和合作社的发展，也能给这些小银行和合作社的存款带来好的投资去向。

最可能的结果将是一个分类的金融系统，一些金融机构变得更大，而另一些金融机构选择一个更集中的商业模式。一些银行可能愿意支

---

① 第 3 章中，2014 年 4 月的《全球金融稳定报告》（2014 年国际货币基金组织）指出，具有系统重要性的银行往往得到隐含的资金补贴，当大型银行出现不良状况时政府会给予支持。尽管全球金融危机以来的金融改革已经减少了这些补贴的规模，但是在这一章表明这些补贴的规模仍然相当大，特别是在欧元区，从更小范围来看，在日本和英国。

付"系统性风险税",从而变得更大,利用自己"大而不倒"的优势,他们认为如果他们陷入严重的财政困难,政府不会坐视不管(Kodres和Narain,2010)。其他的金融机构可能更愿意避免与系统重要性相关的额外费用,这些费用来自撤销一些业务线,以及为了避免缴纳系统风险税而缩减规模。监管方面的努力,如资本费用,可以帮助抵制金融机构"大而不倒"。

监管

在各个区域中,亚洲地区执行国际监管和监督标准和其他地区一样好,甚至比其他地区更好,这在图11.2中可以体现出来。根据巴塞

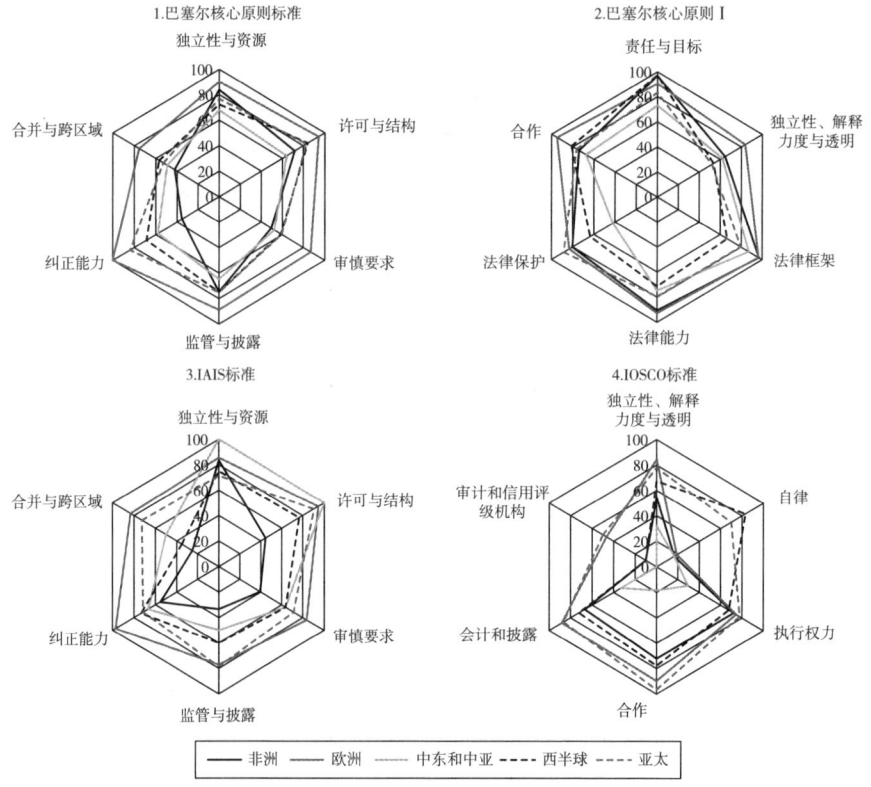

注:BCP =巴塞尔核心原则;IAIS =国际保险监督官协会;IOSCO =证券委员会国际组织。

资料来源:标准和规范数据库。

图11.2　各区域符合国际标准的管理和监督的程度比较

尔核心原则（BCP）标准，亚洲在纠正和补救的监管能力方面表现极佳。[①]例如，新加坡 FSSA 表明国家当前的金融机构监管和监督处于全球前列。然而，一个更详细的区域比较 BCP（2006）核心原则 1 表明，亚洲监管的相关标准在监管机构的独立、负责和透明度方面要求较低，尽管监管者享有高水平的法律保护。关于保险，亚洲已经显示出强劲的监管趋势，遵守国际保险监督官协会监督标准和信息披露要求。然而，亚洲遵循 BCP 的标准，在独立性（自治）和监管机构的权力方面，符合程度相对较低。关于遵守证券委员会国际组织标准的监管证券市场，亚洲对跨部门合作执行和遵循会计标准和信息披露标准方面表现良好。

最近亚洲各国报告表现出了一些亚洲地区国家的金融部门急需加强监管和监督的领域（表 11.3）。这些报告表明，与先进经济体相比，新兴市场经济体的改革重点有所不同。同时，几乎所有亚洲国家都必须面对并且解决一些挑战。

表 11.3　　　　　　　　　FSSA 发布的金融业改革重点

审慎监管和监督框架
<ul><li>加强中央银行的独立性和国内监管机构，确保提供足够的法律保护给监事国——孟加拉国、中国、印度、印度尼西亚、菲律宾、新加坡、泰国[1]</li><li>加强资源（包括人力资源）与中央银行和国内监管机构的技术能力（包括压力测试功能）——中国、印度、印度尼西亚、菲律宾、日本</li><li>加强综合监督——印度、印度尼西亚、菲律宾</li><li>国内的监管机构加强协调和信息共享能力——中国、印度、印度尼西亚、日本、菲律宾、泰国</li><li>加强跨境合作和信息交流——中国、印度、印度尼西亚、日本、新加坡</li></ul>

---

① BCP 标准评估是 FSSA 评估的一个组成部分，来评估国家遵守国际银行监管标准和监管的情况。

续表

金融稳定性
● 提高数据收集和分析能力和报告要求——孟加拉国、中国
● 加强会计和审计规则和惯例——孟加拉国、中国、印度尼西亚、泰国[1]
● 加强监控系统性风险，开发或加强宏观审慎政策框架和工具——澳大利亚、中国、印度尼西亚、日本
● 收紧在提高监测和控制，大曝光和关联方贷款方面的限制——印度、印度尼西亚、菲律宾、日本
● 加强对证券市场的监管，自主权和澳大利亚证券监督管理机构的融资——澳大利亚、孟加拉国、日本
● 改革场外衍生品市场——新加坡
政府的作用
● 剥离政府对银行的所有权，对国有银行加强治理，限制政府在金融部门的作用——孟加拉国、中国、印度、泰国

注：FSSA＝金融业稳定评估。

1 泰国 FSSA 指出，在金融部门评估项目的讨论和报告发布这段时间中，泰国已经进行了许多关键法律金融部门改革，解决了大部分的法律和监管缺陷识别评估的监管和监督标准问题。然而，有太少的时间评估实现的法律改革。

资料来源：国际货币基金组织的人员编制。

国际货币基金组织提出的主要改革措施包括：（1）加强员工和监督机构的技术能力，特别是在基于风险的监督和非银行金融机构的监测方面；（2）通过严格的定义和监控贷款相关风险（即大量借款给单一借款人、相关各方，或两者都有）来避免风险集中。几乎所有亚洲的金融部门评估规划中都有这一点；（3）金融机构通过加强监管和增强的信息披露要求来促进更好的风险管理实践。例如，印度的允许暴露极限是银行集团资本的55%，根据借款人和担保，这远高于10% ~ 25%的国际惯例。

一些亚洲 FSAP 报告强调国家监管机构需要发展和加强综合监管的框架。正如前文所提到的，企业集中是许多亚洲经济体的一个重要特性，他们与国家紧密联系，争取更加稳固的监督。例如，在菲律宾，约60％的由银行控制的资产是属于企业集团的。此外，大部分上市公司（有效的市值估计为75％）也属于企业集团。目前，大多数亚洲银行的业务重点是相对简单的传统存款和放贷活动。然而，当这些机构变得更加复杂并进入新的业务领域时，对综合监管的需求将进一步增加。

加强跨境监管合作和信息交流，以及金融机构的监督和决议，应该是许多亚洲国家高度重视的问题。随着亚洲银行和金融机构扩大跨境业务，有一些方面国内和东道国都应注意：（1）足够的数据和信息来有效地调节和监督这些银行和机构，（2）要有必要的解决工具和跨境合作的能力在这些机构避免遭受系统性破坏的情况下解决问题，并且避免纳税者遭受损失。虽然新加坡是一个重要的国际金融中心，2013年该国确定将进一步便利化的跨境合作银行决议作为改革的重点。此外，在印度，国内银行在超过 45 个国家和地区建立了海外业务，但是在海外监管机构信息流动方面存在一些材料缺失。然而，印度央行只有两个海外同行，以及有限的非正式合作，并且海外检查的进行也并不规律。在其他综合金融部门的国家，这些进展更加滞后。

数据差距和薄弱的法律框架阻碍整个金融行业监督进程的推进。一些必要的改革如下：

- 加强贷款分类、监管实践以及审慎标准的实施。

- 改善会计和审计的规定与实践，并将其与国际标准接轨。孟加拉国、中国、印度尼西亚和泰国都将此视为重要目标。

- 提高中央银行和监管机构的自主性和独立性，加强所有监管机构员工的法律保护。

- 提高金融部门数据的质量、可及性和及时性，同时提升分析数据的技术并在需要的时候采取适当的行动。例如，IMF 关于中国金融稳定性的评估报告（FSSA）就提出，由于数据缺失、缺乏足够长和一致的关键金融指标的时间序列数据以及信息基础设施的不足，评估中国金融体系的潜在风险规模以及这些风险将如何传递到金融系统中是存在困难的。

亚洲政府在金融体系中的作用

在亚洲，政府对金融中介活动的参与度一直都很高，这已经是该地区金融系统的一个重要特点。金融中介和政府之间的密切关系已经给该地区造成了一些特定的结果，而这些结果汇聚在一起，可能限制市场的发展。以下为一些例子：

● 对规则途径的依赖——亚洲的监管框架大多基于规则，即强调机构对这些规则的服从，对这种规则类的监管过分依赖通常会限制监管者利用他们的判断实施前瞻性的基于风险的监管手段。

● 监管独立性有限——这反映在由于监管者在规范政府及其下属机构参与金融活动存在限制，矫正措施框架存在不够充足和不够有效的情况。有关中国的金融业评估项目（Financial Sector Assessment Program，FSAP）报告就表明，政府为了发展的目的而参与到商业银行系统是如何削弱监管者操作独立性的。有关马来西亚的FSAP报告指出，应当解决现有的法律条文中存在的损害监管者操作独立性的问题。有关印度的FSAP报告号召提高所有监管机构的实际独立性。

● 应对大型风险暴露及相关方借贷的规则实施力度弱——这些规则甚至通常都不存在，因为政府希望利用银行信贷给从国家角度来看重要的项目和机构融资。例如在印度，国有银行被视作给所谓的全国重大公共部门项目融资的主要渠道。FSAP指出，这类大型风险暴露限制的数量是那些全球公认的好项目数量的两倍。马来西亚的FSAP指出，要明确联合信贷和相关信贷的定义。

● 统一的监管框架存在不足——大型国有企业参与到金融体系当中，增大了对银行和非银行部门中随处可见的国有大型机构的统一监管的难度。

● 银行恢复和危机处置措施存在不足——国有制的存在可能妨碍

监管者对银行的恢复和救助措施。例如，在泰国，FSAP 调查发现，政府持续干预资产管理公司的行为已经影响不良贷款清收的速度。FSAP 建议政府采取更加有效的措施，减少自身在其已经干预的商业银行中的权益，同时建议中央银行限制运作与拥有此类权益。

减少政府干预能够产生显著效果。中国、印度以及越南都应当考虑逐步减少其对金融系统的行政管控并采取以市场为基础的措施，降低对银行的股权持有，并强化对国家控制的银行与金融机构的管理。这些措施能够增加金融机构的商业导向，有助于提高金融行业的盈利能力，并巩固它们的资产负债表。同时，这些措施还能使国有银行在面对金融行业不断增大的规模、复杂性与相互依存性所带来的挑战中，处于更有利的竞争地位。

国际监管措施的溢出效应

改革提案越来越强调要提高金融机构采取较大风险行为的成本，这将给亚洲带来直接或间接的影响。《巴塞尔协议Ⅲ》以及全球系统性重要银行附加费旨在解决"大而不倒"的问题（在本章中其他地方有谈到），却会增加银行借款的成本，而旨在限制某些冒险的商业活动或隔离零售业与批发银行业的结构性措施，又会进一步增大上述成本。这些监管倡议可能对亚洲的金融机构造成直接影响，或通过跨国公司在亚洲的活动，间接影响亚洲的金融市场。

全球的监管改革可能会鼓励跨国银行去杠杆化或改变其经营活动，从而减少其给亚洲带来的风险。《巴塞尔协议Ⅲ》下对高流动性的要求以及 G – SIFI 的附加费，都将会增加在部分地区运营的成本，并对跨境借贷和投资活动带来负面的影响，或促使机构转向银行集团的结构。但在成熟的亚洲市场（如日本、中国香港特别行政区、中国台湾地区等）上的具有高度流动性的银行，决定扩大它们在快速增长并能提供高利润的投资机会的新兴亚洲经济体（如印度、印度尼西亚、泰国和越南）的发展规模时，这种影响可能能在一定程度上被削弱（Wyman，2012）。

　　发达经济体在国家层面实施的监管改革，旨在限制和隔离国内金融机构的活动，这一行为可能促使国际银行缩减其在亚洲范围内的经营。尽管结果难以量化，这些改革可能导致发达西方国家的母银行转变它们的国际业务模式，通过减少直接借贷或缩减其在亚洲的金融衍生品和证券市场的业务，减少其在亚洲的活动。外国的母银行可能会降低对处在亚洲的分支机构或子公司的注资，这会迫使这些公司在亚洲当地筹资或削减其在当地的贷款业务。而当亚洲的经济体开始通过限制国内金融机构的规模和业务范围的方式来将国内的金融机构与外部隔离时，跨境借贷将会进一步受到负面的影响（Viñals 等，2013）。

　　然而，去杠杆化的压力，可能会被两个因素削弱：

　　● 首先，全球的金融危机表明，西方银行的限制并没有带来非常显著的问题，至少在那些拥有稳定的宏观经济政策和强有力的增长潜力的国家是这样。在很多情况下，西方（主要是指欧洲）银行在亚洲

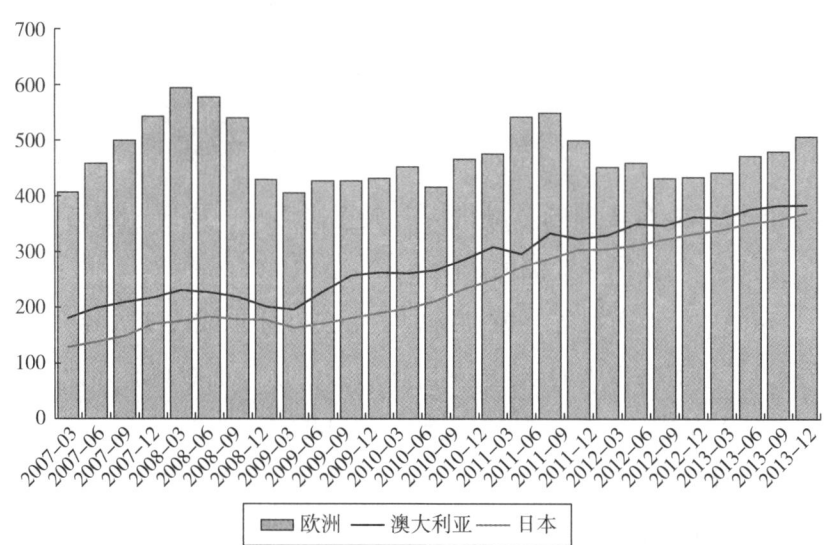

注：亚洲不包括澳大利亚和日本，欧洲不包括英国。

资料来源：国际清算银行－表 9 D（数据提取的 2 月 4 日，2014）。

图 11.3　澳大利亚、欧洲和日本：亚洲跨境银行敞口（10 亿美元）

的去杠杆化效应，都被亚洲的区域银行——主要是澳大利亚和日本的
银行——增加的借贷给抵消了。

- 总体来看，相比于其他地区，外国银行在亚洲的活动本身就相
对较少，无论是从外国银行数目占总银行数目的比重来看，还是从外国
银行资产在总资产中的比重来看。当然，不同国家之间有显著区别，在
澳大利亚、中国香港特别行政特区、新加坡等地有很多的外国银行，而
在中国、日本和印度，外国银行就很少。

宏观审慎的政策框架

FSAP 的报告提出，许多亚洲国家应当加强他们对系统性风险的监
管，并且强化宏观审慎监管的框架。例如，针对澳大利亚的 FSSA 就建
议澳大利亚应当更多地进行压力测试，以增强澳大利亚储备银行对不
断增加的系统性风险的识别和监管的能力，而针对中国、印度尼西亚和
日本的 FSSA 也提出了类似的建议。FSAP 还提出，增强国内监管机构
之间的合作与信息交流也同样非常重要。如针对日本的 FSSA 就建议，
要通过更加规律的跨机构信息共享，提高宏观审慎政策与应急计划的
合作，支持系统性风险的监管，FSSA 对中国、印度、印度尼西亚、菲
律宾和泰国也提出了相似的建议。

然而，一些国家在他们的宏观审慎政策框架中采取了一些创造性
的元素。事实上，亚洲地区比发达经济体更早开始实施宏观审慎政策。
例如，印度就是使用宏观审慎政策的先行者，他们的财政部和中央银行
将主要的利益相关方召集在一起共同商议，通过这种政策协调机制来
不断加强系统性监管。马来西亚也有效地利用了部门宏观审慎工具，限
制了由无担保个人贷款和居民按揭贷款快速增长所带来的风险。许多
亚洲国家还创造性地使用流动性工具，降低由短期批发外汇资金系统
性增长所带来的脆弱性，这些工具包括韩国在 2011 年 8 月引入的"宏
观审慎稳定税"、新西兰在 2009 年 10 月引入的"核心资金比率"等

（IMF，2013）。

非银行金融机构

证券市场

亚洲的证券市场监管和全球的国际证监会组织的标准大致相同。亚洲在跨机构合作、会计和披露标准方面表现得尤为突出，但还有改进的空间。例如，针对澳大利亚的 FSSA 提出的一项改革的关键，在于保证澳大利亚证券投资委员会掌握的核心资金的稳定性与充足性，以便其能够采取积极的监管措施。针对日本的 FSSA 则要求将审查项目进一步扩大并使其更基于风险，增加审计的要求，并改善注册流程，通过这些方法来加强对证券公司的监管。在新兴市场经济体中，针对孟加拉国的 FSSA 的建议是积极解决证券监管者资源匮乏的情况，同时给予证券交易委员会更多的财务自治权、独立决策权与实施规则的权力。

非银行金融与影子银行

非银行的金融中介在大多数的国家都相对较小。正如在第 2 章提到的，目前从有提供数据的亚洲国家的情况来看，只有韩国非银行金融中介的资产占比超过银行总资产的 50%（FSB，2013a）。[①] 亚洲非银行金融中介有记录的资产仅占全球很小的比重——少于 15%，只有两个亚洲国家——中国和日本——占到了全球总量的 3% 左右（图 11.4）。然而，随着其自身的不断扩张，非银行部门变得越来越复杂，也与金融系统的其他部门联系越来越紧密。

另外，非银行金融部门在亚洲正在以相当快的速度增长，这给管理者和监督者带来了更多的挑战。2012 年，中国和印度的非银行金融中介增长了 20%，而这一数字在印度尼西亚和韩国均是 10%。在这一背景下，针对日本的 FSSA 建议，日本银行对更大范围内的金融机构进行

---

① 各个国家和地区的该比例为：韩国占 55.4%；澳大利亚占 26.4%；中国香港特别行政区占 23.5%；印度占 19%；日本占 18.7%；印度尼西亚占 14.3%；中国占 10%；新加坡占 7%。

压力测试分析，这其中就包括了具有系统重要性的非银行金融机构。同样，针对中国的 FSSA 也提出，随着金融服务供给范围的增加，监督和管理的范围也应当扩大。FSSA 同时提出，要加强对金融集团和金融系统的监管。

加强对银行的监管可能会促使金融中介离开银行业，转向资本市场或影子银行。对银行更高的资本要求和其他监管限制将会提高银行信贷的成本，这可能使得企业转向资本市场寻求信贷的获取（例如，股票和公司债券市场），或者影子银行获取资金。2010 年 FSAP 将中国的影子银行业（"表外业务与正式银行业以外的借贷行为的增加"）作为其近期国内金融稳定的主要风险之一。

当然，在可预见的将来，非银行融资都不足以挑战银行融资的地位。银行业的规模（在 GDP 或总金融部门资产的比重）正在下滑，但还有许多因素阻碍了这一下滑趋势。这些因素包括：银行——尤其是那些被投资者认定为"大而不倒"的银行——相比其他非银行部门有着融资的优势。另外，银行还能够获取中央银行的流动性支持。许多亚洲国家（如印度、印度尼西亚、菲律宾和越南）都有着很大的中期经济增长的潜力以及快速增长的劳动年龄人口——这其中 40% 的人群在正式的金融机构里都有一个账户，在这些经济体中，对银行服务的需求很可能快速增长。另外需要重点强调的是，许多亚洲新兴市场国家，如印度，正在采取积极有效的措施促进普惠金融，将银行的服务延伸到欠发达的地区。① 另外，亚洲的许多国家都有大型的国有银行，而这些银行不大可能在短期内私有化。这些因素都可能抵消由监管变化所引致的

---

① 例如，印度储备银行的一个委员会就建议，建立专业的银行来满足低收入家庭的需求，以实现在 2016 年每个公民都有银行账户。这些银行旨在为小型企业及低收入家庭（每个客户的账户里最多 50 000 卢布）提供支付服务及存款产品，而对这类银行成立的最低资本要求仅为建立一个提供多种服务的银行的十分之一。另外，要获取 2014 年新开设的银行执照，一个关键的资格标准就是申请者符合普惠金融的策略和愿景。印度储备银行近期仅给两个专业银行颁发了银行执照，其中一个是一家微型融资机构，它能在大量的申请者中脱颖而出，就因为它符合了普惠金融的规划。

资本成本的作用。

非银行金融机构正在变得日益重要，但这也同时表明，应当将其包含进危机应对框架。金融稳定理事会强调，政策制定者的主要关注点不应当仅仅是银行机构的危机管理改革和危机处置机制，政策制定者还应当加强非银行金融机构的危机管理和处置机制（FSB, 2013b）。例如，针对日本的 FSSA 提出，有效的处置机制不仅应当针对银行，还应当扩展到具有系统重要性的非银行金融机构。

这一领域的进展还非常缓慢。包括澳大利亚在内的许多国家，已经在这些方面有了长足的进步，并且正在采取措施，引入符合 2011 年戛纳二十国集团协议上支持的"金融机构有效处置机制的关键要素"（FSB, 2011）的处置权力与工具。甚至是对拥有发展得相当不错的银行危机处置机制的亚洲发达经济体而言，面向保险、证券和投资企业的处置机制还有很大的进步空间。对那些连银行处置机制都还未健全的国家而言，进展就相对缓慢一些。另外，在亚洲的一些地区，许多危机处置机构还不具有处置金融集团和大型企业的权力和制度框架。

公司债市场

全球的监管改革可能会促进国内资本市场的发展，尤其是当该国同时采取支持性的国家政策时。正如第 4 章所讨论的，亚洲的银行目前持有相当多的政府债券，但对公司债的持有则非常有限。然而，随着近期公司债的大量发行（同时伴随着辛迪加借款的下滑），这一局面正在发生变化。全球和国内的监管改革增加了银行机构的成本，同时对非银行金融机构的监管也在提升，在这一情况下，公司债市场很可能继续增长。

发展中国家机构投资者会加速这一进程。全球议程里的监管改革将阻碍银行在亚洲国内公司债市场上发挥主导作用，这是因为，这些监管制度要求银行持有更多高质量的流动性资产以满足《巴塞尔协议Ⅲ》的流动性要求，并作为衍生品交易的抵押品。相反，许多国家的人口老

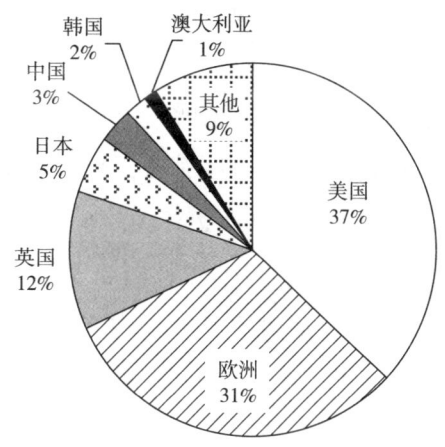

资料来源：金融稳定委员会（2013a）。

图 11.4 2012 年年底非银行金融中介机构的
资产中所占的份额（G20 辖区和欧元区）

龄化，以及不断壮大的中产阶级对保险产品和其他储蓄类产品的需求，都会刺激保险和养老基金的发展，而这些机构都会积极地购买公司债。

另一方面，国家监管措施如沃克尔法则，却可能会减少公司债市场的流动性和深度，同时提高债券发行的成本。沃克尔规则基本上禁止了美国的银行在美国本土和在国外的产权交易活动，并禁止非美国银行在美国金融基础设施上执行或结算产权交易，做市商、承销、风险对冲基金以及其他美国政府和机构进行的交易除外。然而，在实践中，想要证明某项交易活动是做市商而非产权交易是困难的代价昂贵且繁重的。

然而，这些新规则的影响很可能非常小。受影响的经济体和主体涵盖了中国香港特别行政区和新加坡这样的区域枢纽、中国和日本的 G-SIFIs，以及依赖于美国资产组合投资的国家（如日本、韩国和马来西亚）。但由于对冲基金在交易活动中的重要性日益提高，以及沃克尔法则对外国主权工具给予了例外，任何不良的影响都会因此被削减。同时，正如在这章中的其他地方提及的，近期并无迹象表明全球的金融监管将会给亚洲国内公司债市场带来负面影响。

衍生品市场

对场外交易衍生品市场的改革进展一直以来都很缓慢。在新兴的亚洲地区，衍生品市场还发展得相对滞后，且大多数都基于场外交易（Goswami 和 Sharma，2011）。2009 年，亚洲的 6 个 G20 成员国（澳大利亚、中国、印度、印度尼西亚、日本和韩国）都同意，·在 2012 年底之前实施 3 项主要改革：（1）通过电子或场内交易的方式对所有标准化的场外衍生品进行交易，并且通过中央清算机构进行清算；（2）向交易信息库披露所有的场外衍生品交易，提高交易的透明度并改善价格形成机制；（3）对非中央清算的场外衍生品施加更高的资本要求。然而，只有日本能与美国和欧盟一样，在 2012 年底这一截止期限之前完成了改革。其他国家似乎都在等美国、欧盟和日本建成监管框架，这样他们在对自身的监管框架进行改革的时候，就能最大限度地实现法规的连贯性并且保护国内的金融市场基础设施。

场外衍生品的改革理应带来诸多好处，但监管机构需要确保这些改革不会过分阻碍亚洲地区衍生品的发展。全球与场外衍生品交易相关的监管改革都旨在提升对系统性风险的监管，同时最大限度地减少由混乱的金融合同清算所带来的风险。然而，令人非常担忧的是，在亚洲新兴经济体中还缺乏合适的金融工具作为抵押，这会给中央清算机构设置抵押品带来困难和高昂的成本，阻碍了国内衍生市场的发展。另外，发达经济体改革所带来的市场环境的变化，不仅会提高亚洲的最终使用者的对冲成本，还可能使较小的国内中央清算机构在全球竞争中处于劣势，造成国内金融衍生品市场的发展滞后（FSB，2012a）。

全球监管改革可能会进一步减缓亚洲地区国内金融衍生品市场的发展。在许多亚洲国家，G - SIFI 在证券、衍生品交易以及贸易融资里发挥着至关重要的作用，而 G - SIFI 正在考虑提高资本费用和进行监管改革，因此，在这些地区提供服务也会受到负面的影响，提供此类服务同时还可能受到西方国家已经采取的或正在考虑采取的域外监管改革的影响（Viñals 等，2013）。当然，要给全球监管改革为亚洲的金融市场构成所带来的可能的影响程度下个定论，还为时尚早。

结论

一些在全球其他地方所能看到的监管缺位，在亚洲却并不存在。亚洲地区正在顺利执行《巴塞尔协议 Ⅲ》的资本要求，而在该地区的主要金融系统中还有强大的资本头寸。然而，对一些金融市场发展水平较低或程度不深的国家来说，执行流动性和杠杆要求还存在挑战。在许多地区，危机管理大体上做得令人满意，尽管还有不少国家在处置表现不佳的金融机构上还缺乏重要的工具。总体来说，尽管通过本国执行全球金融监管及其他地区的溢出效应，亚洲地区会受到全球监管改革议程的影响，但该影响可能相对有限。

在亚洲，"大而不倒"的机构的存在，仍然是个棘手的问题。尽管该地区的 G-SIFIs 的数量相对较少，但大多数国家的国内都有大型系统性金融机构，这些机构有着融资的优势，同时在该地区，人们在经营活动中也更偏好于与大型的综合性巨头合作，这都使得这些在国内领先的优胜者们的规模变得更大。普惠金融和监管措施都旨在限制这些"大而不倒"的机构的规模，抵抗上述趋势，而这些机构也都在发展成为更加多元化、全球化的金融巨头，这又增加了该地区对加强跨区域统一监管的需求。

在许多国家，银行系统和政府的密切关系会给金融监管和发展都带来负面影响。许多国家的政府在信贷分配上都扮演着直接或间接的责任，这使独立监管变得困难，同时也通常容易导致风险暴露的集中，以及对规则途径的过分依赖。在许多国家，尤其是在一些国有银行在金融系统中占主导地位的国家，减少政府的干预能够巩固银行的资产负债表，同时能使金融体系的敏感性与竞争性得到提升。

监管改革可能会影响一些产品的可及性。对流动性的监管要求可能会减少一些长期资本的进入，对资本的更严苛的关注以及对风险采取的新对策将会使得中小企业更难获取资金。与此同时，将衍生品交易移到场内进行，以及将衍生品和产权交易标准化并施以更严格的监管，这些行为都将增加对冲的成本。要维持增长，亚洲经济体的监管改革要在以下两个目标中取得权衡：（1）确保潜在风险充分地反映在资本的价格中；（2）确保融资选择不被过分剥夺。

在许多国家，非银行机构的规模还很小，但却隐含着风险。在亚洲地区的许多国家，影子银行已经在快速的发展，这很可能意味着金融创新已经超越了监管者识别的能力，带来了很多风险，而监管改革又将会加速这一地区银行表外借贷业务的进程，使风险问题变得更加严峻，这对加强对这些机构的危机管理框架提出了要求，也对建立一个足够灵活的监管体系提出了要求，以确保一个日益盘根错节——尤其是监管和非监管的企业互相依存的金融体系不会导致巨大的风险。

政策制定者必须区分全球监管改革的目的以及可能出现的意料之外的结果。在本章中所探讨的许多意料之中的结果（比如提高银行信贷中介成本和不透明的衍生品交易成本），都是这些改革所希望达到的。然而，改革还可能造成非预期的结果，显著的例子就是金融中介转向了较不受监管的影子银行，以及国内企业和政府债券市场的交易额和流动性的下降，这些都是监管要求银行延长债券期限、提高衍生品交易抵押品的质量所造成的结果。